[高等院校会计学专业精品系列教材]

[第四版]

资产评估学

ZICHAN PINGGUXUE

田西杰 郭苗红 刘阳 主编

首都经济贸易大学出版社
Capital University of Economics and Business Press
·北京·

图书在版编目(CIP)数据

资产评估学/田西杰,郭苗红,刘阳主编. --4版. --北京:首都经济贸易大学出版社,2019.9
ISBN 978-7-5638-2950-7

Ⅰ.①资… Ⅱ.①田…②郭…③刘… Ⅲ.①资产评估 Ⅳ.①F20

中国版本图书馆 CIP 数据核字(2019)第 138389 号

资产评估学(第四版)
田西杰 郭苗红 刘 阳 主编

责任编辑	雪 莲
封面设计	风得信·阿东 FondesyDesign
出版发行	首都经济贸易大学出版社
地　　址	北京市朝阳区红庙(邮编 100026)
电　　话	(010)65976483　65065761　65071505(传真)
网　　址	http://www.sjmcb.com
E-mail	publish @ cueb.edu.cn
经　　销	全国新华书店
照　　排	北京砚祥志远激光照排技术有限公司
印　　刷	北京九州迅驰传媒文化有限公司
成品尺寸	185 毫米×260 毫米　1/16
字　　数	372 千字
印　　张	15
版　　次	2005 年 2 月第 1 版　**2019 年 9 月第 4 版** 2024 年 1 月总第 13 次印刷
书　　号	ISBN 978-7-5638-2950-7
定　　价	38.00 元

图书印装若有质量问题,本社负责调换
版权所有　侵权必究

第四版前言

中国资产评估领域目前处于大变革、大发展的时期，这种大变革、大发展主要表现在：一方面，随着社会经济和相关学科的发展，资产评估的理论和实务都在不断更新，出现了许多新的领域；另一方面，在《中华人民共和国资产评估法》颁布后，资产评估行业发生了很大的变化，资产评估工作日益规范化。为了适应上述变化，中国资产评估协会近年来十分注重行业规范、标准的建设和完善，目前，新的资产评估准则体系已经形成。在此背景下，本书的第四版对第三版的相关内容进行了修订。本次修订主要做了以下工作：

（1）以《中华人民共和国资产评估法》和新的资产评估准则体系为依据，补充了反映评估理论和评估实践发展的新内容，同时对一些过时的内容和提法进行了调整。

（2）结合资产评估行业的发展情况，对教材内容体系进行了调整，力求更切合我国资产评估领域的现实情况。

（3）本书的编者都是多年从事该课程教学的教师，在教材内容体系的安排上，力求更适合学生理解和教师授课需要。

（4）结合教材修订需要，对教材使用的资产评估案例做了进一步的丰富和完善。

本次修订由田西杰、郭苗红、刘阳三位教师共同完成。各章执笔编写者分别为：田西杰编写第一章、第二章、第三章；郭苗红编写第四章、第五章、第六章、第七章；刘阳编写第八章、第九章、第十章。

本书在编写和修订过程中得到了河南财经政法大学会计学院领导和老师的支持和帮助，得到了首都经济贸易大学出版社领导和编辑们的大力协助，参考了有关专家学者编著的教材和专著，在此表示衷心的感谢。

尽管我们努力将第四版编写的更好，但是由于时间和经验所限，书中难免有不尽如人意的地方，敬请读者提出建设性的意见。

编者
2019 年 8 月 1 日

目 录

1	**第一章 总 论**
1	第一节 资产评估的内涵
5	第二节 资产评估的目的与价值类型
10	第三节 资产评估的假设与原则
14	第四节 资产评估准则
17	思考题
18	**第二章 资产评估的基础理论和基本方法**
18	第一节 资产评估的基础理论
21	第二节 市场法
26	第三节 收益法
30	第四节 成本法
36	第五节 评估方法的选择与配合
38	思考题
38	练习题
40	**第三章 资产评估程序**
40	第一节 概述
42	第二节 资产评估具体程序和基本要求
47	第三节 资产评估中信息收集与分析方法
50	思考题
51	**第四章 流动资产评估**
51	第一节 流动资产评估概述
55	第二节 实物类流动资产的评估
62	第三节 货币性资产、债权类资产及其他流动资产的评估
66	思考题
66	练习题

目 录

68	**第五章 机器设备评估**
68	第一节 机器设备评估概述
74	第二节 机器设备评估的市场法
78	第三节 机器设备评估的收益法
80	第四节 机器设备评估的成本法
96	思考题
96	练习题
100	**第六章 不动产评估**
100	第一节 概述
108	第二节 不动产评估的市场法
116	第三节 不动产评估的收益法
120	第四节 不动产评估的成本法
131	第五节 不动产评估的假设开发法
134	第六节 不动产评估的基准地价修正法
136	第七节 不动产评估的路线价法
139	思考题
139	练习题
141	**第七章 长期投资评估**
141	第一节 长期投资概述
143	第二节 长期债券投资评估
146	第三节 长期股权投资评估
152	思考题
152	练习题
154	**第八章 无形资产评估**
154	第一节 无形资产评估概述

目　录

160	第二节　无形资产评估的一般方法
169	第三节　专利资产和专有技术评估
175	第四节　商标权的评估
179	第五节　版权评估
185	第六节　商誉的评估
188	第七节　其他无形资产评估
190	思考题
190	练习题
192	**第九章　企业价值评估**
192	第一节　概述
197	第二节　企业价值评估中的价值类型和信息资料收集
199	第三节　企业价值评估的市场法
202	第四节　企业价值评估的收益法
210	第五节　企业价值评估的成本法
211	思考题
212	练习题
213	**第十章　资产评估报告**
213	第一节　资产评估报告的基本概念及基本制度
217	第二节　资产评估报告的制作
226	第三节　资产评估报告的复核与使用
228	思考题
230	参考文献

第一章

总 论

本章提要

本章主要阐述资产评估的内涵、资产评估的目的与价值类型、资产评估的假设与原则、资产评估准则等内容。通过本章的学习,学生应了解相关概念、相关基本理论,熟悉资产评估假设、原则和资产评估准则体系。

第一节 资产评估的内涵

一、资产评估的概念

资产评估是市场经济的产物。市场经济的核心问题是交易,交易的主体可以是自然人或企业法人,交易的对象可以是商品或生产资料,交易的目的是实现资源的合理配置和提高经济运行的效率。交易主体的多样和交易对象的复杂决定了交易的难度,尤其是在交易对象缺乏有效、明确的市场价格的条件下,资产评估就是达成交易所不可或缺的中介。因此,作为市场经济的一项基础性业务,资产评估和会计、审计等业务一样,其工作质量的好坏对保证资产交易的公平、合理,促进资产交易的顺利进行起着不可替代的作用。

(一)资产的含义、特点及其分类

1. 资产的含义

资产是一个具有多角度、多层面的概念,例如:经济学中,资产泛指特定经济主体拥有或控制的,能够给特定经济主体带来经济利益的经济资源;在法学中,资产和财产的含义则基本相同,强调特定经济主体对其拥有的资产具有占有、处置的独占权利;在会计学中,资产是指由过去的交易或事项所形成、并由企业拥有或控制的、预期会给企业带来经济利益的资源,包括各种财产、债权和其他权利。在资产评估中,资产业务(交易)的本质不是物品物质的转移,而是权利的转让。资产评估中的资产是指未来可能为其所有者或使用者带来经济利益的资源,因而强调被评估资产的获利能力和某种权利。资产评估中的资产的含义更接近于经济学中的资产的含义。例如,在会计学中没有予以确认的自创商誉、销售网络等无形资产都是评估范围内的企业资产。

2. 资产的特点

资产评估中的资产具有以下特点:

(1)资产能直接或间接地给经济主体带来经济利益。资产之所以成为资产就在于其能够为企业等经济主体带来经济利益。如果某项资产不能带来经济利益,那么就不能被确认为资产,如收不回来的应收账款、报废的固定资产等。

(2)资产应为经济主体所拥有或控制的资源。对资产的拥有或控制,主要体现在对资产产权的界定和保护上。依法取得拥有或控制资产的权利是经济主体能够拥有或支配相关资产的前提条件。

资产的产权是基于所有权派生的一系列权利,包括对资产的占有权、使用权、收益权和处分权等。这些权利具有可分解性,相对于完整产权,被分离设定了部分权利的有限产权的权利人,行使资产权利就会受到分设权利时所承诺义务的限制。因此,不同权利的类型及组合构成了资产的具体产权状态。资产的权利状态不同,所对应的资产价值也不同。这也是资产评估中关注被评估资产的权利状况,重视权利状况对资产评估约束和影响的原因。

特定经济主体拥有或控制资产权利的确立,使其能够排他地从资产中获取经济利益。

(3)资产的价值应当能以货币计量。价值概念属于经济学的范畴,货币是经济学基本的计量标准。因此,资产价值是以货币计量的。资产评估也是对资产在特定时点和特点条件下的价值(价格)判断,货币是其基本的计量单位。

3. 资产的分类

为了科学地进行资产评估,可对资产按照不同的标准进行适当的分类。

按存在的形态分类,资产可以分为有形资产和无形资产。有形资产是指具有实物形态的资产,包括机器设备、房屋建筑物等。无形资产是指没有实物形态,但能为经济主体带来超额利润的资产,如专利权、商标权、非专利技术、土地使用权、商誉等。

按是否具有综合获利能力分类,资产可以分为单项资产和整体资产。单项资产是指单台、单件的资产;整体资产是指由一组单项资产组成的具有整体获利能力的资产综合体。

另外,上述除商誉以外的有形资产和无形资产,又称为可确指的资产,即能独立存在的资产;而不能脱离经济主体而独立存在的资产,如商誉,则是不可确指资产。

不同类别的资产,其功能和特性不同,因此,采用的资产评估方法将会有所不同。

(二)资产评估的定义

资产评估是一门源于实践的学科,从其诞生之日起就有很强的应用性特征。资产评估的定义也突出了这一特征。

《中华人民共和国资产评估法》(以下简称《资产评估法》)将资产评估定义为:"评估机构及其评估专业人员根据委托对不动产、动产、无形资产、企业价值、资产损失或者其他经济权益进行评定、估算,并出具评估报告的专业服务行为。"

中国资产评估协会发布的相关评估具体准则里对资产评估的定义可以归纳为:"资产评估机构及其资产评估专业人员遵守法律、行政法规和资产评估准则,根据委托对评估基准日特定目的下的资产价值进行评定和估算,并出具资产评估报告的专业服务行为。"

上述定义可以从以下三个方面理解:

1. 资产评估是一种价值判断

资产评估是对资产在某一时点的价值进行估计的行为或过程。在《资产评估法》的定义中虽然没有明确指出资产评估的价值判断属性,但《资产评估法》第三条又进一步规定:"自然人、法人或者其他组织需要确定评估对象价值的,可以自愿委托评估机构评估。"

2. 资产评估是一项专业服务

资产评估是使用专业的理论和方法对资产的价值进行定量的估计和判断。资产评估理论的研究历来强调方法、技术和规范的探索。资产评估是基于经济发展的需要,而由资产评估专业人员和评估机构依据一定的执业标准对资产的价值进行评定估算的专业化活动,评估人员需要具备评估需要的专业知识。

3. 资产评估是一项中介服务

评估师、会计师和律师是市场经济发展不可或缺的三大专业中介。评估师的目的是帮助解决市场交易过程中涉及资产的价值判断。为了提高资产评估的职业公信力,同会计师、律师一样,评估师在执业中需要遵循法律和执业准则的规定,以便更好地维护评估委托人等当事人的权利和市场秩序。《资产评估法》对资产评估相关事项做出了明确规定。

(1)资产评估主体。《资产评估法》规定资产评估机构及其评估专业人员是资产评估的主体。

(2)资产评估客体。资产评估客体指被评估的资产,也称评估对象。《资产评估法》规定资产评估客体包括不动产、动产、无形资产、企业价值、资产损失或者其他经济权益。

(3)资产评估依据。资产评估是评估机构和评估专业人员依据其和委托人签订的资产评估委托合同,遵循相关法律、行政法规和资产评估准则所进行的专业服务。

(4)资产评估的内容及成果。资产评估是对评估对象价值进行评定、估算的专业服务,资产评估机构出具的资产评估报告是向委托人提供的服务成果。

二、资产评估的特点

资产评估具有以下几个方面的特点。

(一)市场性

资产评估的产生和发展基于市场经济发展的需要。市场经济的特征是通过价格这只"无形的手",实现资源的有效配置。资产评估的目的就在于科学、合理地确定资产交易价格,促进交易各方当事人合理决策。所以,资产评估的发展依赖市场经济发展,资产评估对资产交易价格的判断也需要经过市场的检验,资产评估确定的合理的资产交易价格也有利于交易各方达成交易,为市场经济的发展增添动力。

(二)公正性

资产评估机构属于交易中的第三方,目的是为交易各方当事人提供交易资产的合理交易价格。因此,公正是资产评估的基本要求。同其他专业中介一样,资产评估也强调独立性,强调资产评估要按公允、法定的准则和程序进行,以保证了资产评估的公正性。

(三)专业性

专业性是指资产评估是一种专业人员的专业技术判断活动,从事资产评估业务的机构是由一定数量和不同类型的专家及专业人士组成的。一方面,资产评估机构形成专业化分工,使得评估活动专业化;另一方面,评估机构及其评估人员对资产价值的估计判断建立在专业技术知识和经验的基础上。

(四)咨询性

资产评估的结论可以为资产业务提供专业化估价意见,该意见本身并无强制力,只是为交易当事人提供拟交易资产的参考价值,最终的成交价取决于交易当事人的决策动机、谈判地位和谈判技巧等综合因素。

在实际工作中,评估机构有时接受公检法机构委托,对处于刑事案件或经济纠纷中的标的物进行价值估算,其评估值最终作为定罪量刑或者民事赔偿的依据,评估师作为专家证人,其评估结论具有鉴证的作用。评估机构也可以接受有关企业及政府部门的委托,对相关部门的和个人的经营绩效提供评价意见。咨询、鉴证和评价都是评估机构和专业人员对有关评估对象出具的专业意见。

三、资产评估在市场经济中的功能

资产评估发挥其自身的功能,对市场经济发展和完善具有重要作用。

(一)可以为资产业务提供公正的价值尺度

资产评估最基本的功能是通过对资产的现时价值进行评定和估算,为资产业务提供公正的价值尺度。市场经济条件下,生产要素、产权等生产条件由市场配置,资产评估可以为各项资产业务提供与之相适应的资产业务的价值尺度,从而保证资产业务的顺利执行。

(二)可以优化资源配置

资产评估是生产要素、产权进入市场的必要条件。科学规范的资产评估,不仅可以维护交易双方的合法权益,保证资产市场、产权市场的有序运行,还可以为资产和产权的配置提供正确信号,从而起到优化资源的作用。另外,由于资产业务往往有多种途径,在资产评估中按最优使用原则对资产的价格进行估算,有利于资产的优化配置和流动。目前,资产评估已成为保障资本市场良性运行不可或缺的专业服务。

(三)可以维护各类资产权利主体的合法权益

在产权变动过程中,既需要维护资产所有者的所有权,又需要维护经营者的法人财产权。资产评估在产权变动过程中通过公正地界定与资产有关的各方的资产份额及其价值量,从而可以维护各产权主体的合法权益。

(四)可以维护公共利益

资产评估是公众利益的维护者。资产评估中同国有资产相关的法定评估业务,需要靠资产评估来保证其交易价格的公允,从而维护公众利益。资产评估通过完善市场经济秩序和市场体系,可以维护市场各参与方的利益,保护各方的合法权益。资产评估在司法鉴证领域的发展,也有利于更好地实现司法公正。

在经济发展全球化的趋势下,通过资产评估机构提供的符合国际专业水平的评估服务,可以更好地服务我国"引进来"和"走出去"的经济发展战略,可以有效地促进我国经济发展。

第二节 资产评估的目的与价值类型

一、资产评估的目的

资产评估是为满足特定经济行为的需要进行的。资产评估的目的就是资产评估业务对应的经济行为对资产评估结果的使用要求,或资产评估结论的具体用途。

资产评估业务主要有两类:一是法定评估业务,即根据国家相关法律法规要求,需要资产评估提供专业价值意见才可以开展的经济行为;二是市场主体的自主要求,即需要资产评估提供专业价值意见支持才可以开展的经济行为。

资产评估目的是根据评估所服务的经济行为的要求决定的。尽管资产评估业务的目的具有共同点,即寻求被评估资产的公允价值,但由于评估业务的复杂性,资产评估目的也具有多元性特征。评估目的直接或间接地决定和制约着资产评估的条件以及价值类型选择。不同评估目的可能会对评估对象的确定、评估范围的界定、价值类型的选择以及潜在交易市场的确定等方面产生影响。

资产评估往往是为满足特定资产业务的需要而进行的。资产评估目的对应的经济行为包括转让、抵(质)押、公司设立/增资、企业改建、财务报告、税收和司法等。资产评估专业人员在承接评估业务时应与委托人沟通确定评估目的,评估目的应在资产评估委托合同中明确约定。

(一)转让

转让经济行为对应的评估目的是确定转让标的资产的价值,为标的资产的转让定价提供参考。如果转让的资产是国有资产,这项评估就是一个法定评估业务,转让资产的价值必须经过专业评估人员的评估。

(二)抵(质)押

抵(质)押经济行为下评估目的的确定存在三种情形:

1. 贷款发放前设定抵(质)押权的评估

当借款人通过抵(质)押资产进行融资时,这类评估事项的评估目的是估算用于抵(质)押的资产的价值,以便为贷款的发放提供参考依据。常见的这类评估包括房地产抵押评估、知识产权质押评估等。

2. 实现抵(质)押权的评估

当借款人到期不能清偿贷款时,资产评估的目的是确定抵(质)押品的价值,为抵(质)押品折价或变现提供参考。

3. 贷款存续期内对抵(质)押品价值动态管理所要求的评估

在贷款存续期内,由于抵(质)押品自身价值的变化性,这类评估的目的是监控资产,确定抵(质)押品的价值变化,为贷款风险防范提供参考。

(三)公司设立、增资

根据《公司法》及国家行政管理部门的相关规定,公司在设立、增资中的下列行为需要评估:

1. 非货币资产出资

在公司设立、增资时以非货币资产出资是常见的经济行为,也是常见的资产评估业务类型。这类评估的目的是评估用作投资资产的价值,为投资人之间或新旧投资人确定投资金额和股权比例提供参考。

2. 发行股份购买资产

发行股份购买资产是指上市公司通过增发股份的方式收购资产。这类评估的目的是评估标的资产价值,为上市公司确定股票购买价格和股票发行方案提供参考。

3. 债权转股权

债权转股权评估的目的是为确定债权转股权金额和债权转股权股份数额提供价值参考。

(四)企业改建

企业进行公司制改建,或者由有限责任公司变更为股份有限公司时,需要对改建、变更所涉及的整体或部分资产进行评估。这类评估的目的是为确定股东出资金额和股权比例提供参考。

(五)财务报告

为了提高会计信息质量,公允价值计量属性被引入财务报告,目的是更有效地计量和反映相关资产等会计要素在财务报告日的价值。因此,服务于合并对价分摊、资产减值测试、投资性房地产和金融工具等资产公允价值计量等评估业务,也成为常见的资产评估业务类型,这类评估的目的是为会计核算和财务报表编制提供相关资产的公允价值或可收回金额等特定价值的专业意见。

(六)税收

税收相关的资产评估主要存在于与非货币资产计价相关的税种中。如确定非货币资产投资的计税价值、确定非货币资产持有或流转环节所涉税种的税基(如房地产税、土地增值税等)等,资产评估目的是为税收征管部门确定相关计税基准提供参考。资产评估的独立、专业地位可以为税收征管提供公允的价值尺度,为税收征管部门依法治税、提高税基提供专业技术保障。

（七）司法

资产评估可以为司法中涉案标的资产提供价值评估服务，评估结论是司法立案、审判、执行的重要依据。资产评估提供的司法服务主要包括以下两种：

第一种，司法审判中与诉讼标的相关资产价值及侵权（损害）损失数额等的评估。这类评估的目的是揭示相关资产价值及侵权（损害）损失金额，为司法审判提供参考依据。

第二种，民事判决执行中帮助确定拟拍卖、变卖执行标的物的处置价值。2018年8月发布的《最高人民法院关于人民法院确定财产处置参考价若干问题的规定》，资产评估是人民法院确定财产处置参考价的常用方式之一。随后，最高人民法院和5家评估行业协会于2018年12月联合发布了《人民法院委托评估工作规范》，中国资产评估协会于2019年5月发布了《人民法院委托司法执行财产处置资产评估指导意见》，对法院委托资产评估业务的具体事项进行了明确。这类评估的目的是为法院确定标的资产处置价格提供参考。资产评估提供专业支持，能够更好地保护当事人、利害关系人的合法权益，有助于提升司法审判的公正性和权威性。

资产评估目的对评估结果的性质、价值类型等有重要的影响。它贯穿于资产评估的全过程，影响着评估人员对评估对象界定、资产价值类型的选择等，是评估人员在进行具体资产评估时必须首先说明的基本事项。

二、价值类型

资产评估价值类型是指资产评估结果的价值属性及其表现形式。不同属性的价值类型所代表的资产评估价值不仅在性质上是不同的，在数量上往往也存在着较大差异。评估结论的价值类型理论是国际评估界近年来一直倡导的评估理念，其内涵是展示评估结论的形成基础和适用条件，促使评估结论与评估目的相结合。实践证明，由于反映了资产评估的内涵，价值类型的运用得到了评估当事人、报告使用各方的普遍赞同。

（一）价值与价格

1. **价值**

价值是一个被广泛应用的概念，但也缺乏一个清晰的可以普遍使用的定义。资产评估中应用的价值定义，更多的是属于经济学的范畴，是对某项资产根据特定价值定义在某一特定时点价值量多少的判断。

在经济学中，价值概念也是众说纷纭。劳动价值论认为价值是凝结在商品中的无差别的人类劳动，商品的价值是由生产商品的社会必要劳动时间决定的；效用价值论认为商品的价值是由消费者对商品效用的主观评价决定的，边际效用决定了商品的价值量；均衡价值论认为商品的价值是由供求关系决定的，当市场供求均衡时，商品的价值和价格一致。

在评估业务中，作为产权载体的物质实体并不重要，对商品价值具有决定意义的是附在商品上的产权约束。这里的"价值"是指在一定时期内，按照特定的价值（如市场价值），对由于获得商品或接受服务所能增加的利益的估计和判断。因此，在评估业务中,价值必须是经过定义的,如市场价值、投资价值、清算价值等。

2. 价格

价格是价值的货币表现形式。价格能反映出买卖双方对商品价值的认可程度。资产评估活动中的价格是指资产业务中,资产商品、服务所要求的、提供的或支付的货币额。

价值与价格是两个既有联系又有区别的概念,价值是价格的基础,商品的价值通过价格得以实现。但价格有别于价值的方面在于:它不是一种估计值或判断,是一种实际数据;它反映的是特定的买卖双方对商品或服务的一种认可。

(二)市场价值与市场价值以外的价值类型

《资产评估价值类型指导意见》中列出了两类价值类型:市场价值与市场价值以外的价值。

1. 市场价值

市场价值是指自愿买方和自愿卖方在各自理性行事且未受任何强迫的情况下,评估对象在评估基准日进行正常公平交易的价值估计数额。

市场价值的使用是以评估对象存在有效的市场为前提的。在有效的市场中,价格会引导资产合理流动,从而使资产达到最佳使用状态。因此,市场价值是指资产在评估基准日公开市场上最佳使用状态下最有可能实现的交换价值的估计值。市场价值应理解为反映市场价格趋势的资产的价格,是以评估基准日可能获得的最合理的市场价格来衡量。

2. 市场价值以外的价值

市场价值以外的价值是相对于市场价值而言的价值概念,也就是说凡是不符合市场价值定义条件的资产价值类型都属于非市场价值,包括投资价值、在用价值、清算价值、残余价值等。

(1)投资价值。投资价值是指评估对象对于具有明确投资目标的特定投资者或者某一类投资者所具有的价值估计数额,亦称特定投资者价值。

投资价值与市场价值相比,最根本的区别就是投资价值的估算受到特定投资者的投资偏好或追求协同因素的影响。

(2)在用价值。在用价值是指将评估对象作为企业、资产组成部分或者要素资产按其正在使用的方式和程度及其对所属企业、资产组的贡献的价值估计数额。

在用价值和市场价值相比,最大的差异就是在用价值只考虑评估资产会按照目前的使用状态和方式继续使用。

(3)清算价值。清算价值是指在评估对象处于被迫出售、快速变现等非正常市场条件下的价值估计数额。

清算价值和市场价值相比,最主要的区别就是评估资产需要快速变现,清算方在资产交易中处于相对劣势。

(4)残余价值。残余价值是指机器设备、房屋建筑物或者其他有形资产等的拆零变现价值估计数额。

残余价值和市场价值的区别是:在使用残余价值类型时,评估资产已不具备整体使用价值,已经不能作为企业或业务资产组的有效组成部分继续使用,而只能是改变使用状态的变现,即拆除零部件变现。

此外,某些特定评估业务的评估结论的价值类型可能会受到法律、行政法规或者合同的约束,这些评估业务的评估结论应当按照法律、行政法规或者合同等的规定选择评估结论的价值类型;如果法律、行政法规或者合同没有规定的,可以根据实际情况选择市场价值或者市场价值以外的价值类型,并予以定义。这些特定评估业务包括:以抵(质)押为目的的评估业务、以税收为目的的评估业务、以保险为目的的评估业务、以财务报告为目的的评估业务等。

(三)评估价值

资产评估作为一种资产价值判断活动,总是为满足特定资产业务的需要而进行的。所以,评估价值是指资产评估活动所评定的资产价值。评估专业人员在进行具体资产评估时一定要根据具体资产业务的特征选择与之匹配的评估价值类型。在不同时期、地点及市场条件下,同一评估业务对资产评估结果的价值类型的要求也会有差别。例如,相同的资产在不同的评估特定目的下可能会有不同的评估结果;不同功能的资产会有不同的评估结果;使用方式和利用状态不同的相同资产也会有不同的评估结果;相同的资产在不同的市场条件下或交易环境中也会有不同的评估结果。因此,评估价值是资产评估人员根据资产评估目的,通过对市场条件或资产使用特殊性的分析与判断,对被评估资产在评估基准日和特定条件下的最大可能实现的价格的咨询意见。

由于资产评估是应多种资产业务的需要而产生的,是资产交易当事人在交易之前为获得一个合理的交易价格的底数而要求有关专业人员提供的该类资产的市场信息和价格咨询意见。从时间上看,资产评估发生在资产交易或资产进入市场之前。所以,评估价值不是资产的实际交易价格,资产评估活动不能取代资产交易当事人的市场交易活动,资产评估的结论并无强制执行的效力。

三、资产评估目的与价值类型的匹配

资产评估目的对资产评估价值类型的选择具有约束作用。要根据具体的评估业务的特征选择与之相匹配的评估价值类型。但是,即使是同样的资产业务,由于时间、地点及市场条件不同,对价值类型的要求也不一样。

《资产评估价值类型指导意见》中明确指出了几种价值类型的应用范围:

当资产评估业务对市场条件和评估对象的使用等并无特别限制和要求时,评估人员通常应当选择市场价值作为评估结论的价值类型。但在确定市场价值时,评估人员应当知晓同一资产在不同市场的价值可能存在差异。

当评估业务针对的是特定投资者或者某一类投资者,并且在评估业务执行过程中充分考虑并使用了仅适用于特定投资者或者某一类投资者的特定评估资料和经济技术参数时,通常选择投资价值作为评估结论的价值类型。

当评估对象是企业或整体资产中的要素资产,并在评估业务执行过程中只考虑了该要素资产正在使用的方式和贡献程度,没有考虑该资产作为独立资产所具有的效用及在公开市场上交易等对评估结论的影响,通常选择在用价值作为评估结论的价值类型。

当评估对象面临被迫出售、快速变现或者评估对象具有潜在被迫出售、快速变现等情况时,通常选择清算价值作为评估结论的价值类型。

当评估对象无法或者不宜整体使用时,通常应当考虑评估对象的拆零变现,并选择残余价值作为评估结论的价值类型。

评估专业人员执行以抵(质)押为目的的资产评估业务,应当根据担保法等相关法律、法规及金融监管机关的规定选择评估结论的价值类型;相关法律、法规及金融监管机关没有规定的,可以根据实际情况选择市场价值或者市场价值以外的价值类型作为抵(质)押物评估结论的价值类型。

此外,《资产评估价值类型指导意见》中还对不同目的的资产评估业务选择价值类型提供了指导:

以税收为目的的资产评估业务,应当根据税法等相关法律、法规的规定选择评估结论的价值类型;相关法律、法规没有规定的,可以根据实际情况选择市场价值或者市场价值以外的价值类型作为课税对象评估结论的价值类型。

执行以保险为目的的资产评估业务,应当根据保险法等相关法律、法规和契约的规定选择评估结论的价值类型;相关法律、法规或者契约没有规定的,可以根据实际情况选择市场价值或者市场价值以外的价值类型作为保险标的物评估结论的价值类型。

执行以财务报告为目的的资产评估业务,应当根据会计准则等相关规范关于会计计量的基本概念和要求,恰当选择市场价值或者市场价值以外的价值类型作为评估结论的价值类型。

会计准则等相关规范涉及的主要计量属性及价值定义包括公允价值、现值、可变现净值、重置成本等。在符合会计准则计量属性规定的条件时,会计准则下的公允价值等同于《资产评估价值类型指导意见》中的市场价值;会计准则涉及的现值、可变现净值、重置成本等可以理解为《资产评估价值类型指导意见》中的市场价值或者市场价值以外的价值类型。

第三节 资产评估的假设与原则

一、资产评估假设

资产评估假设是依据现有知识和有限事实,通过逻辑推理,对资产评估所依托的事实或前提条件作出合乎情理的推断或假定。

资产评估是评估专业人员对评估对象在特定目的、时间、空间和条件约束下最可能成交价格的推定和估算。评估结果反映的是评估专业人员在局限条件约束下基于价值分析而形成的对资产交易价格的专业判断。因此,资产评估假设和评估目的、价值类型等交织在一起,构成一个逻辑体系,这个逻辑体系是形成资产评估结果的基础。

(一)交易假设

交易假设是资产评估得以进行的一个最基本的前提假设。它是假定被评估资产已经处在交易过程中,评估专业人员需要根据被评估资产的交易条件等模拟市场进行估价。资产评估是在资产实际交易之前进行的,为了能够在资产实际交易之前为委托人提供资产交易参考价格,利用交易假设将被评估资产置于"交易"当中,模拟市场进行评估十分必要。

资产交易估价需求促进了资产评估的产生和发展。无论是法定评估业务还是市场主体的自主需求,都是基于交易的需要。

(二)公开市场假设

所谓公开市场,是指有众多的自愿买者和自愿卖者参与的充分竞争性的市场。在这个市场上,买者和卖者的地位是平等的,彼此都有获取足够市场信息的机会和时间,买卖双方的交易行为都是在不受限制的条件下进行的。买卖双方都能对资产的功能、用途及交易价格作出理性的判断。

公开市场假设,是指假定存在较为完善的公开市场,被评估资产将要在这样的公开市场中进行交易。当然,公开市场假设也是基于资产在市场上可以公开买卖这样一种客观事实。这一假设旨在说明一种充分竞争的市场条件,在这种条件下,资产的交换价值受市场机制的制约并由市场行情决定,而不是由个别交易决定。

公开市场假设适用于通用性较强的资产,因为通用性越强的资产,越容易通过市场交易实现其最佳效用,按最佳用途进行评估,有助于通过资产市场实现资产的最佳配置。

(三)持续经营假设

持续经营假设是假设一个经营主体的经营活动在可预见的将来会继续下去,不会发生中止或终止。

同会计主体的持续经营假设一样,该假设是针对一个经营主体而言的,一般不适合单项资产。一个经营主体是否持续经营,其价值变现是完全不一样的,其价值评估逻辑、方法等的选择也完全不一样。

(四)清算假设

同持续经营假设相对应的就是清算假设。如果一个经营主体不能持续经营,一般就会进入清算程序。清算假设是指资产在非公开市场条件下被迫出售或快速变现的假定说明。清算假设首先是基于被评估资产面临清算或具有潜在的被清算的事实或可能性,再根据相应数据资料推定被评估资产处于被迫出售或快速变现的状态。这种交易与公开市场下的资产交易不同:一是交易双方地位不平等,卖方是非自愿地被迫出卖资产;二是交易被限制在较短的时间内完成。所以,在清算假设下的资产评估结果的适用范围有限。清算假设包括有序清算假设和强制清算假设。

1. 有序清算假设

有序清算假设是指经营主体在其所有者控制下有序实施清算,清算是在一个有计划、有秩序的前提下进行的。

2. 强制清算假设

强制清算假设是指经营主体的清算不在其所有者控制之下,而是在外部力量的控制下,按照法定的或由控制人自主设定的程序进行,其所有者无法干预。

(五)继续使用假设

继续使用假设是对资产使用状态的一种假设,包括原地使用、移地使用、最佳使用和现状利用四种资产具体使用状态假设。

1. 原地使用假设

原地使用假设是指一项资产在原来的安装地继续被使用,其使用方式和目的可能不变,也可能改变。

2. 移地使用假设

移地使用假设是指被评估资产将改变其现有的空间位置,转移到其他空间位置上继续使用,其使用方式和目的可能不变,也可能改变。

原地使用和移地使用假设除了考虑使用方式和目的变化对资产价值的影响外,涉及的资产价值要素差异还包括资产的拆除、运输、安装调试费用等,评估时需要考虑交易双方对相关费用承担条件的约定,合理估算被评估资产的交易价格。

3. 最佳使用假设

最佳使用假设是指一项资产在法律上允许、技术上可能、经济上可行的前提下,经过充分合理的论证,实现其最高价值的使用。它是对一项存在多种不同用途或利用方式的资产进行评估时,选择最佳的用途或利用方式,在这种情况下,资产价值应该也处于最优水平。

4. 现状利用假设

现状利用假设是指对一项资产按其目前的利用状态和方式继续使用下去,而不管目前的利用状态和方式是否是最佳使用方式。

由于继续使用假设是在一定市场条件下对被评估资产使用状态的一种假定说明,因此,该假设下的资产评估结果的适用范围是受限制的。在许多场合下评估结果并没有充分考虑资产用途的替换,它只是对特定的买卖双方公平合理。

(六)非真实性假设

非真实性假设是指为进行分析所做出的与现实情况相反的假设条件。非真实性假设所设定的评估对象的物理、法律和经济特征、市场条件或趋势等资产外部条件以及分析中使用的数据与已知的情况相反。例如,评估基准日处于待开发状态的规划商业用地的价值评估,一般是假定其开发完成为房地产后,再倒推土地的价值。这里,土地事实上还未开发,并且作为未开发的土地和开发完成后房地产组成部分的土地的价值,在评估上完全不同。

正是由于非真实性假设是对与现实不同或与事实不符的情况的界定说明,因此在使用上应当谨慎。如果评估人员使用了非真实性条件,就需要详细说明使用的理由和限制条件,并提醒评估报告使用者正确理解非真实性条件假设下的评估结论。

(七)特别假设

特别假设是指直接与某项特定业务相关、如果不成立将会改变评估结论的假设。特别假设是就评估对象的物理、法律和经济特征、市场条件或趋势等资产外部条件以及分析中所使用数据的真实性等不确定事项所做的假定。如在企业价值评估中,宏观环境、行业环境和企业自身情况都面临很大的不确定性,如果对上述情况不加以合理确定,评估就无法进行。特别假设本身就包含着很大的不确定性,在使用该假设时需要特别注意其赖以存在的基础,以及相关推理的科学性和逻辑性。

对某项条件所做出的假设是属于特别假设还是非真实性假设,取决于评估专业人员对这个条件的了解程度:如果其不知道该条件的状况但可以合理相信该条件是真实的,所做出的假设就是特别假设;如果其已知道该条件并不真实,但出于评估分析的需要所做出的假设就是非真实性假设。

同非真实性假设一样,特别假设会对评估结论形成重大影响,因此在使用时也需要足够谨慎。

二、资产评估原则

资产评估原则是规范评估行为和业务执行的规则或标准。资产评估原则包括工作原则和经济技术原则。

(一)资产评估工作原则

同律师、会计师等第三方专业中介一样,资产评估师的工作原则就是独立、客观、公正。

《资产评估法》第四条规定:"评估机构及其评估专业人员开展业务应当遵守法律、行政法规和评估准则,遵循独立、客观、公正的原则。"《资产评估基本准则》第四条也明确规定:"资产评估机构及其资产评估专业人员开展资产评估业务应当遵守法律、行政法规的规定,坚持独立、客观、公正的原则。"《资产评估职业道德准则》第四条也强调指出:"资产评估机构及其资产评估专业人员应当诚实守信,勤勉尽责,谨慎从业,坚持独立、客观、公正的原则,不得出具或者签署虚假资产评估报告或者有重大遗漏的资产评估报告。"

上述法律和准则中对资产评估"独立、客观、公正"工作原则的强调,既是因为资产评估作为一个交易中的"第三方",其工作本质要求其保护各方利益,也是因为这一原则是资产评估持续健康发展的基础。

(二)资产评估经济技术原则

资产评估经济技术原则,是指在开展资产评估业务过程中的技术规范和业务标准,是资产评估专业人员在执行评估业务过程中做出专业判断的技术依据。

1. 供求原则

供求原则是指资产评估专业人员在判断资产价值时要遵循经济学中市场供求规律:商品价格随着需求的增长而上升,随着供给的增加而下降。供求规律对商品价格形成的作用同样适用于资产评估。不同的市场条件下,资产价值的评估逻辑也不相同。在一个供求均衡的市场,资产的市场价格就反映了资产的价值。

2. 最佳使用原则

最佳使用原则是指评估专业人员在判断资产价值时需要考虑该资产的最佳用途及利用方式。最佳使用原则是基于有效市场条件,价格能够引导资产流动,能够最佳使用资产的交易者愿意且能够出较高的价格获得资产,然后通过最佳使用来实现资产价值。

由于存在严格的市场条件限制,资产最佳用途的确定,需要考虑以下几个因素:①确定该用途法律上是否许可;②确定该用途技术上是否可行;③确定该用途财务上是否可行。

(三) 替代原则

在同一市场上,如果相同使用价值和质量的商品具有不同的价格,购买者会选择价格较低者,即价格最低的同质商品对其他商品具有替代性。据此推理,资产评估的替代原则是指在评估中,如果几种相同或相似资产具有不同价格时,应取较低者为评估值,或者说评估值不应高于替代物的价格。在资产评估中确实存在评估数据、评估方法等的合理替代问题,正确运用替代原则是公正进行资产评估的重要保证。

(四) 预期收益原则

预期收益原则是指在评估资产的价值时,必须考虑它在未来可能为其控制者带来的经济效益。资产的价值主要取决于其未来的效用及获利能力,未来效用越大,评估价值越大。因此,合理预测资产未来的获利能力和获利的有效期限,是资产评估必须遵循的一项原则。

(五) 贡献原则

贡献原则是预期收益原则的一种具体应用。它主要是指某一资产或资产某一构成部分的价值,取决于其对所在资产组或完整资产整体价值的贡献,或者根据缺少它时对整体资产价值的影响程度来确定。贡献原则主要适用于确定构成整体资产的各组成要素资产的价值——它可以通过该要素资产对整体资产的贡献,或者当整体资产缺少某要素资产时将产生的损失,来确定该要素资产的价值。

(六) 评估时点原则

由于资产价值会随着时间等因素的变化而变化,为了使资产评估得以顺利进行,必须确定一个时点作为评估基准日,为资产评估提供一个时间基准。因此,评估值就是对资产在特定时点(评估基准日)的价值的估算和判断。

(七) 外在性原则

资产评估的外在性原则是指在对资产估值时,需要考虑诸如环境、制度等"外在性"因素对资产价值的影响。这些"外在性"因素会给相关权利主体带来自身因素之外的额外收益或损失,从而影响资产价值的实现,进而对资产的交易价格产生直接影响。因此,在资产评估时需要充分关注"外在性"可能给评估标的资产带来的收益或损失,以便更好地对资产估值。

第四节 资产评估准则

一、资产评估准则的重要性

资产评估就是要对资产价值进行评定和估价。作为一个服务性的中介机构,资产评估当事方至少包括评估师、评估委托人及委托人以外的评估报告使用者。为了保证评估质量，维护各方权益，资产评估因此和会计、审计一样，既要自身按规则做好，又需要别人根据规则对其服务质量进行评判。一方面，资产评估的专业性很强，需要有一定规则来约束和指引评估师，以提高评估的质量；另一方面，资产评估是评估师接受委托人委托而进行的一种专业服务，自然要接受委托人的评判。同时，由于资产评估业务的特殊性，其结果对社会利益的影响也不同于一般的服务：评估不当不仅影响当事人的利益，还会影响社会公共利益。一个高质量的资产评估准则体系，不仅能够有效地指导和约束评估师的执业行为，还能引导评估师正确处理好其与委托人、使用者的关系，更能为委托方、使用者和政府部门提供一个合理评判评估服务的依据。总之，资产评估准则是一个国家资产评估理论研究和实践经验的高度概括和总结，对于有效指导评估实践、保证评估质量、维护评估行业的声誉具有十分重要的意义。

二、我国资产评估准则产生与发展

资产评估准则是评估行业规范发展的重要基础。我国的资产评估准则体系是随着我国资产评估的发展而逐步制定和完善的。

（一）我国资产评估准则的产生背景

我国资产评估的发展源于国有企业改革的需要。早期的评估工作是由财政部门下设的评估机构执行的。随着资产评估业务在我国的快速发展，评估工作逐渐从行政部门脱离，成为一个独立的行业。

从1996年开始，中国评估行业开始效仿会计和审计行业，尝试建设评估准则（当时称评估标准），内容侧重于评估三大方法的具体应用和评估实践、操作的指导。

2000年以后，随着国内评估行业的改革和发展，特别是评估师作为责任主体被推到法律风险第一线以及非国有资产评估业务开始发展后，中国评估行业才意识到需要将评估视为民事主体间的委托服务行为，需要对各方的权利和义务进行合理界定，才真正开始认识到资产评估准则的重要性。2001年，国务院办公厅转发财政部《关于改革国有资产评估行政管理方式加强资产评估监督管理工作的意见》，2003年，国务院办公厅转发财政部《关于加强和规范评估行业管理的意见》，两个文件都指出我国评估行业执业技术规范和职业道德标准建设滞后，不能满足评估业务发展的客观需要，要求尽快建立健全评估准则体系。因此，2001年，财政部发布《资产评估准则——无形资产》，这是我国资产评估行业的第一项准则，标志着我国资产评估准则建设迈出了第一步。

（二）我国资产评估准则的发展

从2004年，财政部发布《资产评估准则——基本准则》和《资产评估职业道德准则——基本准则》开始，我国资产评估准则的基本理念和要求开始确立，也奠定了整个资产评估准则体系的基础。

2007年，涉及主要评估程序和主要执业领域的资产评估准则基本建成，2007年11月，财政部发布了中国资产评估准则体系。

2016年，《中华人民共和国资产评估法》发布，规定了评估准则的制定和实施方式，并对资产评估准则的规范主体、重要术语、评估程序、评估方法和评估报告等内容做出了明确规定。

为了贯彻和落实《中华人民共和国资产评估法》,财政部和中国资产评估协会于2017年对资产评估准则进行了全面修订,构建了包括一项基本准则、一项职业道德准则和26项执业准则在内的新的资产评估准则体系。

2018年,中国资产评估协会对资产评估报告、资产评估程序、资产评估档案和企业价值评估四项执业准则进行了进一步的修订、完善。

目前,我国资产评估准则体系已初步完善,能够适应资产评估执业、监管和使用需求,实现了与国际主要评估准则体系的趋同。

三、我国的资产评估准则体系

我国的资产评估准则体系是由基本准则、职业道德准则和执业准则构成的。

(一)资产评估基本准则

我国现行的《资产评估基本准则》是自2017年10月1日起开始执行的,是由财政部根据《中华人民共和国资产评估法》《资产评估行业财政监督管理办法》等制定的。目的是规范资产评估行为,保证执业质量,明确执业责任,保护资产评估当事人合法权益和公共利益,维护社会主义市场经济秩序。它是资产评估机构及其评估专业人员执行各种资产类型、各种评估目的的评估业务应当共同遵循的基本规范,是中国资产评估协会制定资产评估职业道德准则和资产评估执业准则的依据。

(二)资产评估职业道德准则

我国现行的《资产评估职业道德准则》是自2017年10月1日起开始执行的,是在财政部指导下,由中国资产评估协会根据《资产评估基本准则》制定的。目的是规范资产评估机构及其资产评估专业人员职业道德行为,提高职业素质,维护职业形象。它从专业胜任能力、独立性、与委托人和其他相关当事人的关系、与其他资产评估机构及资产评估专业人员的关系等方面对资产评估机构和资产评估专业人员应当具备的道德品质和道德行为方面进行了规范。

(三)资产评估执业准则

资产评估执业准则是中国资产评估协会依据《资产评估基本准则》制定的,是资产评估机构及其评估专业人员在执行资产评估业务过程中应当遵循的程序和技术规范,包括具体准则、评估指南、指导意见三个层次。

第一层次为资产评估具体准则,包括程序性准则和实体性准则两个部分。程序性准则是为了规范资产评估过程,控制资产评估质量。实体性准则是基于不同资产类型、不同评估要求等制定的具体评估业务技术操作规范。

第二层次为资产评估指南。资产评估指南是针对出资、抵押、财务报告、保险等特定目的的评估业务,以及某些重要事项的规范。

第三层次为资产评估指导意见。该层次比较灵活:一是一些细类的资产评估规范,如《投资性房地产评估指导意见》;二是针对评估业务中的某些具体问题的指导性文件,如《资产评估价值类型指导意见》。

我国已经形成了包括1项基本准则、1项职业道德准则、11项具体准则、5项资产评估指南和10项资产评估指导意见在内的,覆盖资产评估主要执业领域的比较完整的评估准则体系。

思考题

1. 什么是资产评估？它由哪些基本要素组成？具备什么特点？
2. 我国资产评估准则体系是怎样构成的？
3. 什么是资产评估目的？其有何意义？
4. 什么是资产评估价值类型？如何与资产评估目的匹配？
5. 资产评估假设分别是什么？
6. 资产评估有哪些原则？

第二章

资产评估的基础理论和基本方法

本章提要

本章主要阐述资产评估的基础理论和基本方法。通过本章学习,学生应了解三种基本方法的理论依据,熟悉三种基本方法的概念、应用条件、基本程序及其评估思路,掌握三种基本方法的具体操作。

第一节 资产评估的基础理论

资产评估是关于资产价值判断的学科,价值理论是资产评估理论的根本。它不仅直接关系到资产评估相关概念的定义、关系到资产评估实际操作中对评估过程的模拟和相关因素的把握,还关系到评估结果的属性以及评估结果准确性的参照标准等关键问题。

价值决定和资源配置一直是经济学关注的主要问题。经济学中对商品价值的研究体现于商品供求关系的研究。在市场经济条件下,生产商品的资产本身也是一种商品,因此,资产价值的构成在本质上与商品价值的构成是一样的。商品价值构成在经济学研究中成果颇丰,形成了不同的学派和理论体系。一般来说,经济学的价值理论主要分三大板块:生产费用价值论、效用价值论和均衡价值论。

一、生产费用价值论

生产费用价值论认为商品(资产)的价值是由其生产所需的费用决定的。生产费用价值论主要可以分为劳动价值论和生产要素价值论。

(一)劳动价值论

劳动价值论认为资产的价值是由劳动决定的。这一学派的代表任务是李嘉图和马克思,其主要观点如下。

1. 资产的价值是由生产该项资产所需要的社会必要劳动时间决定的

不同厂商生产同一类商品耗费的劳动时间并不相同,决定商品价值的是社会必要劳动时间而不是个别劳动时间。社会必要劳动时间是指:"在现有社会正常的生产条件下,在社会平均的劳动熟练程度和劳动强度下,制造某种使用价值所需要的劳动时间。"

2. 资产价值是资产使用价值和交换价值的统一体

使用价值是指商品能够满足人某种需要的特性。交换价值是指商品能够通过买卖同其他商品相交换的属性。使用价值是由商品的自然属性决定的,是交换价值的基础。交换价值是相对的,不同的交换对象有不同的交换价值,且会因时因地而发生变化。

3. 资产的生产费用会随着技术进步等而逐步降低

生产某项资产的社会必要劳动时间会随着生产技术水平的进步和劳动条件的改善,以及劳动者劳动技能的提高而呈下降的趋势。

4. 资产的价值是由物化劳动的价值和活劳动的价值共同构成的

在资产的生产过程中,作为不变资本的物化劳动只是价值发生了转移,只有作为可变资本的活劳动才创造了价值,才是剩余价值的源泉。

(二)生产要素价值论

生产要素价值论认为土地、资本、劳动三种生产要素共同创造了价值。随着经济的发展,生产要素的范围又扩大到企业家才能、知识等。这一学派的主要观点是:①资产的价值是由在资产生产过程中投入的各种要素的价值确定的;②资产的价值是由投入的各种要素共同"创造"的。

资产生产过程中的每一种要素都创造了价值,也应该参与价值分配,劳动者得到工资,资本得到利息,土地获得租金。这些也应是资产价值的组成部分。

(三)生产费用价值论与资产评估的联系

生产费用价值论从本质而言,都是从资产的生产成本构成角度对资产价值进行的界定,因此是使用成本法评估资产价值的基础。从供求关系来看,生产费用价值论是把市场中生产者置于相对主导地位,因而是从生产者角度来研究资产价值的构成的。

劳动价值论关于社会必要劳动时间的理论,是使用成本法对资产估值时考虑其功能性贬值和经济性贬值的理论基础。由于生产同一资产的社会必要劳动时间会随着社会经济和技术水平的提高而下降,因此,从长期来看,资产也必然会发生功能性和经济性贬值。

成本法本质上也是一种基于市场的资产估值方法。从劳动价值论来看,使用价值和交换价值是一个硬币的两个方面,价格会围绕价值波动。因此在对资产估值时也需要注意其所处的市场条件。

二、效用价值论

(一)效用

早期的哲学家和经济学家把"效用"看作是对个人快乐的数学测度。由于度量的困难,后来的经济学家放弃了把效用当作对快乐测度的观点,取而代之的是在消费者偏好基础上重新阐述的消费者行为理论。在这个理论中,效用仅被看作是描述偏好的一种方式,是消费者从某一商品的消费中获得的满足感的主观衡量。因此,价值并非取决于商品的自然属性,而是消费者对商品的主观评价。也就是说,效用是商品满足消费者某种欲望的能力,是价值的源泉。

效用可以分总效用和边际效用。总效用是消费者从商品的消费中得到满足的总量。边际效用是指消费者每增加一个单位的商品消费所引起的总效用的增加量。随着商品消费量的增加,每增加一个单位商品的消费,消费者会感到增加的满足感会越来越小,这就是边际效用递减规律。因此,决定商品价值大小的不是总效用,而是边际效用。

(二)效用价值论的主要观点

效用价值论是以消费者对商品的主观评价来解释商品价值形成过程的理论。效用价值论几乎与劳动价值论同时产生,但因在产生时劳动价值论处于主导地位,所以并没有引起广泛的关注。但后来随着边际效用分析的发展,效用价值论逐步成为西方经济学的主流。效用价值论的主要观点如下。

(1)价值不是商品的内在属性,而是消费者的主观评价形成的一种心理范畴。从供求关系来看,效用价值论认为商品的价值主要是由消费者决定的。一件商品要具有价值,需要两个条件:有用性和稀缺性。

(2)一件商品的价值,是由现有的同样的一些商品所能满足消费者的一切需要中,最不迫切的那一具体需要的重要性来衡量的。也就是说,决定商品价值大小的不是它的最大效用或平均效用,而是它的最小效用(边际效用)。

(3)资产的价值是由资产为其占有者带来的效用决定的。由于资产的价值在于其未来的收益性,因此,资产的效用可以由资产为其带来的收益进行衡量。由于收益是未来的预期收益,属于一种期望效用,所以需要考虑期限和风险的影响。

(三)效用价值论与资产评估的联系

(1)由于效用价值论通过直接使用资产的收益作为资产效用的衡量标准,进而确定资产的价值,因此是使用收益法评估资产价值的理论基础。

(2)效用价值论是从消费者角度来分析商品价值构成的,是资产评估中的最佳使用原则的分析基础。因为要对资产是否处于最佳使用状态进行判断,就需要在既定条件下对资产的买卖双方各自对资产的效用判断进行分析,而买卖双方对资产效用的判断就是对资产价值的判断。

(3)由于效用价值是一种主观评价,运用效用价值论对资产进行评估就带有一定的主观性,其评估出的结果与客观价值会存在一定差异。

三、均衡价值论

(一)均衡价格

均衡价格是指一种商品的市场需求曲线与市场供给曲线相交时的价格,也就是商品的需求价格和供给价格相一致时的价格。需求价格是买者对一定数量的商品所愿意支付的价格,是由该商品的边际效用决定的;供给价格是卖者为提供一定数量商品所愿意接受的价格,是由生产商品的边际成本决定的。供需双方经过市场供求的自发调节而形成了均衡价格。

马歇尔等经济学家认为应该用商品的均衡价格来衡量商品的价值,认为均衡价格和价值是一致的。商品在供给和需求达到均衡状态时,产量和价格也同时达到均衡。

(二)均衡价值论的主要观点

均衡价值论认为,在其他条件不变的情况下,商品价值是由商品的供求状况决定的,可以由商品的均衡价格来衡量。均衡价值论是把以劳动价值论为主的生产费用价值论和以边际效用学派为主的效用价值论有机地结合起来,从供给和需求两个方面来分析商品价格的形成。其主要观点如下。

(1)商品价值来源于生产和消费两个方面。生产方面是指生产商品发生的成本,是企业进行生产所投入的生产要素的成本,成本越高,价值越大。消费方面主要是消费者对商品的心理主观感受,即消费者得到的效用水平。消费者得到的效用水平越高,价值就越大。

(2)生产方面决定商品的供给。在其他条件不变的情况下,商品生产成本越高,供给就越少;生产成本越小,供给就越多。消费方面决定商品的需求,在其他条件不变时,商品效用水平越高,需求越大;效用水平越低,需求就越小。

(3)在市场经济条件下,商品的价格是由供给和需求双方共同决定的。当市场供给等于市场需求时,市场就达到了均衡,此时的均衡价格就是商品的价值。

(三)均衡价值论和资产评估的关系

(1)均衡价值论下的价值定义是资产评估中公允市场价值定义理论基础,因此也是运用市场法评估资产价值的理论基础。在一个供求均衡的市场上,均衡价格就等于资产价值。

(2)均衡价值论下关于价格形成的分析框架也是资产评估中对于影响资产价值的市场供需分析的基本分析框架。在资产评估时需考虑市场上供需因素及其相互影响。

(3)均衡价值论将资产评估中的成本法、收益法和市场法有机地联系起来,有助于资产评估在进行评估假设、评估方法等选择时更好地考虑相关因素,也有助于我们更好地理解不同评估方法下的评估结论。

第二节 市场法

一、市场法的概念及其前提条件

(一)市场法的概念

市场法是指利用市场上同样或类似资产的近期交易价格,经过直接比较或类比分析以估算资产价值的各种评估技术方法的总称。

在使用市场法做资产评估时,需要通过市场调查,选择几个与评估对象相同或类似的资产作为比较对象,分析比较对象的近期成交价格和交易条件,进行对比、分析、调整,进而估算出被评估资产的价值。

可见,市场法是根据替代原则,采用比较和类比的方法判断资产价值的评估技术规程。因为任何一个正常的投资者在购置某项资产时,他所愿意支付的价格不会高于市场上具有相同用途的替代品的现行市价。市场法要求充分利用类似资产成交价格信息,并以此为基础判断和估测被评估资产的价值。因此,市场法是资产评估中最为直接,最具说服力的评估方法之一。运用市场法进行资产评估,必须具备一定的前提。

(二) 市场法的基本前提

1. 要有一个充分活跃、公平、公开的资产市场

资产市场越活跃,资产交易越频繁,同被评估资产相类似的资产的价格就越容易获得。在活跃的资产市场上,买卖双方自愿交易,存在充分竞争,买主有足够的时间了解资产性能等状况,卖主有足够时间选择买主。一旦成交,其价格就能反映资产的真实价值。被评估资产就可以比照市场上相同或类似资产的成交价格,评估其价值。按市场行情估测被评估资产价值,评估结果会更贴近市场,更容易被资产交易各方接受。

2. 公开市场上要有可比的资产参照物及其交易活动

市场资产参照物是指应用现行市价标准评估资产时,如不能直接获得该资产的现行市价,就应在市场上选择相似资产与被评估资产相比较,以其现行市价或成交价格为基础,来确定被评估资产的价格。这种在市场上寻找到的可与被评估资产相比较的资产称为市场参照物。资产及其交易活动的可变性是指选择的可比资产及其交易活动已经发生过,并且与被评估资产及资产业务相同或相似。

资产及其交易的可比性具体体现在以下几个方面。

(1)参照物与评估对象在功能上具有可比性,包括用途、性能上的相同或相似。

(2)参照物与被评估对象面临的市场条件具有可比性,包括市场供求关系、竞争状况和交易条件等。

(3)参照物成交时间与评估基准日间隔时间不能过长,应在一个适度时间范围内,同时,时间对资产价值的影响是可以调整的。

二、市场法的基本程序

(一) 选择评估参照物

运用市场法时,首先要根据评估对象的主要参数如功能指标及成新率等,选择可比的市场参照物。对参照物的要求关键是一个可比性问题,包括功能、市场条件及成交时间等。另外就是参照物的数量问题。不论参照物与评估对象如何相似,通常参照物应选择 3 个以上。因为运用市场法评估资产价值,被评估资产的评估值高低在很大程度上取决于参照物成交价格水平,而参照物成交价又不仅仅是参照物功能自身的市场体现,它还受买卖双方交易地位、交易动机、交易时限等因素的影响。为了避免某个参照物个别交易中的特殊因素和偶然因素对成交价及评估值的影响,运用市场法评估资产时应尽可能选择多个参照物。

(二) 选择对比指标

根据不同种类资产价值形成的特点,选择对资产价值形成影响较大的因素作为对

比指标,在参照物与评估对象之间进行比较。

(三)进行指标对比,确定差异

根据前面所选定的对比指标,在参照物及评估对象之间进行比较,并将两者的差异进行量化。差异包括许多方面,例如,销售时间不同、数量不同、销售结算方式不同、当时的供求关系不同、资产所处地理位置不同以及资产本身的具体功能、性能不同引起的差异等。运用市场法的一个重要环节就是将参照物与评估对象对比指标之间的上述差异数量化和货币化。

(四)调整对比指标差异

将已经量化的参照物与评估对象对比指标差异进行调增或调减,其中,对评估对象比参照物优异的因素引起的差异金额应调增评估价值;反之,则调减评估价值。通过调整,就可以得到以每个参照物为基础的评估对象的初步评估结果。初步评估结果与所选择的参照物个数密切相关。

(五)确定评估结果

如前所述,运用市场法通常应选择3个以上参照物。所以,在一般情况下,运用市场法评估的初步结果也在3个以上。根据资产评估的一般惯例,正式的评估结果只能是1个,这就需要评估人员对若干评估初步结果进行综合分析,以确定最终的评估值。如果参照物与评估对象可比性很好,评估过程中没有明显的遗漏或疏忽,采用加权平均的办法将初步结果转换成最终评估结果也是可以的。

三、市场法中应考虑的主要可比因素

在运用市场法时,参照物与评估对象之间要具有可比性,即相关因素要可比。主要的相关可比因素包括以下几个方面。

(一)资产的功能和质量

资产的功能是资产使用价值的主体,是影响资产价值的重要因素之一。资产的质量主要是指资产本身的建造或制造工艺水平。在社会需要的前提下,资产的功能、质量越好,其价值越高,反之亦然。

(二)市场条件

市场条件主要是要考虑参照物成交时与评估时的市场条件及供求关系的变化情况。在一般情况下,供不应求时,价格偏高;供过于求时,价格偏低。市场条件上的差异对资产价值的影响应引起评估人员足够的关注。

(三)交易条件

交易条件主要包括交易批量、交易动机、交易时间等。交易批量不同,交易对象的价格就可能不同。交易动机也对资产交易价格有影响。在不同时间交易,资产的交易价格也会有差别。

在具体运用市场法进行评估时,还要视评估对象的具体情况考虑其具体的可比因素。如房地产评估中的地理位置因素,机器设备评估中的制造厂家、资产规格型号等。

四、市场法中的具体评估方法

从理论上讲,运用市场比较法进行资产评估有两种操作方式:一种是能够在市场上

找到与被评估资产完全相同的资产成交价,那么参照物的成交价就是被评估资产的评估值(当然可以根据被评估资产与参照物的新旧、功能等的不同进行调整);另一种是评估师只能找到与被评估资产类似的参照物的成交价,然后需要根据被评估资产与参照物的差异进行调整。前者被称为直接比较法,后者被称为间接比较法。

(一)直接比较法

直接比较法,是指利用参照物的交易价格,对被评估资产的某一或若干基本特征直接进行比较,得到两者的基本特征修正系数或基本特征差额,从而判断被评估资产价值的方法。直接比较法直观简洁,但通常对评估物和参照物之间的可比性要求较高。参照物和评估物要达到相同或基本相同,仅仅在某一因素上存在差异,如新旧程度、交易时间、功能、交易条件等。常用的直接比较法包括以下几种。

1. 现行市价法

现行市价法即直接利用评估对象或参照物在评估基准日的现行市场价格作为评估对象的评估价值的方法。这是在评估对象本身具有现行市场价格或与评估对象基本相同的参照物具有现行市场价格的情况下采用的方法。例如,可上市流通的股票、债券等金融资产可按其在评估基准日的收盘价作为评估价值;批量生产的设备、汽车等可按同品牌、同型号、同规格、同厂家、同批量的设备、汽车等的现行市场价格作为评估价值。

2. 市价折扣法

市价折扣法是以参照物成交价格为基础,考虑评估对象诸如销售条件、销售时限等方面的不利因素,设定一个价格折扣率来估算评估对象价值的方法。市价折扣法适用于评估对象与参照物之间仅存在交易条件方面差异的情况。公式为:

$$资产评估价值 = 参照物成交价格 \times (1 - 价格折扣率)$$

【例1】评估某资产价值时,与其相同资产的市场交易价格为10万元,经分析,折扣率应为40%,则该资产的评估价值为:

$$资产评估价值 = 10 \times (1 - 40\%) = 6(万元)$$

3. 功能价值类比法

功能价值类比法是以参照物的成交价格为基础,将参照物与评估对象之间的功能进行对比来估算评估对象价值的方法。

(1)线性法。线性法是指评估对象的生产能力等指标与参照物相应指标呈线性关系下的评估方法。公式为:

$$资产评估价值 = 参照物成交价格 \times \frac{评估资产生产能力}{参照物生产能力}$$

该方法还可以通过对参照物与评估对象的其他功能指标的对比,利用参照物成交价格推算出评估对象价值。

【例2】被评估资产年生产能力为100吨,参照资产的年生产能力为140吨,评估时点参照资产的市场价格为12万元,则该资产的评估价值为:

$$资产评估价值 = 12 \times 100/140 = 8.57(万元)$$

(2)指数法。指数法是指评估对象的生产能力等指标与参照物相应指标呈指数关系下的方法。公式为:

$$资产评估价值 = 参照物成交价格 \times \left(\frac{评估资产生产能力}{参照物生产能力}\right)^x$$

【例3】被评估资产年生产能力为90吨,参照资产的年生产能力为120吨,评估时点参照资产的市场价格为12万元,该类资产的功能价值指数为0.7,则资产评估价值为:

$$资产评估价值 = 12 \times (90/120)^{0.7} = 9.81(万元)$$

4. 价格指数法

价格指数法是以参照物成交价格为基础,考虑参照物的成交时间与评估对象的评估基准日之间的时间间隔对资产价值的影响,利用价格指数调整估算评估对象价值的方法。其计算公式为:

$$资产评估价值 = 参照物成交价格 \times (1 + 物价变动指数)$$

或:

$$资产评估价值 = 参照物成交价格 \times 价格指数$$

这一方法适用于评估对象与参照物之间仅存在时间差异,且时间差异不能过长的情况。

【例4】与评估对象完全相同的参照资产4个月前的成交价格为12万元,这段时间内该类资产的价格上升了5%,则:

$$资产评估价值 = 12 \times (1 + 5\%) = 12.6(万元)$$

5. 成新率价格调整法

成新率价格调整法是以参照物的成交价格为基础,考虑参照物与被评估对象新旧程度上的差异,通过成新率调整、估算出评估对象的价值。其计算公式为:

$$资产评估价值 = 参照物成交价格 \times \frac{评估对象成新率}{参照物成新率}$$

其中,资产的成新率可按下式计算:

$$成新率 = \frac{资产尚可使用年限}{资产已使用年限 + 资产尚可使用年限}$$

此方法一般只运用于评估对象和参照物之间仅有成新程度差异的情况。

6. 成本市价法

成本市价法是以评估对象的现行合理成本为基础,利用参照物的成交价格与其成本的比率来估算评估对象的价值的方法。公式为:

$$资产评估价值 = 评估对象现行合理成本 \times \frac{参照物成交价格}{参照物现行合理成本}$$

【例5】已知被估全新住房的现行合理成本为50万元,评估时市场商品房的成本市价率为本140%,则该全新住房的评估价为:

$$资产评估价值 = 50 \times 140\% = 70(万元)$$

7. 市盈率倍数法

市盈率倍数法是以参照企业的市盈率作为倍数,以此倍数与评估企业的收益额相乘估算评估企业价值的方法。该方法主要适用于整体企业的评估。公式为:

$$资产评估价值 = 评估企业收益额 \times 参照企业市盈率$$

【例6】某被估企业的年净利润为300万元,评估时点资产市场上同类企业平均市盈率为15倍,则:

该企业的评估价值＝300×15＝4 500(万元)

以上方法统称为直接比较法。由于直接比较法对参照物与评估对象的可比性要求较高,在具体评估过程中寻找参照物可能会受到局限。因而,直接比较法的使用也相对受到一定制约。

很多情况下参照物与评估对象只是在大的方面基本相同或相似,这时可以采用类比调整法,即在参照物成交价格的基础上,通过对比分析调整参照物与评估对象之间的差异,调整估算评估对象价值。类比调整法具有适用性强,应用广泛的特点。但该方法对信息资料的数量和质量要求较高,而且要求评估人员要有较丰富的评估经验、市场阅历和评估技巧。

(二)间接比较法

间接比较法也是市场法中最基本的评估方法。该法是利用资产的国家、行业或市场标准(可以是综合标准,也可以是分项标准)作为基准,分别将评估对象与参照物整体或分项进行对比打分以便得到评估对象和参照物各自的分值,然后再利用参照物的市场交易价格,以及评估对象分值与参照物分值的比率(系数)求得评估对象价值的评估方法。应用这种方法时,并不要求参照物与评估物必须一样或基本一样,而只要求找到与评估物大体相似的参照物,通过对比评估物与参照物之间的差异,参照国家、行业或市场标准,在参照物成交价的基础上调整估算评估物的价值。

间接比较法具有适用性强、应用广泛的特点。但为了提高评估结果的可信度,间接比较法需要利用国家、行业或市场标准,这导致它在应用时面临较多的局限,该方法对信息资料的数量和质量要求较高,而且要求评估人员要有较丰富的评估经验、市场阅历和评估技巧。

市场法是相对最具客观性的评估方法,其评估值比较容易为交易双方理解和接受。上述方法只是市场法中的经常使用的一些方法,市场法的具体方法还有很多。作为市场法具体方法的应用,必须满足两个基本条件:一是参照物与评估对象必须具有可比性;二是参照物的交易时间与评估基准日间隔不能过长。

第三节 收益法

一、收益法的概念及其前提条件

(一)收益法的概念

收益法是指通过估测被评估资产未来收益的现值,来判断资产价值的各种评估方法的总称。它是将评估对象未来期间的预期收益用适当的折现率折现,累加得出评估基准日的现值,以此来估算判断资产的价值。

收益法的基本思路是:采用折现的方法来估算资产价值。利用投资回报和收益折现等技术手段,把评估对象的预期产出能力和获利能力作为评估标的来估测评估对象的价值。根据评估对象的预期收益来评估其价值,是容易被资产业务各方所接受的。所以,收益法是资产评估中较为科学合理的评估方法之一。

(二)收益法的前提条件

收益法的应用效果主要受对被评估资产的预期收益、折现率和被评估资产使用年限的估算判断的准确性影响。因此,运用收益法的前提条件是:①被评估资产的未来预期收益以及所承担的风险可以预测并可以用货币衡量;②资产拥有者获得预期收益所承担的风险可以被预测并可以衡量;③被评估资产的使用年限可以预测。

二、收益法的基本程序和基本参数

(一)基本程序

采用收益法进行评估,其基本程序如下:

(1)收集或验证与评估对象未来预期收益有关的数据资料。

(2)分析测算被评估对象未来预期收益。

(3)分析测算折现率。

(4)分析测算收益期限。

(5)用折现率将评估对象未来预期收益折算成现值。

(6)分析确定评估结果。

运用收益法进行评估涉及许多经济技术参数,其中最主要的参数有三个,分别是收益额、折现率和获利期限。

(二)基本参数

1. 收益额

收益额是指资产通过正常使用所能得到的回报数额。应注意的是,这里的收益额是资产未来客观的预期收益额,而不是资产的历史实际收益额或现实实际收益额。应把握收益额的这一特点,以便合理运用收益法来估测资产的价值。

2. 折现率

折现率是指将未来有限期预期收益折算成现值的比率。折现率实际上是一种期望投资报酬率,是投资者在投资风险一定的情况下,对投资所期望的回报率,包括无风险报酬率和风险报酬率。无风险报酬率一般是同期国债利率;风险报酬率是指超过无风险报酬率以上部分的投资回报率。在资产评估中,因资产的行业分布、种类、市场条件等的不同,其折现率亦不相同。同折现率相近的一个概念是资本化率,是指将未来永续性预期收益折算成现值的比率。二者本质上是相同的,至于折现率与资本化率在量上是否恒等,主要取决于同一资产在未来不同的时期所面临的风险是否相同。

3. 收益期限

收益期限是指资产具有的持续获利的时间,通常以年为时间单位。它由评估人员根据被评估资产自身效能以及有关法律、法规、合同等加以测定。

三、收益法中常用的计算公式

收益法包括若干具体方法,按评估对象未来预期收益有无限期划分,分为有限期和无限期的评估方法;按评估对象预期收益额的情况划分,又可分为等额收益评估方法、非等额收益方法等。不同的方法下计算公式不尽相同,以下就等额收益评估方法和非等额收益评估方法分别给出相应的计算公式。

首先对所用字符的含义做统一的规定如下:

P——评估值;

i——年序号;

P_i——未来第 i 年的评估值;

R_i——未来第 i 年的预期收益;

r——折现率或资本化率;

r_i——第 i 年的折现率或资本化率;

n——收益年期;

A——年金。

(一)等额收益评估方法

(1)在纯收益每年不变、资本化率固定且大于零、收益年期无限的情况下:

$$P = A/r$$

(2)在纯收益每年不变、资本化率固定且大于零、收益年期有限且为 n 的情况下:

$$P = \frac{A}{r}\left[1 - \frac{1}{(1+r)^n}\right]$$

【例7】 某房产在未来5年内年均净租金收入为20万元,折现率固定为12%。则该房产的评估价值为:

$$P = \frac{20}{12\%}\left[1 - \frac{1}{(1+12\%)^5}\right] \approx 72.10(万元)$$

(3)在纯收益每年不变、收益年期有限为 n、资本化率为零的情况下:

$$P = A \times n$$

(二)非等额收益评估方法

(1)纯收益在若干年后保持不变时有两种情况。

①纯收益在 n 年(含第 n 年)以前有变化、纯收益在 n 年(不含第 n 年)以后保持不变、收益年期无限、r 大于零的情况下:

$$P = \sum_{i=1}^{n} \frac{R_i}{(1+r)^i} + \frac{A}{r(1+r)^n}$$

【例8】 某企业预计未来4年的预期收益为200万元、220万元、250万元、260万元,从第5年起,企业的收益额将维持在300万元的水平上,假设折现率为10%,则该企业的评估价值为:

$(200 \times 0.9091 + 220 \times 0.8264 + 250 \times 0.7513 + 260 \times 0.683) + (300/10\%) \times 0.683 = 2778.03$(万元)

②纯收益在 i 年(含第 i 年)以前有变化、纯收益在 i 年(不含第 i 年)以后保持不变、收益年期有限且为 n、r 大于零的情况下:

$$P = \sum_{i=1}^{n} \frac{R_i}{(1+r)^i} + \frac{A}{r(1+r)^i}\left[1 - \frac{1}{(1+r)^{n-i}}\right]$$

要注意的是,纯收益 A 的收益年期是 $(n-i)$ 而不是 n。

【例9】 出让某块土地50年,折现率为10%,预计未来前4年纯收益分别为25万元、26万元、28万元、25万元。第5年开始纯收益大约可以稳定在35万元左右。该土地的评估价值为:

$[25/(1+10\%)]+[26/(1+10\%)^2]+[28/(1+10\%)^3]+[25/(1+10\%)^4]+[35/10\%(1+10\%)^4]\times[1-1/(1+10\%)^{50-4}]=82.34+217.32\times0.99=297.49(万元)$

(2) 纯收益按等差级数变化时有以下四种情况。

①纯收益按等差级数递增、纯收益逐年递增额为 B、收益年期无限、r 大于零的情况下:

$$P = \frac{A}{r} + \frac{B}{r^2}$$

【例10】 某房产2004年的纯收益为100万元,资本化率6%,若未来各年的纯收益将在上一年的基础上增加2万元,则该房产的评估价值为:

$[100/10\%]+[2/10\%^2]=1\,200(万元)$

②纯收益按等差级数递增、纯收益逐年递增额为 B、收益年期有限且为 n、r 大于零的情况下:

$$P = \left(\frac{A}{r} + \frac{B}{r^2}\right)\left[1 - \frac{1}{(1+r)^n}\right] - \frac{B}{r} \times \frac{n}{(1+r)^n}$$

③纯收益按等差级数递减、纯收益逐年递减额为 B、收益年期无限、r 大于零、收益递减到零为止的情况下:

$$P = \frac{A}{r} - \frac{B}{r^2}$$

④纯收益按等差级数递减、纯收益逐年递减额为 B、收益年期有限且为 n、r 大于零的情况下:

$$P = \left(\frac{A}{r} - \frac{B}{r^2}\right)\left[1 - \frac{1}{(1+r)^n}\right] + \frac{B}{r} \times \frac{n}{(1+r)^n}$$

(3) 纯收益按等比级数变化时有以下四种情况。

①纯收益按等比级数递增、纯收益逐年递增比率为 s、收益年期无限、r 大于零、$r>s>0$ 的情况下:

$$P = \frac{A}{r-s}$$

【例11】 某房产2004年的纯收益为100万元,资本化率6%,若未来各年的纯收益将在上一年的基础上增长2%,则该房产的评估价值为:

$100/(6\%-2\%)=2\,500(万元)$

②纯收益按等比级数递增、纯收益逐年递增比率为 s、收益年期有限、r 大于零、$r>s>0$。

$$P = \frac{A}{r-s}\left[1 - \left(\frac{1+s}{1+r}\right)^n\right]$$

③纯收益按等比级数递减、纯收益逐年递减比率为 s、收益年期无限、r 大于零、$r>s>0$ 的情况下:

$$P = \frac{A}{r+s}$$

④纯收益按等比级数递减、纯收益逐年递减比率为 s、收益年期有限且为 n、r 大于零;$0<s\leqslant 1$ 的情况下:

$$P = \frac{A}{r+s}\left[1 - \left(\frac{1-s}{1+r}\right)^n\right]$$

(4)纯收益在第 n 年(含 n 年)前保持不变、预知第 n 年的价格为 P_n、r 大于零的情况下:

$$P = \frac{A}{r}\left[1 - \frac{1}{(1+r)^n}\right] + \frac{P_n}{(1+r)^n}$$

第四节 成本法

一、成本法的概念及其前提条件

(一)成本法的概念

成本法是指按被评估资产的重置成本减去该资产已经发生的实体性陈旧贬值、功能性陈旧贬值和经济性陈旧贬值后,以其差额作为被评估资产的评估价值的资产评估方法。公式如下:

资产评估价值=资产重置成本-实体性贬值-功能性贬值-经济性贬值

可见,成本法贯彻的是替代原则。即一项资产的评估价格不应高于重新购建的、具有相同功能的资产成本,即投资者在决定投资某项资产时,所愿意支付的价格不会超过购建该项资产的现行购建成本。运用成本法评估资产的价值时应考虑资产的各种贬值因素,并予以扣除。

(二)成本法的前提条件

成本法是从资产重置的角度来估测资产价值的,因此,只有当资产能够继续使用并且在持续使用中为潜在所有者或控制者带来经济利益,资产的重置成本才能为潜在投资者和市场所承认和接受。所以,成本法主要适用于继续使用前提下的资产评估。因此,成本法的前提条件是:①被评估资产处于继续使用状态或被假定处于继续使用状态;②被评估资产必须是可再生、可复制的资产;③应当具备可利用的历史资料。成本法的应用是建立在历史资料基础上的,许多信息资料、指标需要通过历史资料获得。同时,现时资产与历史资产具有相同性或可比性。

此外,运用成本法还要注意:①形成资产价值的耗费是必需的。耗费是形成资产价值的基础,采用成本法评估资产,首先要确定这些耗费是必需的,而且应体现社会或行业的平均水平。②最佳使用和快速变现情形。如果一项资产在法律允许、经济可行、技术可实现的条件下,有多种使用方式的选择,通常要求采用能使其价值最大化的方式。如果是需要快速变现,则要注意快速变现情况下资产价值会低于正常情况下的价值。

二、成本法的基本参数

(一)重置成本

"重置"是指重新建造或和在现行市场上重新购置的全新状态下资产的成本。重置有两种形式:"复原重置成本""更新重置成本"。前者是指采用与原资产相同的材料、建造标准、相同的设计标准与制造工艺和技术条件,以现时价格重置一个全新状态的评估对象所需的全部成本。后者是指按现时价格,使用现代材料,根据现代设计原理与标准,重置一项与评估对象具有相同功能的全新资产所需要支付的全部成本。由此可见,复原重置成本和更新重置成本都需要以现时价格来估算"重置"过程中的材料、人工等相关的费用,但复原重置成本强调按照原来的材料标准、设计标准等建造或购买。在复原重置成本和更新重置成本均可得到的情况下,一般以更新重置成本为评估基础,因为它符合技术进步的要求和市场竞争的法则。

(二)实体性贬值

资产的实体性贬值是由于使用磨损和自然损耗造成的贬值,属于有形损耗,资产的实体性贬值通常采用相对数计量,即实体性贬值率,用公式表示为:

$$实体性贬值率 = \frac{资本实体性贬值}{资产重置成本}$$

(三)功能性贬值

资产的功能性贬值是指由于技术进步引起的资产功能相对落后而造成的资产价值损失。它包括由于新工艺、新材料和新技术的采用,而使原有资产的建造成本超过现行建造成本的超支额,以及在资产使用过程中原有资产的营运费用超过新资产营运费用的超支额。其数学表达式为:

$$功能性贬值 = 超额建造成本 + 超额营运成本$$

(四)经济性贬值

资产的经济性贬值是指由于外部经济环境变化而引起的资产闲置、收益下降等而造成的资产价值损失。例如,当国家产业政策调整时,原生产线的相对贬值以及由于竞争加剧引起的营运成本的增加等。

三、成本法中的具体评估方法

(一)重置成本的估算方法

1. 重置核算法

重置核算法也称细节分析法,是根据重新取得资产所需的费用项目,逐项计算然后汇总得到资产的重置成本的方法。例如,将资产的现行购买价格、运杂费、安装调试费等累加起来,便可计算出资产的"重购"成本,或将重新建造资产所需的料、工、费及必要的资金成本等进行累加,便可得到资产的"重建"成本。

资产的重置成本应包括开发者的合理收益。一是重置成本是按在现行市场条件下重新购建一项全新资产所支付的全部货币总额,应该包括资产开发和制造商的合理收益。二是资产评估旨在了解被估资产模拟条件下的交易价格,一般情况下,价格都应该含有开发者或制造者合理收益部分。资产重置成本中的收益部分的确定,应以现行行业或社会平均资产收益水平为依据。

【例12】 重置购建生产线一条,现行市场价格为100万元;运杂费5万元;直接安装成本为10万元,其中,原材料成本3万元,人工成本5万元,其他直接成本2万元;间接成本1万元。该机器设备重置成本为:

$$100+5+10+1=116(万元)$$

重置核算法是建立在现行价格水平与购建成本费用核算的基础上的。既考虑了价格因素,也考虑了生产技术进步和劳动生产率的变化因素,因而可以估算复原重置成本和更新重置成本。

2. 物价指数法

物价指数法是指根据已掌握的同种或同类资产历年的有关物价指数,借助于统计预期技术,推测出评估对象在取得日和评估基准日的物价指数,将被估资产的历史成本(账面价值)调整为重置成本的一种方法。计算公式为:

$$重置成本=资产的账面原值×物价指数$$

或:

$$重置成本=资产的账面原值×(1+物价变动指数)$$

式中,物价指数可以是定基价格指数或环比价格指数。定基价格指数是评估基准日的价格指数与资产购建时点的价格指数之比,即:

$$定基价格指数=(评估基准日价格指数/资产购建时的价格指数)×100\%$$

环比价格变动指数可考虑按下式求得:

$$X=(1+a_1)×(1+a_2)×(1+a_3)\cdots(1+a_n)×100\%$$

式中:X——环比价格指数;

a_n——第n年环比价格变动指数,$n=1,2,3\cdots n$。

【例13】 某被估资产购建时账面原值为180 000元,当时该类资产的价格指数为92%,评估时该类资产的定基价格指数为140%,则:

$$被估资产重置成本=180\ 000×(140\%/92\%)×100\%$$
$$=273\ 913.04(元)$$

又如,被估资产账面价值为100 000元,2014年建成,2019年进行评估,经调查已知同类资产环比价格指数分别为:2015年为11%,2016年为17%,2017年为30%,2018年为6%,2019年为4%,则:

$$被估资产重置成本=100\ 000×(1+11\%)×(1+17\%)×(1+30\%)×(1+6\%)×(1+4\%)×100\%$$
$$=186\ 119.29(元)$$

物价指数法建立在不同时期的某一种或某类甚至全部资产的物价变动水平上的。仅考虑了价格变动因素,因而确定的是复原重置成本。

3. 功能价值类比法

功能价值类比法是指利用功能价值关系估测评估对象重置成本的技术方法。

(1)线性法。线性法是当资产的功能变化与其重置成本的变化呈线性关系时的方法,又称生产能力比例法。即寻找一个与被评估资产相同或相似的资产为参照物,根据参照资产的重置成本及参照物与被评估资产生产能力的比例,估算被评估资产的重置成本。计算公式为:

$$资产重置成本 = \frac{资产年产量}{参照物年产量} \times 参照物重置成本$$

【例14】 某重置全新的一台机器设备价格100 000元,年产量为6 000件。现知被评估资产年产量为4 000件。则被评估资产的重置成本为:

$$被评估资产重置成本 = 4\,000/6\,000 \times 100\,000$$
$$= 66\,666.67(元)$$

这种方法下,生产能力越大,成本越高,而且是成正比例变化。应用这种方法估算重置成本时,首先应分析资产成本与生产能力之间是否存在这种线性关系,如果不存在这种关系,这种方法就不可以采用。

(2)指数法。指数法是指许多资产的成本与其生产能力之间不存在线性关系时的方法。比如,当资产A的生产能力比资产B的生产能力大一倍时,其成本却不一定大一倍,也就是说,资产生产能力和成本之间只成同方向变化,而不是等比例变化,这是规模经济效益作用的结果。两项资产的重置成本和生产能力相比较,其关系可用下列公式表示:

$$\frac{评估资产重置成本}{参照物资产重置成本} = \left(\frac{评估资产年产量}{参照物资产年产量}\right)^{x}$$

推导可得:

$$评估资产重置成本 = 参照物资产重置成本 \times \left(\frac{评估资产年产量}{参照物资产年产量}\right)^{x}$$

公式中的 x 为规模经济效益指数。

上述三种方法在选择使用时,应根据具体的评估对象和可以收集到的资料确定。这些方法中,对某项资产可能同时都能用,有的则不然,应用时必须注意分析方法运用的前提条件,否则将得出错误的结论。

(二)实体性贬值的估算方法

1. 成新率法

成新率法是指借助于资产的新旧程度来确定其实体性贬值程度的方法。即由专业技术人员将评估对象与其全新状态相比较,考察使用磨损和自然损耗对资产的功能、使用效率带来的影响,判断被评估资产的成新率,从而估算实体性贬值。计算公式为:

$$资产实体性贬值 = 重置成本 \times (1 - 实体性成新率)$$

式中,实体性成新率的确定可以通过对比分析、技术测定和观察定性等方法来实现。某些资产各组成部分新旧程度不一致时,应根据各部分的重要程度和成本比重,计算其加权平均的新旧程度。实体性成新率与实体性贬值率的关系是:

$$实体性成新率 = 1 - 实体性贬值率$$

2. 使用年限法

使用年限法是指利用被评估资产的实际已使用年限与其总使用年限的比例来判断其实体贬值率(程度),进而估测资产的实体性贬值的方法。计算公式为:

$$资产的实体性贬值额 = \frac{实际已使用年限}{总使用年限} \times (重置成本 - 预计残值)$$

式中,预计残值是指被评估资产在清理报废时净收回的金额。在资产评估中,通常只考虑数额较大的残值,如残值数额较小可以忽略不计。

总使用年限指的是实际已使用年限与尚可使用年限之和。

$$实际已使用年限 = 名义已使用年限 \times 资产利用率$$

由于资产在使用中负荷程度的影响,必须将资产的名义已使用年限调整为实际已使用年限。

名义已使用年限是指资产从购进使用到评估时的年限。实际已使用年限是指资产的实际有效使用年限。二者之间的差异,可以通过资产利用率来调整。计算公式为:

$$资产利用率 = \frac{截至评估基准日资产累计实际使用时间}{截至评估基准日资产累计名义使用时间}$$

当资产利用率>1 时,表示资产超负荷运转,资产实际已使用年限比名义已使用年限要长;

当资产利用率=1 时,表示资产满负荷运转,资产实际已使用年限等于名义已使用年限;

当资产利用率<1 时,表示开工不足,资产实际已使用年限小于名义已使用年限。

在资产评估实际工作中,评估人员还可以利用资产的工作量、行驶里程等指标,利用使用年限法的技术思路测算资产的实体性贬值。

3. 修复费用法

对于可补偿的有形损耗,可通过更换部件、修复加工能够恢复资产效能且经济上合算的一类有形损耗,可直接计算其将要支付的修复费用总额,以此作为资产可修复部分的实体性贬值。使用这种方法的前提是能够明确区分可补偿的有形损耗与不可补偿的有形损耗。

(三)功能性贬值的估算方法

功能性贬值是由现有资产技术相对落后造成的贬值,属于无形损耗。它分为两部分:超额建造成本和超额营运成本。在进行资产评估时,对功能性损耗必须给予充分估计。

1. 超额建造成本的估算

超额建造成本是由被评估资产生产时采用的材料、技术等相对落后造成的。它是由于新工艺、新材料和新技术的采用,而使被估资产的建造成本超过现行建造成本的超支额,是复原重置成本和更新重置成本的差额。其数学表达式为:

$$超额建造成本 = 复原重置成本 - 更新重置成本$$

在实际工作中,如果评估师评估资产重置成本时采用了新材料、新工艺和新技术标准,那么,超额建造成本的估算就不必考虑。否则,就会造成功能性贬值的重复估算。

2. 超额营运成本的估算

超额营运成本是由被估资产技术水平落后造成的。与使用新技术的参照物资产相比,被估资产在使用过程中要耗费更多的人力和物力。比如,设备自动化程度的提高可以节省大量人力。资产的功能性损耗是一个长期的过程,在更新技术前,旧技术所引起的功能性损耗将会持久存在。因此,相对于评估基准日,必须把剩余经济寿命内可能发生的功能性损耗折现。评估师以所估资产有效寿命期内各年的净超额营运费用的现值总额作为该部分功能性贬值。计算公式为:

$$资产功能性贬值额 = \Sigma(资产年净超额运营费用 \times 折现系数)$$

其计算思路如下:

$$年超额营运费用 = \Sigma(旧技术的单位生产成本 - 新技术的单位生产成本) \times 年生产量$$

因为企业的营运费用是在税前扣除的,企业支付的超额营运费用会导致税前利润减少,所得税降低,使企业负担的营运费用低于其实际支付额。所以,应从年超额营运费用中扣除相应的所得税,得出净超额营运费用。计算公式为:

$$年净超额营运费用 = (1 - 所得税率) \times 年超额营运费用$$

【例15】某种机器设备,技术先进的设备比原有的陈旧设备节约材料费用,有关资料为:新旧设备的月产量分别为50 000件、5 000件;单件材料分别为2元、2.2元;假定折现率10%,剩余经济寿命为5年,折现系数为3.790 8。因此:

$$老设备每年超支材料费 = 12 \times (2.2 - 2) \times 5\ 000 = 12\ 000(元)$$
$$年净超支额 = 12\ 000 \times (1 - 25\%) = 9\ 000(元)$$
$$该机器设备的功能性贬值额 = 9\ 000 \times 3.790\ 8 = 34\ 117.2(元)$$

新老技术设备的对比,还可从工资、能源消耗以及产品质量等指标方面进行,并计算这部分的功能性贬值。

(四)资产经济性贬值的估算

资产的经济性贬值主要表现为运营中的资产利用率下降,甚至闲置,并由此引起资产的运营收益减少。

1. 年收益损失本金化法

这种方法的计算公式为:

$$经济性损耗 = 年收益损失额 \times (1 - 所得税率) / 资产收益率$$

该公式在实际运用时还要考虑货币时间价值。

2. 功能价值指数法

这种方法即通过估算被评估资产生产能力的变化来评价经济性损耗。公式为:

$$资产经济性贬值率 = \left[1 - \left(\frac{资产预计可被利用生产能力}{资产原设计生产能力}\right)^x\right] \times 100\%$$

式中,x为功能价值指数,实践中多采用经验数据,数值一般为0.6~0.7。

$$资产经济性贬值额 = 资产年收益损失额 \times (1 - 所得税率) \times 年金现值系数$$

【例16】某机器设备年生产能力为40 000件产品,因市场需求结构变化,在未来可使用年限内,每年产量估计要减少12 000台左右。每台产品200元,该生产线尚可继续使用3年,企业所在行业的投资回报率为10%,所得税率为25%。

$$经济性贬值额 = 12\ 000 \times 200 \times (1 - 25\%) \times (P/A, 10\%, 3)$$
$$= 1\ 800\ 000 \times 2.486\ 9$$
$$= 4\ 676\ 420(元)$$

第五节 评估方法的选择与配合

一、各种评估方法之间的联系和区别

资产评估的市场法、收益法和成本法共同构成了资产评估的方法体系。它们之间存在着内在的联系,而各种评估方法的独立存在又说明它们各有特点。正确认识资产评估方法之间的内在联系以及各自的特点,对于恰当地选择评估方法,高效地进行资产评估是十分重要的。

(一)联系

各种评估方法的联系主要表现在各种方法的评估目的是一致的。正是评估基本目的决定了评估方法间的内在联系。对于特定经济行为,在相同的市场条件下,对处在相同状态下的同一资产进行评估,其评估值应该是客观的。这个客观的评估值不会因评估人员所选用的评估方法的不同而出现截然不同的结果。即在同一资产的评估中可以采用多种方法,如果使用这些方法的前提条件同时具备,而且评估人员也具备相应的专业判断能力,那么,多种方法得出的结果应该趋同。而这种内在联系为评估人员运用多种评估方法评估同一条件下的同一资产,并作相互验证提供了理论根据。但需要指出的是,运用不同的评估方法评估同一资产,必须保证评估目的、评估前提、被评估对象状态的一致,以及运用不同评估方法所选择的经济技术参数合理。

如果采用多种方法得出的结果出现较大差异,可能的原因是:某些方法的应用前提不具备;分析过程有缺陷;结构分析有问题;某些支撑评估结果的信息依据出现失真;评估师的职业判断有误等。

(二)区别

1. 适用范围不同

因为评估人员总是寻求最简便、最能客观反映资产价值的方法对资产进行估价,所以,各种方法要求有其最适合的范围。

市场法的适用范围是:存在一个充分发育的、活跃的、公平的资产市场;存在近期的、可比的、已成交的参照物,而且参照物与评估对象相比较的指标、技术参数等资料是可收集的。

收益法的适用范围是:资产所有者的未来收益可以用货币衡量;为未来收益所承担的风险收益也是可以衡量的。

成本法的适用范围是:评估对象可以重置;评估对象在使用过程中具有陈旧贬值性;评估对象的实体特征、内部结构及其功能效用与重置的全新资产具有可比性。

2. 时间侧重不同

评估方法的选择是基于评估师对资产价值理论的不同思考。所以,各种评估方法对资产所处时段的侧重点也不同。

成本法比较强调和侧重对资产过去使用状况的分析。例如,有形损耗的确定是基于评估对象的已使用年限和使用强度;而对于无形损耗来讲,正是由于评估对象的历史性,才会出现过时问题。所以,如果没有对评估对象的历史判断和记录,运用成本法评估资产价值将是不可能的。

收益法的评估要素完全是基于对未来的分析。它所考虑和侧重的是评估对象未来能给其所有者带来多少收益。

市场法的评估依据是参照物的现行市场交易价格,是基于对现行价格的分析来评估资产价值的。

3. 评估的角度不同

评估角度是针对成本法和收益法而言的。成本法是从资产的投入角度考虑资产作为生产要素的购建成本,评估的基础对象是成本费用,成本法考虑资产构成的价值,忽略了资产经营中的资产优化配置的综合效果和作用,是一种静态价值。

收益法是从资产的产出角度,通过估算被评估资产的未来预期收益并折现来估算资产的价值的,反映的是资产运营的结果,是一种动态价值。

4. 评估价值的内涵不同

评估价值的内涵是针对市场法和收益法而言的。市场法体现了评估价值的市场实现性,收益法体现了资产未来获利的预测性。

各种评估方法都是从不同的角度去表现资产的价值,都是对评估对象在一定条件下的价值的描述,它们之间是有内在联系并可相互替代的。但是,每一种评估方法都有其自成一体的运用过程,都要求具备相应的信息基础,评估结论也都是从某一角度反映资产的价值。因此,各种评估方法又是有区别的。

由于评估的特定目的的不同、评估时市场条件上的差别,以及评估时对评估对象使用状态设定的差异,需要评估的资产价值类型也是有区别的。评估方法由于自身的特点在评估不同类型的资产价值时,就有了效率上和直接程度上的差别,评估人员应具备选择最直接且最有效率的评估方法完成评估任务的能力。

二、资产评估方法的选择

资产评估方法的多样性,为评估人员选择适当的评估方法、有效地完成评估任务提供了现实可能。但各种方法有其使用的前提条件和特定的操作规程,应遵循一定的规则选择使用,避免随意性。

(一)评估方法的选择要与评估价值类型相适应

评估方法的选择应与评估目的、评估时的市场条件、被评估对象在评估过程中所处的状态等相适应。根据上述条件,当资产评估的价值类型为资产的市场价值时,可考虑按市场法、收益法和成本法的顺序进行选择。

(二)评估方法的选择要与评估对象相适应

例如,对于既无市场参照物,又无经营记录的资产,只能选择成本方法进行评估;对于工艺比较特别且处在经营中的企业,可以优先考虑选择收益法。

(三)评估方法的选择要与所收集的数据、信息资料相适应

每种评估方法的运用都需要有充分的数据资料作依据。要以已收集到、现有的资料为依据,选择适当的评估方法。有时,某种评估方法比较合适,但若数据资料数量不足,勉强凑出一些数据进行评估,还不如采取足够数据支持的方法。

总之,在评估方法的选择过程中,应注意因地制宜和因事制宜,不可机械地按某种模式或某种顺序进行选择。但是,不论选择哪种评估方法进行评估,都应保证评估目的、评估时所依据的各种假设和条件与评估所使用的各种参数数据及其评估结果在性质和逻辑上的一致。尤其是在运用多种方法评估同一评估对象时,更要保证每种评估方法运用中所依据的各种假设、前提条件、数据参数的可行性,以便能够确保运用不同评估方法所得到的评估结果具有可比性和相互可验证性。

三、可以采用一种评估方法的情形

《中华人民共和国资产评估法》规定:"评估专业人员应当恰当选择评估方法,除依据评估执业准则只能选择一种评估方法外,应当选择两种以上的评估方法,经综合分析,形成评估结论,编制评估报告。"在评估实践中,存在下列情形的,可以采用一种评估方法:

(1) 基于相关法律、行政法规等的要求或限制而采用一种方法。
(2) 由于评估对象仅满足一种评估方法的适用条件而采用一种方法。
(3) 因操作条件限制而采用一种评估方法。

依据资产评估准则,经分析现有评估方法的适用性,只能采用一种评估方法的,应当在评估报告中说明理由。

思考题

1. 什么是生产费用价值论?其主要观点是什么?
2. 什么是效用价值论?其主要观点是什么?
3. 什么是均衡价值论?其主要观点是什么
4. 什么是市场法?其应用前提条件是什么?
5. 市场法包括哪些具体的方法?
6. 什么是收益法?其应用前提条件是什么?
7. 什么是成本法?其应用前提条件是什么?
8. 如何选择使用各种资产评估方法?

练习题

1. 某企业有一台机器设备,其同类产品的市场价格为每台500 000元,运杂费

1 000元,直接安装成本800元,其中原料费300元,人工费400元,安装需要40个工时。安装成本中间接成本相对于直接成本的比例为60%。

要求:计算继续使用条件下,该机器设备的重置成本。

2. 某设备正常运转需要4名技术工人,而目前的新式同类设备仅需2名技术工人。假设该设备新旧情况下运营成本大致相同,技术工人的人均年工资福利待遇为20 000元,该设备还能使用4年,折现率10%,所得税率25%。要求:计算该设备的年超额运营成本、年净超额运营成本、在剩余使用年限内净超额运营成本的现值。

3. 某企业预计未来4年的税后资产净现金流量分别为200万元、180万元、210万元、190万元。假定该企业从第5年起以后各年收益均为200万元,折现率为10%。

要求:计算该企业持续经营下的价值。

4. 某设备的年收益额为60万元,适用本金化率为20%。

要求:计算该设备的收益现值。

5. 某类设备的价值和生产能力之间成非线性关系,市场上年加工2 000件产品的该类全新设备的价值为16万元。

要求:计算现已八成新的年加工1 200件产品的被评估设备的价值。

第三章

资产评估程序

本章提要

本章主要阐述执行资产评估业务应遵循的基本评估程序,以及各程序所包括的主要工作内容,通过本章的学习,学生应了解资产评估程序对资产评估工作的重要意义,熟悉和掌握各类具体资产评估业务的主要程序。

第一节 概述

一、资产评估程序的定义

资产评估程序是指资产评估机构和专业人员执行资产评估业务、形成资产评估结论所履行的系统性工作步骤。由于资产评估业务的共性,资产评估基本程序是相同或相通的。通过对资产评估基本程序的规范可以有效地指导评估人员开展各种类型的资产评估业务。资产评估基本程序包括:

(1)明确评估业务基本事项。
(2)订立业务委托合同。
(3)编制资产评估计划。
(4)进行评估现场调查。
(5)收集整理评估资料。
(6)评定估算形成结论。
(7)编制出具评估报告。

(8)整理归集评估档案。

二、资产评估程序的重要性

资产评估是一种形成资产价值判断意见的行为或过程。价值本身是一个相当具有主观性的概念。为了保证评估结果的公平与可信,合理的资产评估程序是不可或缺的。这有些类似于司法中关于程序正义和结果正义的争论,当结果正义由于缺乏一个客观、公认的标准而难以实现时,程序正义就很是必要。何况,一般来说,程序正义会导出结果正义。因此,世界各国的评估准则都无一例外地对评估程序进行了系统的论述和规范。资产评估程序的重要性表现在以下几个方面。

(一)保证资产评估行为的合法性

因为资产评估程序对于保障资产评估行为公正、科学具有重要作用,《中华人民共和国资产评估法》也对资产评估程序专门加以规范,规定资产评估程序内容包括:选择评估机构,订立委托合同,指定评估承办人员,评估对象现场调查,评估资料的收集、检查验证和分析整理,选择评估方法形成评估结论,编制评估报告和内部审核,评估报告出具,评估档案保存,评估报告使用等环节。与评估准则仅规范资产评估机构和评估专业人员不同,资产评估法的规范对象还包括评估委托人、其他评估报告使用者、资产评估行政管理部门和资产评估协会等,并规定了相应的法律责任。因此,资产评估工作必须履行法律和准则规定的评估程序。

(二)保障资产评估业务质量

资产评估机构和评估专业人员无论执行何种类型的评估业务,都应当履行必要的资产评估基本程序,按步骤有计划地进行资产评估。这样,既可以规范资产评估机构和人员的执业行为,又能够有效地避免由于资产评估人员执业水平不同而导致的在执行具体资产评估业务中可能出现的评估程序上的疏漏,保证资产评估业务质量。

资产评估结论为委托人、资产占有方、资产评估报告使用人、相关利益当事人、司法部门、证券监督及其他行政监督部门、资产评估行业主管协会等方面所关注,因此,资产评估程序是有关各方评价服务质量的好坏重要依据,也是监督资产评估机构和人员评估行为的重要依据。

(三)防范评估执业风险

司法机关在审理由于资产评估引起的纠纷时,都倾向于追究资产评估机构和人员在履行必要资产评估程序方面的疏漏和责任,因此,恰当履行资产评估程序是资产评估机构和人员防范执业风险、保护自身合法权益的重要手段。

因此,当评估师难以完全履行评估程序时,可以选择终止评估业务以回避可能的风险。

第二节 资产评估具体程序和基本要求

一、资产评估具体程序

(一)明确资产评估业务基本事项

明确资产评估业务基本事项是资产评估程序的第一个环节,包括在订立资产评估业务委托书以前的一系列基础性工作。由于资产评估业务的特殊性,资产评估程序甚至在评估师接受业务委托之前就已经开始了。评估师在接受资产评估业务之前,应当与委托人等相关当事人讨论、阅读基础资料并进行必要的初步调查等。可见,这一程序对资产评估项目风险评价、项目承接与否以及资产评估项目的顺利实施具有重要意义。它的具体内容包括以下几个方面。

1. 明确委托人、产权持有人和委托人以外的其他评估报告使用人

(1)明确委托人及产权持有人的基本情况。主要需要明确下列内容:委托人及产权持有人全称;委托人及产权持有人类型、注册地址和注册资本;委托人和产权持有人所属行业、经营范围等。

(2)明确评估报告使用人。资产评估报告具有特定的使用群体。评估机构应当了解除了委托人和法律、法规规定的评估报告使用人外,是否还有其他的评估报告使用者。如果有,评估机构应当在适当及切实可行的情况下了解其与委托人及被评估企业或资产的关系,以便最大限度地把握潜在风险和个性要求,计划和控制评估操作与报告披露的重点,规避不必要的报告使用风险。在可能的情况下,应当要求委托人明确评估报告的使用人或使用人范围及报告的使用方式。对已经明确的评估报告使用人和其他使用人,应当在订立评估委托合同中做出约定。

(3)了解委托人与相关当事人之间的关系。评估机构应当清晰了解委托人与产权持有人、委托人与其他评估报告使用人、产权持有人和评估报告使用人之间的关系。一般来说,委托人和产权持有人之间存在某种关系,如委托人为被评估企业或资产的股东、投资方、融资银行、债权人、管理层等。

当评估业务委托人与评估对象的产权持有人不是同一主体时,了解委托人与相关当事人的关系就非常必要,因为这关系到评估业务有关资料的收集与现场调查等工作的配合程度。如果委托人和评估对象没有投资关系或不是关联方,就应当在委托环节重点明确评估有关的配合问题,以引起委托人重视并明确责任。同时,还要明确委托人对评估对象的协调能力及对评估配合要求的响应能力,避免在委托人配合力度很弱的情况下,评估专业人员不能完成现场调查和资料收集等评估程序,无法形成可靠的评估结论。因此,第三者委托评估机构对拟评估资产进行评估,一般应事先通知产权持有人、资产管理者或征得他们的同意,这是执行评估业务的先决条件。

2. 资产评估目的

资产评估机构应当与委托方就资产评估目的达成明确、清晰的共识,并尽可能细化资产评估目的。评估目的应当唯一。

3. 评估对象和评估范围

资产评估机构应当了解评估对象及其权益基本状况,包括其法律、经济等状况。另外,还应当特别了解有关评估对象权利受限状况。

4. 价值类型及定义

资产评估机构应恰当地确定价值类型,并就所选择的价值类型的定义与委托方进行沟通并达成一致意见。

5. 评估基准日

资产评估机构应当与委托方沟通,了解并明确资产评估基准日。评估基准日应当唯一,并以年月日表示。评估基准日的确定是评估业务的重要基础,同时也是资产评估原则之一。评估机构和人员应当建议委托方根据评估目的、资产和市场的变化等因素合理选择评估基准日。

6. 资产评估报告的使用范围

评估报告的使用范围包括评估报告使用人、目的和用途、使用时效、报告的摘抄引用或披露等事项。在评估前,评估机构应当与委托人就上述事项进行沟通并加以明确。

7. 评估报告提交期限及方式

资产评估报告提交时间受多方面因素的限制与约束,如评估工作量、委托人与相关当事人的配合力度、评估所依据和引用的专业或单项资产评估报告(如专项审计报告、土地估价报告等)的出具时间等,评估机构应当根据相关情况在评估前与委托人明确资产评估报告提交的时间和方式。

8. 评估服务费及支付方式

评估机构在评估前应当和委托人协商确认评估服务费总额、计价货币种类、支付时间和方式,并明确评估服务费总额未包括的其他费用(如差旅费、食宿费、现场办公费等)及其承担方式。

9. 委托人、其他相关当事人、评估机构、评估专业人员工作配合及协助等其他需要明确的事项

评估机构在评估前应当根据评估业务具体情况与委托人沟通、明确与评估人员工作配合和协助等其他需要明确的重要事项。评估师在评估前应和委托人协商确认委托方所应提供的必要的工作条件和协助,例如:委托方应当根据评估业务需要,负责评估人员与相关当事方之间的协调;委托方或者产权持有者应当对其提供的评估明细表及相关证明材料以签字、盖章或者其他方式进行确认等。

此外,资产评估机构根据所了解的资产评估基本事项,根据评估业务具体情况,对自身专业胜任能力、独立性和业务风险进行综合分析和评价。评估机构受理评估业务应当满足专业能力、独立性和业务风险控制的要求,否则不得受理。

(二)订立业务委托合同

资产评估委托合同,是指评估机构与委托方签订的,明确评估业务基本事项,约定

评估机构和委托方权利、义务、违约责任和争议解决等内容的书面合同。

评估委托合同应当采用书面形式，资产评估机构是订立评估合同的法律主体。

资产评估业务委托合同应当包括下列基本内容：

(1) 评估机构和委托方的名称、住所、联系人及联系方式。

(2) 评估目的。

(3) 评估对象和评估范围。

(4) 评估基准日。

(5) 评估报告使用者。

(6) 评估报告提交期限和方式。

(7) 评估服务费总额、支付标准、时间和方式。

(8) 评估机构和委托方的其他权利和义务。

(9) 违约责任和争议解决。

(10) 合同当事人潜在或盖章的时间、地点。

（三）编制资产评估计划

资产评估计划是指资产评估机构为履行合同拟定的评估工作思路和实施方案。资产评估计划包括资产评估业务实施的主要过程及时间进度、人员安排等。

由于资产评估项目千差万别，资产评估计划也不尽相同，因此，评估师可以根据评估业务具体情况确定评估计划的繁简程度。这样做的目的是便于评估师根据所承接的具体资产评估项目情况，按照有关规定编制合理的资产评估计划。资产评估计划编制后，评估师应当将编制的评估计划报评估机构相关负责人审核、批准。

1. 编制资产评估计划需要考虑到的因素

评估机构在编制评估计划时，需要考虑下列因素：

(1) 资产评估的目的以及相关管理部门对资产评估开展过程中的管理规定。

(2) 评估业务风险、评估项目的规模和复杂程度。

(3) 评估对象及其法律、经济、技术、物理等因素。

(4) 评估项目所涉及资产的结构、类别、数量及分布情况。

(5) 委托人及相关当事人的配合程度。

(6) 相关资料收集情况。

(7) 委托人、评估对象产权持有人过去委托资产评估的情况、诚信情况及其提供资料的可靠性、完整性和相关性。

(8) 评估人员的专业能力、经验及人员配备情况。

(9) 与其他中介机构的合作、配合情况。

2. 评估计划的主要内容

资产评估计划一般包括资产评估业务实施的主要过程、时间进度和人员安排等。

(1) 资产评估业务实施的过程计划。编制资产评估计划应当首先明确资产评估业务实施各主要过程的具体步骤，才能有效地进行业务实施的时间安排和人员安排。在确定评估业务实施各主要过程的具体步骤时，要考虑下列因素：

①评估项目的背景和相关条件，包括评估目的、评估对象和范围、评估的价值类型

及评估基准日、本次评估操作的重点和难点、参与本项目的其他中介机构等。

②采用的主要评估方法。

③资产清查的工作重点及具体要求。

④与参与本项目的审计、律师等其他中介机构的对接安排及注意事项等。

(2)资产评估业务实施的时间进度安排。评估机构在编制评估计划时,应当结合评估报告提交期限、评估业务实施的主要过程的具体步骤、重点和难点等来安排业务实施的进度。

(3)资产评估业务实施的人员安排。评估机构在编制评估计划时,应当根据评估项目的资产规模、资产分布、资产专业结构、业务风险、评估方法、评估业务实施主要过程的主要步骤、时间安排、费用预算等,综合考虑评估业务实施对评估专业人员的工作经验、技术水平、专业分工、人员数量等配置要求来组建项目团队。

已经制订的评估计划,应当根据评估业务实施过程中的情况变化进行必要调整。

(四)进行评估现场调查

现场调查是资产评估中必不可少的环节,包括了解评估对象的现状和关注评估对象的法律权属两项内容。了解评估对象现状主要是核实评估对象的存在性与完整性,了解评估对象的现实状况;关注评估对象的法律权属是为了明确资产的法律权属,如所有权、使用权或其他权利。

现场调查有利于评估机构全面、客观地了解评估对象,核实委托方和资产占有方提供资料的可靠性,并通过在现场调查过程中发现的问题、线索,有针对性地开展资料收集、分析工作。评估机构应根据评估项目具体情况,确定合理的现场调查方式,确保现场调查工作的顺利进行。

(五)收集整理评估资料

收集评估资料是指评估人员根据评估项目的具体情况,收集、评定估算所需要的相关资料的过程。资产评估是评估人员针对被评估资产形成价值意见的行为或过程。显然,信息是这一行为或过程得以顺利完成的必要支撑。因此,在前述几个环节的基础上,评估人员应当根据资产评估项目的具体情况,收集、整理资产评估项目的相关资料。

评估机构应当要求委托方提供涉及评估对象和评估范围的详细资料,并要求委托方或者产权持有者对其提供的评估明细表及相关证明材料以签字、盖章或者其他方式进行确认。评估机构可以通过询问、函证、核对、监盘、勘查、检查等方式进行调查,获取评估业务需要的基础资料,了解评估对象现状,关注评估对象法律权属。

评估机构应当根据评估业务具体情况收集评估资料,并根据评估业务的需要和评估业务实施过程中的情况变化及时补充收集评估资料。

(六)评定估算形成结论

评定估算即根据收集且经过鉴定分析的资产信息,通过一定的资产评估方法综合分析,确定资产评估结论并经资产评估机构内部复核的工作。

评估人员应当根据评估目的、评估对象、价值类型及资料收集情况,分析市场法、收益法和成本法三种评估基本方法的适用性,恰当选择评估方法。然后根据选择的评估方法,选取相应的公式和技术参数进行分析、计算和判断,形成测算结果。

资产评估专业人员执行资产评估业务,应当合理使用评估假设,并在资产评估报告中披露评估假设。资产评估专业人员应当对形成的测算结果进行综合分析,形成合理的评估结论。对同一评估对象采用多种评估方法时,应当对采用各种方法评估形成的测算结果进行分析比较,形成合理的评估结论。

(七)编制和出具评估报告

资产评估报告是指资产评估机构及其评估专业人员在遵守法律、行政法规和资产评估准则,在履行必要评估程序后,对评估对象在评估基准日特定目的下的价值出具的书面专业报告。资产评估报告主要包括标题及文号、目录、声明、摘要、正文和附件。

完成初步的资产评估报告后,资产评估机构应当根据法律、行政法规和资产评估准则的规定,按照评估机构内部质量控制制度,对资产评估报告进行必要的内部审核。

在提交正式评估报告前,评估机构可以在不影响其对最终评估结论进行独立判断的前提下,与委托人或委托人许可的相关当事人就评估报告内容进行必要的沟通。

在经过上面一些程序后,评估机构就可以按照约定的时间和方式向委托人提交评估报告。

(八)整理归集评估档案

资产评估档案是指评估机构在有关资产评估过程中形成的与评估业务相关且有保存价值的各种文字、图表、声像等不同形式的记录。资产评估档案应在资产评估报告日后90天内完成归档。

整理归集评估档案作为资产评估基本程序之一,充分体现了资产评估服务的专业性和特殊性,不仅有利于评估机构应对今后可能出现的资产评估项目检查和法律诉讼,也有利于资产评估机构总结、完善和提高资产评估业务水平。

二、执行资产评估程序的基本要求

首先,由于资产评估程序的重要性,资产评估法和评估准则都对资产评估程序做出了明确规定,评估机构应当在国家和资产评估行业规定的范围内,建立、健全资产评估程序制度,并在评估业务中严格执行。《资产评估执业准则——资产评估程序》第四条规定:执行资产评估业务,应当遵守法律、行政法规和资产评估准则,坚持独立、客观、公正的原则,履行适当的资产评估程序。

其次,资产评估机构及其资产评估专业人员应当根据资产评估业务的具体情况以及重要性原则确定所履行各基本程序的繁简程度,但不得随意减少资产评估基本程序。任何一项完整的评估业务,无论资产规模或金额的大小,无论是单项资产还是企业整体资产评估都要履行八项基本评估程序。

再次,执行资产评估业务,因法律法规规定、客观条件限制,无法或者不能完全履行资产评估基本程序,经采取措施弥补程序缺失,且未对评估结论产生重大影响时,资产评估机构及其资产评估专业人员可以继续开展业务,对评估结论产生重大影响或者无法判断其影响程度的,不得出具资产评估报告。

最后,资产评估专业人员应当记录评估程序履行情况,形成工作底稿。这样方便对资产评估程序执行情况进行复核。

第三节　资产评估中信息收集与分析方法

资产评估机构和人员应当根据评估项目的具体情况收集资产评估相关资料。资料收集工作直接关系到评估工作的质量，也是进行分析、判断进而形成评估结论的基础。对资产评估加以严格的程序要求，其目的也是要保证评估对信息收集、分析的充分性和合理性。因此，资产评估人员应当了解需要收集的信息、信息的收集渠道、收集方法以及信息分析处理方法，并能熟练加以运用。

一、需要收集的信息

由于资产评估的专业性和评估对象的广泛性，不同的项目、不同的评估目的、不同的资产类型对评估资料有着不同的需求。同时，由于评估对象及其所在行业的市场状况、信息化和公开化程度差别较大，相关资料收集的难易程度也不相同。因此，评估人员的执业能力在一定程度上就体现在其收集、处理相关信息的能力方面。这也是《资产评估执业准则——资产评估程序》第九条规定"资产评估机构应当对专业能力、独立性和业务风险进行综合分析和评价。受理资产评估业务应当满足专业能力、独立性和业务风险控制要求，否则不得受理"的主要原因。评估需要收集的信息按照内容可以分为以下三类：

（1）权属证明。权属证明是指能够证明评估对象产权归属的材料。

（2）财务会计信息。财务会计信息是指会计凭证、会计账簿、财务会计报告和其他会计资料。

（3）其他评估资料。其他评估资料包括查询记录、询价结果、检查记录、行业资讯、分析资料、鉴定报告、专业报告和政府文件等。

权属证明、财务会计信息主要通过现场调查程序取得，其他评估资料主要通过收集评估资料程序获得。

二、信息收集来源

按照资产评估信息的收集来源，可以将其分为以下三类。

（一）直接从市场等渠道独立获取的信息

公开市场是评估师获取信息资料的最主要来源。市场信息具有公开性、直接性、易获得性等特点。市场信息包括交易所公布的股票交易信息、上市公司公开披露的信息、各类资产交易所公布的交易信息、各类资产交易信息等。需要注意的是，这些信息往往不能充分反映交易的具体内容和条件的细节。评估人员应尽可能全面收集市场信息，并进行必要的分析调整。

评估人员应掌握必要的市场信息收集渠道，在日常工作中收集必要的市场信息，并积累形成市场信息库，以便根据具体评估业务的需要，及时获得与评估业务相关的市场信息。

(二) 从委托人、产权持有人等相关当事人处获取的信息

从委托人、产权持有人等相关当事人处获取的信息,主要为对资产价值进行评定估算的资料,如评估对象和评估范围设计的资产评估明细资料、资产最可能的持续利用方式、企业经营模式、收益预测等。来源于委托人、产权持有者等相关当事人的与资产状况相关的信息资料,如资产权属证明、反映资产现状的资料等,评估人员往往通过现场调查取得。

评估人员应当要求委托人、产权持有人等相关当事人对其提供的评估资料以签字、盖章及法律允许的其他方式进行确认。

(三) 从政府部门、各类专业机构和其他相关部门获取的信息

1. 政府部门

许多有关企业的信息都可以通过查看各级政府部门的网站获取,例如,各级工商行政管理部门都保存注册公司的基本登记信息。政府部门的资料包括宏观经济信息、行业及产业的统计数据,如库存情况、生产情况、需求情况等,这些数据对资产评估中分析行业及产业状况非常重要。政府部门的资料一般比较正式,具有较高的权威性和可信度,但在时效性等方面可能存在问题。

2. 证券交易机构

有关上市公司的资料可在证券交易所查询。上市公司必须向监管部门和相关证券交易所提交经过注册会计师审计的中期和年度报告,并予以公告。一般来说,这些信息还是比较可靠的。评估机构获取这些资料也较为简便。

利用这些信息,评估人员不仅可以了解企业和资产所有者的状况,也可以了解企业竞争对手的状况及所处行业情况。对于未上市企业,也可以从上市公司中挑选可比的对象作为参照物,进行类比分析,以便更好地了解评估对象情况。

3. 金融信息服务提供商

随着金融信息服务行业的快速发展,一批信息质量高、时效性强、数据翔实的信息服务商或数据提供商得以涌现。这些金融信息服务商已经成为获取评估资料的重要来源,如wind资讯、巨潮资讯、大智慧、同花顺等。

这些金融信息服务商可以帮助评估人员金融获得评估需要的宏观、产业和企业信息,获得评估需要的一些关键参数指标,借助这些信息,评估人员可以更便捷、更准确地使用资产评估方法。

4. 行业协会、管理机构及其出版物

市场经济中,为了便于行业的规范发展,每个行业一般都会有行业协会或管理机构,它们及其出版物也是评估机构获取资料的重要来源。评估机构可以通过它们获取有关产业的结构和发展情况、市场竞争情况等信息。

5. 媒体

媒体一般包括报纸、网站、专业杂志等。媒体的信息不仅包含原始信息,还会有一些分析信息,有助于评估人员加深对所需信息的理解,节约分析时间,对确定评估对象在特定时点的价值可能有很大帮助。专业杂志一般专业性很强,分析得更为详细、具体,也更有深度,对评估人员执行资产业务也更有帮助。

需要注意的是,媒体对一些产业、公司和政府机构的报道可能有倾向性,需要评估人员引用其他相关信息进行识别、印证。

6. 学术出版物

学术出版物因为其知识的专业性和系统性,也是评估人员收集资料的重要来源。评估人员可以通过标准索引查询已出版的同评估相关的学术文章和书籍。评估人员在执行评估业务时可以关注国内外的相关资料,但是需要注意对这些资料应用条件的调整。特别是国外的资料,更应注意。随着经济的发展,学术出版物也逐渐增多,评估人员需要注意收集。

三、信息处理

在前述有目的地收集信息的基础上,评估人员应当根据评估业务具体情况对收集的评估资料进行必要分析、归纳和整理,形成评定估算的依据。信息处理包括信息资料的核查验证和信息资料的分析、归纳与整理。

(一)信息资料的核查验证

《中华人民共和国资产评估法》规定,资产评估专业人员应当对收集的权属证明、财务会计信息和其他资料进行核查和验证。

1. 信息资料核查验证的目的

评估信息资料的核查验证,是指评估人员依法对评估活动中使用信息资料的真实性、准确性和完整性,采取各种方式进行必要的、审慎的核查审验,从中筛选出合格的信息资料作为评估依据,以保证评估结果的合理性。

可见,核查验证是对评估信息资料的合理性和可靠性的识别,目的是鉴别并剔除失真的信息资料,并对所收集的数据是否具有合理性、相关性进行分析,以提高评估所依据的信息的可靠性,保证评估结果的合理性。

2. 信息资料核查验证的方式

信息资料的核查验证通常包括观察、询问、书面审查、实地调查、查询、函证、复核等,评估人员可以根据各类信息资料的特点,选择核查验证的重点和方式。

资产类别不同,权属证明不同,核查验证的方法也不相同。对于股权、债权的权属证明资料,如公司章程、合作协议、工商营业执照、股票、债券、借款合同等,可以通过书面审查、查询工商档案、查询股东登记名册等方式进行核查验证;对于专利技术的产权证明文件,如技术买卖合同、技术开发协议、专利证书、专利申请文件等,可以通过书面审查以及通过国家知识产权局网站查询核实专利的产权状态等方式进行核查验证。

财务会计信息通常由委托人、产权持有人和其他相关当事人提供。对此类资料,主要采用询问、书面审查、实地调查、查询、函证、复核等方式进行核查验证。如对委托人或产权持有人提供的评估清查明细表,可以通过审查财务报表、复核明细账、实地调查等方式进行核查验证。

对于公开市场获取的询价资料、交易案例等资料,可以通过实地调查、查询、多渠道复核等方式进行核查验证;对于检查记录、鉴定报告等资料,可以通过书面审查、询问、查询等方式进行核查验证;对于行业资讯、分析资料、专业报告、政府文件等资料,可以采用查询、书面审查、复核等方式进行核查验证。

此外,评估信息资料的核查验证也通过确定信息源的可靠性来解决。信息源的可靠性一般通过以下几个方面衡量:①该渠道过去提供的信息的质量;②该渠道提供信息的动因;③该渠道是否被认为是该种信息的合理提供者;④该渠道的可信度。

信息本身的准确度可以通过参考其他来源查证,必要时也可进行适当地调查验证,实践中通常采用电话、网络等其他途径查询佐证或扩大调查范围。

(二)信息资料的分析、归纳和整理

在履行了核查验证程序后,评估人员需要对从各个渠道收集的评估资料进行必要的分析、归纳和整理,以形成评定估算的依据。

对评估资料的分析,就是根据资产价值评定估算、评估报告编制及信息披露对资料使用的要求,对已收集资料的相关性、逻辑性进行分析和梳理。其中,相关性是分析资料与评估需要解决问题的关联性和实用性;逻辑性是梳理评估资料之间所存在的相互支持、印证等关系的逻辑关联性。

归纳和整理,就是在分析的基础上,通过归集、加工和分类使评估资料成为支持评定估算和信息披露的基础信息和支持依据,以便后续评估流程使用。

在对资产信息资料进行分析、归纳和整理时,一般需要对信息资料进行筛选与和分类,以便合理有效地使用这些信息资料。信息资料一般可以按照可用性和加工处理程度进行分类。

按可用性分类,评估信息资料可以分为:可用性信息资料、有参考价值的信息资料及不可用信息资料。可用性信息资料指在某一具体评估项目中可以作为评估依据的资料;有参考价值的信息资料是指与评估项目有一定联系、部分可以参考借鉴的资料;不可用的信息资料是指与评估项目没有直接联系或根本无用的资料。

按信息来源分类,评估信息资料分为一级信息和二级信息。其中,一级信息是指从信息源来的未经处理的信息,如公司的年度报告等;二级信息是指从更大的信息源中有选择地加工过的信息,如报纸杂志上提供的信息。前者没有经过中间处理和过滤,来源直接,能客观反映资料的原貌。后者经过有选择的加工或按一定目的改动,能够突出重点,也更容易被接受和理解。

思考题

1. 注重资产评估程序有什么意义?
2. 资产评估的基本程序有哪些?
3. 执行资产评估程序有哪些基本要求?
4. 资产评估中一般需要收集哪些信息?
5. 资产评估中信息的来源有哪些?
6. 如何判断信息来源渠道的可靠性?

第四章

流动资产评估

本章提要

本章系统介绍了流动资产的概念和特点,以及流动资产评估的特点、程序和评估方法。通过本章学习,学生应理解流动资产评估特点,熟悉流动资产评估程序,掌握市场法和成本法在流动资产评估中的具体应用。

第一节 流动资产评估概述

一、流动资产的含义及其特点

(一)流动资产的含义

流动资产是指企业在一年内或者超过一年的一个营业周期内变现或者耗用的资产,包括库存现金、各种存款以及其他货币资金、交易性金融资产、应收及预付款项、存货以及其他流动资产等。现金是指企业的库存现金,包括企业内部各部门用于周转使用的备用金。各项存款是指企业的各种不同类型的银行存款。其他货币资金是指除现金和银行存款以外的其他货币资金,包括外埠存款、银行本票存款、银行汇票存款、存出投资款、信用卡存款、信用证保证金存款等。交易性金融资产是指企业购入的各种能随时变现、持有时间不超过一年的投资,包括股票、债券、基金等。应收账款是指企业因销售商品、提供劳务等应向购货单位或受益单位收取的款项,是企业拥有的短期债权。预付账款是指企业按照购货合同规定预付给供货单位的购货定金或部分货款。存货是指企业的库存材料、在产品、产成品等。其他流动资产是指除以上资产之外的流动资产。

流动资产按照其表现形态可分为货币性流动资产、债权性流动资产和实物形态的流动资产等。货币性流动资产以货币形态存在,包括货币资产、交易性金融资产等;债权性流动资产包括预付账款、应收票据、应收账款等;实物形态的流动资产包括原材料、在产品、产成品、低值易耗品等。

(二)流动资产的特点

流动资产与固定资产相比较,具有如下特点:

第一,变现的快速性。所谓变现,就是将现金及可随时提用的存款以外的其他资产变成现金或可即付的存款。流动资产中的货币资产本身就不存在变现问题,其他的流动资产一般也可在较短时间内变现。流动资产的变现速度比其他资产的变现要方便和迅速许多。

第二,价值转移的一次性。流动资产中的原材料等劳动对象的价值,随着实物投入生产便一次性地全部转入产品成本,然后经销售收回得到补偿,在一个生产经营周期内完成其价值周转。

第三,存在形态的多样性及并存性。流动资产随着企业的生产经营活动过程,依次经过购、存、产、销各个环节,不断跨越流通领域和生产领域,并从一种形态变为另一种形态,进行着不停息的循环和周转。流动资产在周转过程中不断改变实物形态,各种形态的流动资产在企业同时并存,分布于企业生产经营的各个环节,这使得企业的流动资产形式多样、品种繁多。

第四,原始成本与现行市价的贴近性。由于流动资产具有较强的流动性和原材料价值转移的一次性,在流动资产中占有较大比重的存货,从采购到耗用时间较短,其原始成本与现行市场价格比较贴近。在生产经营周期短、物价波动不大的情况下,存货的原始成本与现行市价更近。

第五,价值的波动性。企业的流动资产一般要不断地进行购买和售卖过程,受市场商品供求关系和生产、消费的季节性影响较大。另外,受到外部经济环境、经济秩序等因素的制约,流动资产占用总量及形态在不同时间呈现出波动性。

二、流动资产评估的特点

由于流动资产的流动性及其他资产特性,其账面价值与市场价值较为接近。因此,流动资产的价值评估与其他资产的评估相比,具有如下特点。

(一)流动资产评估主要是单项评估

对流动资产的评估主要是以单项资产为对象进行价值评估。因此,它不需要以其综合获利能力来进行综合性价值评估。

(二)评估基准日一般选择在会计期末

由于流动资产与其他资产相比的显著特点在于其资产的流动性和价值的波动性。不同形态的流动资产随时都在变化,而评估则是确定其在某一时点上的价值,不可能人为地停止流动资产的周转。因此,评估基准日应尽可能选择在会计期末,必须在规定的时点进行资产清查、登记,确定流动资产数量和账面价值,避免重登和漏登现象的发生。

(三)对产权持有单位会计核算资料依赖程度高

由于流动资产处于实际的运转之中,进入现场清查和评估往往会影响企业的正常运转,因而通常需要企业的大力配合,在相对静止的条件下进行清查盘点、核实。同时流动资产量大、类繁,许多价格因素很难一一通过市场去了解,因而对企业的会计资料依赖程度较高。

(四)流动资产查核工作量大

流动资产一般具有数量大、种类多的特点,清查工作量大,所以流动资产清查应考虑评估的时间要求和评估成本。对流动资产评估往往需要根据不同企业的生产经营特点和流动资产分布的情况,对流动资产分清主次,选择不同的方法进行清查和评估,做到突出重点,兼顾一般。清查采用的方法有抽查、重点清查和全面清查。当抽查核实中发现原始资料或清查盘点工作可靠性较差时,应扩大抽查面,直至核实全部流动资产。

(五)流动资产的账面价值基本上可以反映其现值

由于流动资产周转快、变现能力强、在物价水平相对比较稳定的情况下,流动资产的账面价值基本上可以反映出流动资产的现值。因此,在正常情况下,存货的账面价值可作为其评估值。同时,评估流动资产时一般不需要考虑其功能性贬值因素,其有形损耗(实体性损耗)的估算仅适用于已使用的低值易耗品和呆滞、积压存货类流动资产的评估。

三、流动资产评估的程序

(一)确定评估对象和评估范围

进行流动资产评估前,首先要确定评估对象和范围,以防漏评或者重复评估。被评估对象和评估范围应依据经济活动所涉及的资产范围而定。同时,在实施评估前应做好下列工作。

第一,明确流动资产的资产属性。进行流动资产评估,必须明确被评估流动资产的范围。必须注意划清流动资产与非流动资产的界限,防止将不属于流动资产的机器设备等作为流动资产,也不得把属于流动资产的低值易耗品等作为非流动资产,以避免重复评估和漏评估。

第二,查核待评估流动资产的产权。企业在进行资产评估前,必须核实流动资产的产权,对于存放在企业内的外单位委托加工的材料、代为保管的材料物资等,以及本企业委托外单位加工和保管的流动资产等,应根据其产权所属,决定是否将其列入流动资产的评估范围。

第三,对被评估流动资产进行抽查核实。对被评估流动资产进行抽查核实时,验证基础资料准确的评估资产清单是正确评估资产价值的基础资料,被评估资产的清单应以实存数量为依据,而不能仅仅以账面记录为准。

(二)对具有实物形态的流动资产进行质量和技术状况调查

对评估清单中的材料、半成品、产成品等流动资产进行质量和技术状况调查,目的是了解这部分资产的质量状况,以便确定其是否还具有使用价值,并核对其技术情况和等级与被评估资产清单的记录是否一致。对被评估资产进行技术调查是正确评估资产价值的重要基础。特别是对那些时效性较强的存货,如有保鲜期要求的食品,有有效期要求的药品、化学试剂等,对其进行技术调查尤为重要。存货在存放期内质量发生变化,会直接影响其变现能力和市场价格,因此评估必须考虑各类存货的内在质量因素。对各类存货进行技术质量调查,可由被评估企业的有关技术人员、管理人员与评估人员合作完成,也可以参考独立第三方的专业报告,再由评估人员进行专业判断。

(三)对企业的债权情况进行调查分析

根据对被评估企业与债务人经济往来活动中的资信情况的调查了解,以及对每项债权资产的经济内容、发生时间的长短及未清理的原因等因素进行核查,综合分析确定各项债权回收的可能性、回收的时间、回收时将要发生的费用等。

(四)合理选择评估方法

流动资产的类型影响评估方法的选择,评估师应当对其进行合理分类,以选择适当的评估方法。对于实物类流动资产,可以采用市场法或成本法。对存货类流动资产的评估,如果其价格变动较大,则以市场价格为基础。对购入价格较低的存货,按现行市价进行调整;而对购入价格较高的存货,除考虑现行市场价格外,还要分析最终产品价格是否能够相应提高,或存货本身是否具有按现行市价出售的可能性。对于货币类流动资产,其清查核实后的账面价值本身就是现值,无须采用特殊方法进行评估,只是对外币存款应按评估基准日的汇率进行折算。对于债权类流动资产评估,宜采用可变现净值进行评估。对于其他流动资产,应分别不同情况进行,其中有物质实体的流动资产,则应视其价值情形,采用与评估机器设备等相同或相似的方法进行评估。

(五)评定估算流动资产价值,出具评估结论

经过上述评估程序对有关流动资产进行评估后,汇总各类流动资产评估值,即可得出相应的评估结论。

四、流动资产评估的基本方法

评估方法的选择,一是根据评估目的,二是根据不同种类流动资产的特点和资产自身条件。目前,我国对流动资产评估一般采用以下几种评估方法。

(一)成本法

1. 历史成本法

历史成本法是指以企业流动资产的账面净值作为重估价值的方法。因为流动资产具有周转快、价值一次转移的特点,所以在物价比较稳定或流动资产购进时间不长的情况下,可采用历史成本法估价。

2. 重置成本法

重置成本法是指以估价时该项资产的重置净值作为重估价值的方法。其核心是通过一系列运算得出被评估资产的现实成本。考虑到币值变化、技术进步等因素,在物价波动幅度较大、币值不稳定的情况下,重置成本法具有真实性和公平性。

(二)现行市价法

现行市价法是以市场上同一种或同类的资产交易价格作为重估价值的方法。当市场比较活跃,价格资料容易取得时,可采用现行市价法。

(三)清算价格法

清算价格法是指以企业在停业、清算或破产后,企业破产清算时资产可变现的价格作为重估价值的方法。它以资产清算的价格为依据,一般通过与市场售价比较获得。

第二节 实物类流动资产的评估

实物类流动资产主要包括各种材料、在产品、产成品、低值易耗品、包装物等,实物类流动资产评估是流动资产评估的重要内容。

一、材料的评估

(一)材料评估的内容与步骤

企业中的材料,按其存放地点可分为库存材料和在用材料。在用材料是在生产过程中已形成产成品或半成品,已不再作为单独的材料存在,因此,材料评估主要是对库存材料进行评估。

库存材料包括原料及主要材料、辅助材料、燃料、修理用备件、外购半成品等。库存材料具有品种多、金额大,而且性质、计量单位、购进时间、自然损耗各不相同等特点,因此,评估时可按下列步骤进行。

1. 进行实物盘点,使其账实相符

在进行材料的价值评估前,必须进行材料清查,做到账实相符。与此同时,还应查明材料有无霉烂、变质、呆滞、毁损等情况。

2. 根据不同评估目的和待估流动资产的特点,选择相应的评估方法

在评估方法的选择上,更多的是采用成本法或市场法。因为材料等流动资产的功效高低取决于其自身,而且是生产过程中的"消费性"资产,一般情况下,大多可采用成本法或市场法。就这两种方法而言,在某种材料存在活跃市场,供求基本平衡的情况下,成本法和市场法二者可以替代使用。如不具备上述条件,则应分析使用。

3. 运用存货管理的 ABC 分析法,突出重点

由于企业的材料品种、规格繁多,而且单位价值不等,在实际进行资产评估时,可按照一定的目的和要求,对材料按照 ABC 分析法进行排队,分清主次,突出重点,着重对重点材料进行评估。

(二)库存材料的评估方法

对库存材料进行评估时,可以根据材料购进情况的不同选择相适应的方法。

1. 近期购进库存材料的评估

近期购进的材料库存时间较短,在市场价格变化不大的情况下,其账面值与现行市价基本接近。评估时,可采用成本法,也可以采用市场法。

【例1】企业中某材料是两个月以前从外地购进,数量300千克,单价150元/千克,当时支付的运杂费为1 500元。根据原始记录和清查盘点,评估时库存尚有100千克这种材料。根据上述资料,试确定评估时库存该材料的评估价值。

$$材料评估值 = 100 \times (150 + 1\ 500/300) = 15\ 500(元)$$

对于购进时发生运杂费的材料,如果是从外地购进的,因为运杂费数额较大,评估时应将由被评估材料分担的运杂费计入评估值;如果是从本地购进的,而运杂费数额较小,评估时可以不考虑运杂费。值得注意的是,由于材料的分期购进,且购进价格各不相同,企业采用的存货计价方法不同,如先进先出法、加权平均法等,其账面余额也就不一样。但存货计价方法的差异不应影响评估结果。评估时关键是核查库存材料的实际数量,并按最接近市场的价格确定其评估值。

2. 购进批次间隔时间长、价格变化大的库存材料的评估

对这类材料评估时,可以采用最接近市场价格的材料价格或直接以市场价格作为其评估值。

【例2】某企业要对其5月1日库存的某种钢材进行评估。该种钢材是分两批购进的,第一批购进的时间是上一年12月末,购进1 000吨,每吨3 800元;第二批是今年4月购进的,数量100吨,每吨4 500元。今年5月1日评估时,经核实去年购进的此种钢材尚存500吨,今年4月购进的尚未使用。根据上述资料,试估算5月1日库存钢材的价值。

$$库存钢材评估值 = (1\ 000 + 100 - 500) \times 4\ 500 = 2\ 700\ 000(元)$$

在本例中,因评估基准日5月1日与今年4月购进时间较近,因而直接采用4月份购进材料价格作为评估值,即价格可采用每吨4 500元计算。值得注意的是:如果近期该材料价格变化很大,或者评估基准日与最近一次购进时间间隔期较长,则评估时应采用评估基准日的市价。

3. 缺乏准确现行市价的库存材料的评估

企业库存的某些材料可能购进的时间早,市场已经脱销,目前无明确的市价可供参考或使用。对这类材料的评估,可以通过寻找替代品的价格变动资料来修正材料价格;也可以利用市场同类商品的平均物价指数进行评估。

4. 呆滞材料价值的评估

呆滞材料是指从企业库存材料中清理出来,需要进行处理的材料。由于这类材料长期积压,时间较长,可能会因为自然力作用或保管不善等原因造成使用价值下降。对这类资产的评估,首先应对其数量和质量进行核实和鉴定,然后区别不同情况进行评估。对其中失效、变质、残损、报废、无用的,应通过分析计算,扣除相应的贬值数额后,确定其评估值。

在库存材料评估中,可能还存在盘盈、盘亏的情况,评估时应以有无实物存在为原则进行评估,并选用相适应的评估方法。

二、低值易耗品的评估

(一)低值易耗品的含义及其分类

低值易耗品是指单项价值在规定限额以下或使用年限不满一年,但能多次使用且实物形态基本保持不变的劳动工具。尽管财务制度规定了划分固定资产和低值易耗品的标准,但不同行业对二者的划分标准是不完全相同的。比如,服装行业的缝纫机,虽然其单位价值较小,但它是该行业的主要劳动工具,应作为固定资产核算和管

理;但在其他行业,则将它作为低值易耗品处理。因此,在评估过程中判断劳动资料是否为低值易耗品,原则上视其在企业生产经营中的作用而定,一般可尊重企业原来的划分标准。

低值易耗品作为特殊流动资产,与典型流动资产相比,它具有周转时间长,不构成产品实体等特点。低值易耗品种类较多,为了准确地评估其价值,可以对其进行必要的分类。一般可以按照其用途和使用情况分类。

按低值易耗品的用途划分,可分为一般工具、专用工具、替换设备、管理用具、劳动保护用品、其他低值易耗品等类别。这种分类的目的在于可以按低值易耗品的大类进行评估,以减少评估工作量。

按低值易耗品的使用情况划分,可分为未用低值易耗品和已用低值易耗品。这种分类的目的是便于根据低值易耗品使用的具体情况,选用不同的评估方法。

(二)低值易耗品的评估方法

低值易耗品的评估,既有相似于固定资产评估的一面,又有相似于材料评估的一面。在进行评估时,应区分不同情况分别评估。

1. 未用在库低值易耗品的评估

对未用在库低值易耗品的评估,可以根据具体情况,采用与库存材料评估相同的方法。对于购进时间不长、市场价格变化不大的低值易耗品,可以按照历史成本法评估,即按账面价值评估。对于购进时间较长、市场价格变化较大的低值易耗品,如果能够知道市场近期交易的价格,也可以按现行价格评估;如果无法获得近期市场的交易价格,可采用物价指数法评估;如果无法获得特定物价指数,可以在市场同类或类似低值易耗品的价格的基础上进行调整确定其评估值。

2. 已用低值易耗品的评估

已用低值易耗品的评估方法类似于固定资产的评估方法,可根据不同情况采用成本法或市场法评估。已用低值易耗品的评估和未用在库低值易耗品评估的区别就在于,已用低值易耗品已发生了部分损耗,不能按原值评估,只能按净值评估。低值易耗品在采用成本法进行评估时,由于其使用期限短于固定资产,一般不考虑其功能性贬值和经济性贬值,其计算公式为:

$$评估值 = 全新低值易耗品的价值 \times 成新率$$
$$= (现行购置价 + 其他合理费用) \times 成新率 \qquad (4-1)$$

式中,全新低值易耗品的价值,可以直接采用其账面价值(价格变动不大时),也可以采用现行市场价格,或者在账面价值的基础上乘以其物价变动指数确定。

式中,

$$成新率 = 1 - \frac{低值易耗品实际已使用月数}{低值易耗品可使用总月数} \qquad (4-2)$$

需要注意的是,会计上出于对成本、费用计算的需要,对低值易耗品的价值摊销采用一次摊销法或五五摊销法等简化方法进行核算,使低值易耗品具有因会计制度的原因造成的"账实不符"的特点。采用五五摊销法的,领用和报废时各摊销一半,使账面成本和实际成本差异拉大;采用一次摊销法的,则大多数低值易耗品成为账外资产,使低值易耗品的账面成本和重置成本差异较大。这使低值易耗品的摊销情况并不完全反映低值易耗品的实际损耗程度。因此，在确定低值易耗品的成新率时，应根据其实际损耗程度来确定，而不能完全按照其摊销方法确定。另外对残缺、无用、待报废的低值易耗品，需根据鉴定结果和有关凭证、通过分析计算，扣除相应贬值额后，确定评估值。

【例3】某企业某项低值易耗品，原价700元，预计使用1年，现已使用6个月，该低值易耗品现行市价为1 100元，试确定其评估值。

$$在用低值易耗品评估值 = 1\ 100 \times 6/12 \times 100\% = 550(元)$$

三、在产品的评估

在产品包括制作过程中的在制品，已加工完入库但不能单独对外销售的半成品（可对外销售的半成品视同产成品估价）。

一般情况下，企业的在产品不会单独对外销售，也不会用在产品对外投资，因此，很少涉及单独对在产品价值进行评估的业务。涉及在产品评估的情形，主要是对企业价值进行评估时采用加和法的情况下，需要对在产品进行评估，在这种情形下，需要评估在产品的在用价值，一般采用成本法对其进行评估。另外就是企业停产或转产，对在产品进行处理，需要进行评估，这种情形下评估的是可变现价值，一般采用市场法进行评估。

（一）成本法

成本法是根据技术鉴定和质量检测的结果，通过测算按现行市场价格重置同等级在制品及半成品所需投入的合理工料费计算评估值。这种方法适用于对继续生产、销售并且有盈利的在产品等的评估，具体有以下三种评估方法。

1. 价格系数调整法

价格系数调整法是指利用价格变动系数调整被估在产品的原成本并估算其价值的方法。对生产经营正常、会计核算水平较高的企业的在产品的评估，可参照其原始成本，根据评估基准日市场价格的变动情况，调整为重置成本。评估值的计算公式如下：

$$在产品的评估值 = 原合理材料成本 \times (1 + 材料价格变动系数) + \\ 原合理工资、费用 \times (1 + 合理工资、费用变动系数) \quad (4-3)$$

具体评估时，应注意将不合格在产品成本和非正常的不合理费用从总成本中剔除。

2. 定额成本法

定额成本法是指按重置同类在产品的社会平均工艺定额和现行市价估算其价值的方法。

这种方法要求掌握以下资料：①在产品的完工程度。②在产品相关工序的工艺定额。③在产品所耗物料的近期市价。④在产品正常生产情况下的合理工时及单位工时工资率。其计算公式如下：

$$在产品评估值 = 在产品实有数量 \times (该工序单位材料工艺定额 \times 单位材料现行市价 + \\ 该工序工时定额 \times 正常工资费用) \quad (4-4)$$

其中，对工艺定额的选取，如果有行业的平均物料消耗标准的，可按行业标准计算；没有行业统一标准的，按企业现行的工艺定额计算。

3. 约当产量法

约当产量法是指按在产品的完工程度估算其评估值的方法。在产品的最终形式为产成品，所以，可以在计算产成品重置成本的基础上，按在产品完工程度计算确定在产品评估值。其计算公式如下：

$$在产品评估值 = 产成品重置成本 \times 在产品约当产量 \tag{4-5}$$

或：
$$在产品评估值 = 产成品重置成本 \times 在产品完工率 \tag{4-6}$$

在产品约当产量、在产品完工率可以根据其完成工序与全部工序比例、生产完成时间与生产周期比例确定。当然，确定时应分析完成工序，以及完成时间与其成本耗费的关系。

(二) 市场法

市场法是指按同类在产品的市场价格，扣除销售过程中预计发生的费用后计算出评估值。这种方法适用于因产品下马，在产品只能按评估时的状态向市场出售的情况。一般而言，在产品通用性强，能用于产品配件更换或维修，则其评估值就比较高。其计算公式如下：

$$在产品评估值 = \frac{该种在产品}{实有数量} \times \frac{市场接受的可接受}{的不含税单价} - \frac{预计销售过程}{中发生的费用} \tag{4-7}$$

如果在调剂过程中有一定的变现风险，还要考虑设立一个风险调整系数，计算可变现评估值。

对那些不能继续生产，又无法从市场调剂出去的专用配件，只能按废料回收价格进行评估。其计算公式如下：

$$报废在产品评估值 = 可回收废料的重量 \times 单位重量现行的回收价格 \tag{4-8}$$

【例4】某企业因转产，有一批在产品要进行处理，需估算该批在产品的评估值。有关在产品资料如下：

在产品账面记录的成本为 160 万元，按其状态及通用性分为以下三类：

第一类，已从仓库中领出，但尚未进行加工的原料；

第二类，已加工成部件，可通过市场销售且流动性较好的在产品；

第三类，加工成的部件，但由于该部件已落后过时，无法在市场上销售，只能报废处理在产品。

对于第一类和第二类在产品，可按实有数量、质量情况及现行市场价格等计算其评估值；对于第三类在产品，只能按报废品的回收价格计算其评估值。具体计算过程和结果见表 4-1、表 4-2 和表 4-3。

表 4-1 车间已领用尚未加工的原材料评估表

材料名称	编号	计量单位	实有数量	单位市价(元)	评估值(元)
黑色金属	AX001	吨	120	2 200	264 000
黑色金属	AX002	吨	100	1 800	180 000
有色金属	AX003	千克	6 500	15	97 500
合计					541 500

表 4-2　车间已加工成部件且市场上有需求的在产品评估表

部件名称	编号	计量单位	实有数量	单位市价(元)	评估值(元)
A	BX001	件	1 800	63	113 400
B	BX002	件	1 000	90	90 000
C	BX003	件	500	115	57 500
D	BX004	台	120	230	27 600
合计					288 500

表 4-3　车间已加工成部件且市场上无需求的在产品评估表

部件名称	编号	计量单位	实有数量	单件可回收废料	可回收废料数量	废料单价(元)	评估值(元)
E	CX001	件	3 500	13	45 500	0.5	22 750
F	CX002	件	4 000	12	48 000	0.5	24 000
G	CX003	件	300	5	1 500	1.8	2 700
合计							49 450

该批在产品评估值 = 541 500 + 288 500 + 49 450 = 879 450(元)

四、产成品及库存商品的评估

产成品及库存商品是指已完工入库和已完工并经过质量检验但尚未办理入库手续的产成品以及商品流通企业的库存商品等。对此类存货应依据其变现能力和市场可接受的价格进行评估,适用的方法有成本法和市场法。

(一) 成本法

采用成本法对生产及加工工业的产成品评估,主要根据生产、制造该项产成品全过程发生的成本费用确定评估值。成本法一般适用于清产核资等非产权变动的产成品评估。具体应用过程中,可分以下两种情况进行:

1. 评估基准日与产成品完工或库存商品购进时间接近

当评估基准日与产成品完工或购进时间较接近,成本变化不大时,可以直接按产成品或库存商品的账面成本确定其评估值。计算公式为:

产成品或库存商品评估值 = 产成品或库存商品数量 × 产成品或库存商品账面单位成本

2. 评估基准日与产成品完工时间或库存商品购进时间间隔较长

当评估基准日与产成品完工时间或库存商品购进时间相距较久,其成本费用变化较大时,产成品评估值可按下列两种计算方法计算,库存商品评估值可参照相关方法估算。

方法一:

产成品评估值 = 产成品实有数量 × (合理材料工艺定额 × 材料单位现行价格 + 合理工时定额 × 单位小时合理工时工资、费用) 　　　　(4-9)

方法二：

$$产成品评估值=产成品实际成本×(材料成本比例×材料综合调整系数+ \\ 工资、费用成本比例×工资、费用综合调整系数) \quad (4-10)$$

【例5】某资产评估事务所对K企业进行资产评估。经核查，该企业产成品实有数量为1 200件，根据该企业的成本资料，结合同行业成本耗用资料分析，合理材料工艺定额为500千克/件，合理工时定额为20小时。评估时，由于生产该产成品的材料价格上涨，由原来的60元/千克涨至62元/千克，单位小时合理工时工资、费用不变，仍为15元/小时。根据上述分析和有关资料，可以确定该企业产成品评估值为：

$$1\ 200×(500×62+20×15)=37\ 560\ 000(元)$$

【例6】C企业的产成品实有数量为60台，每台实际成本为48元，根据会计核算资料，生产该产品的材料费用与工资、其他费用的比例为60∶40，根据目前价格变动情况和其他相关资料，确定材料调整系数为1.15，工资、费用综合调整系数为1.02，由此可计算该产成品的评估值为：

$$60×48×(60\%×1.15+40\%×1.02)=3\ 162.24(元)$$

(二) 市场法

市场法是指不含价外税的可接受市场价格，扣除相关费用后确定被估产成品或者库存商品评估值的方法。市场法一般在企业兼并等产权变动时适用。采用市场法评估产成品或者库存商品时，现行市价中包含了成本、税金和利润等因素，评估师应根据具体情况合理处理待实现的利润和税金。应用市场法评估时，根据产成品或库存商品的销售情况确定销售价格的扣除项目及金额。

1. 产成品的价值评估

（1）十分畅销的产成品价值评估。

$$产成品评估值=出厂销售价格-销售费用-全部税金 \quad (4-11)$$

（2）正常销售的产成品价值评估。

$$产成品评估值=出厂销售价格-销售费用-全部税金-适当数额的税后净利润 \quad (4-12)$$

（3）勉强能销售出去的产成品价值评估。

$$产成品评估值=出厂销售价格-销售费用-全部税金-全部税后净利润 \quad (4-13)$$

（4）滞销、积压、降低销售的产成品价值评估。

$$产成品评估值=可收回净收益 \quad (4-14)$$

应用市场法评估产成品的价值，在选择市场价格时应注意考虑下面几项因素：

第一，产成品的使用价值。根据对产品本身的技术水平和内在质量的技术鉴定，确定产品是否具有使用价值以及产品的实际等级，以便选择合理的市场价格。

第二，分析市场供求关系和被评估产成品的前景。

第三，所选择的价格应是在公开市场上所形成的近期交易价格，非正常交易价格不能作为评估的依据。

第四，对于产品技术水平先进，但产成品外表存在不同程度的残缺，可根据其损坏程度，通过调整系数予以调整。

2. 库存商品的价值评估

库存商品运用市场法进行评估可参照产成品评估思路，用库存商品正常售价扣除相关项目和金额。

第三节 货币性资产、债权类资产及其他流动资产的评估

货币性资产包括现金、银行存款和短期内准备变现的交易性金融资产。应收账项包括应收账款、预付账款、应收票据以及其他应收款等。其他流动资产包括待摊费用和预提费用等。

一、货币性资产的评估

(一) 货币资金的评估

货币资金包括库存现金、银行存款和其他货币资金。库存现金的评估，实际上是对库存现金的审查盘点，即核实库存现金的实有数，以核实后的实有数作为评估值。审查盘点的具体做法可比照审计的方法进行。对于库存的外币现金，应按评估基准日国家外汇牌价(钞买价)折算成等值人民币。

对各项存款的评估，是对各项存款进行清查确认，通过与银行对账、函证，核实各项存款的实有数，并以核实后的实有数作为评估值。在审核中，对银行存款未达账项要重点审核，尤其要注意有无长期未达账项，如未达账项时间超过三年，应做坏账处理。如有外币存款，应按评估基准日的国家外汇牌价(汇买价)折算成等值人民币。

(二) 交易性金融资产的评估

交易性金融资产是指企业购入的、能够随时变现、以交易为目的、持有时间不准备超过一年(含一年)的金融资产，包括各种股票、债权、基金等。企业购入交易性金融资产的目的是利用正常营运中暂时闲置的货币资金，购入变现能力强的有价证券，一方面获得一定的收益，另一方面保证企业现金支付的需要。这种短期投资中的有价证券，大多数是在证券市场上公开挂牌交易的，对这部分有价证券，可按评估基准日的收盘价计算确定评估值；不能公开交易的有价证券，债券可按本金加持有期的利息计算确定评估值，其他投资一般采用收益现值法评估。如果投资回报方式或其他情况比较特殊，也可取账面值或采用其他适当的方法评估其价值。

二、应收及预付账款的评估

企业的应收及预付账款主要指企业在经营过程中由于赊销等原因形成的尚未收回的款项、企业根据合同规定预付给供货单位的货款等。由于应收及预付账款存在着一定的回收风险，因此，在对这些资产进行估算时，一般应从两方面进行：一是清查核实应收款项数额；二是估计可能的坏账损失。具体评估可按下列步骤进行。

(一) 核实应收及预付账款

评估时可根据债权资产的内容进行分类，即将外部债权、机构内部独立核算单位之

间往来及其他债权分成几类,并根据其特点和内容,采取不同的方法进行核实。①外部债权:除账表核对外,在条件允许的情况下应尽可能利用外部信息逐个证实债权关系是否存在,金额是否与企业提供清单数据吻合。②机构内部独立核算单位之间往来形成的债权:进行双向核对,避免重计、漏计或存在其他不真实的债权关系。③预付货款:重点应对货已到尚未结清货款的项目进行核对,避免将已到的货物按账外资产处理,重复计算资产价值。

(二)估算坏账损失额

在对应收及预付账款进行调查核实后,应根据历史资料和评估时调查了解的情况,具体分析欠款时间和原因、前期欠款数额占销售额的比重、欠款人资金、信用、经营管理现状以及欠款人同该企业间的业务往来状况等,从而确定坏账损失的数额。具体方法有以下三种:

1. 分类判断法

分类判断法是根据企业与债务人往来的历史和债务人信用状况,分析应收款项支付或拒付的可能性,将应收款项分为可收回的、部分收回的及呆账等几类,对不同类别的应收款项根据具体情况确定坏账发生的可能性并确定坏账损失金额。应收款项的分类一般如下:①业务往来较多,对方结算信用好的,应收项目能够百分之百收回。坏账损失为零。②业务往来少,结算信用一般的,应收账款收回的可能性很大,但回收时间不确定。③一次性业务往来,对方信用情况不太清楚的,应收账款只能够收回一部分。④长期拖欠或对方单位已撤销,应收账款可能无法收回,百分之百坏账。

2. 坏账比例法

坏账比例法是根据企业前若干年(一般为3~5年)的实际坏账损失额占应收账款发生额的百分比确定坏账比例,然后用核实后的应收账款数额乘以坏账比例,得出坏账损失数额。其数学式为:

$$坏账损失额 = 核实后的应收账款数额 \times 坏账比例 \qquad (4-15)$$

$$坏账比例 = \frac{评估前若干年发生的坏账数额}{评估前若干年应收账款发生额} \times 100\% \qquad (4-16)$$

3. 账龄分析法

账龄分析法是按应收账款拖欠时间的长短及其各期回收率的经验数据,分析判断可收回的金额和坏账。一般来说,应收账款账龄越长,坏账损失的可能性越大。因此,评估时可将应收账款按账龄长短分成几组,按组估计坏账损失的可能性,进而计算坏账损失的金额。

(三)计算应收及预付账款的评估值

应收及预付账款的评估值用核实后的应收及预付账款的数额减去确定的坏账损失额即可得到。其计算公式为:

$$应收及预付账款评估值 = 核实后应收及预付账款数额 - 坏账损失额 \qquad (4-17)$$

【例7】 某企业截至评估基准日,核实后的应收账款为1 200 000元,企业若干年前坏账损失为540 000元,应收账款余额为9 000 000元。则:

$$坏账比例 = 540\ 000/9\ 000\ 000 = 6\%$$

$$应收账款评估值 = 1\ 200\ 000 \times (1-6\%) = 1\ 128\ 000(元)$$

【例8】 某企业应收账款及拖欠时间情况见表4-4。

表4-4 坏账计算分析表   单位：元

账龄	应收金额	预计坏账率(%)	预计坏账金额	备注
未到期	430 000	1	4 300	
半年	154 000	8	12 320	
一年	132 000	20	26 400	
二年	98 000	45	44 100	
三年以上	65 000	80	52 000	
合计	879 000		139 120	

应收账款评估值＝879 000－139 120＝739 880（元）

三、应收票据的评估

应收票据又称为商业票据，它是指由付款人或收款人签发、由付款人承兑、到期无条件付款的一种书面凭证。商业汇票按承兑人不同可划分为商业承兑汇票和银行承兑汇票。对于银行承兑汇票，由于承兑银行是票据的第一付款人，承担票据到期见票即付的责任，因此，评估时可以不考虑变现风险；对于商业承兑汇票，则应根据承兑人的资信状况和票据的可变现程度进行评估。

应收票据的评估值由票据的本金和利息两部分组成。具体可采用下列两种方法进行。

（一）按票据的本利和估算

应收票据的评估值为截至评估基准日的票据的面值加上应计的利息。其计算公式为：

$$应收票据的评估值＝本金＋持有利息＝本金×（1＋利息率×持票时间） \quad (4-18)$$

【例9】 某企业拥有一张付款期限为3个月的银行承兑商业汇票，出票日期为2018年3月12日，本金为75万元，月息为1%，评估基准日为2018年4月2日。

$$应收票据的评估值＝750 000×（1＋1\%÷30×20）＝750 500（元）$$

（二）按应收票据的贴现值估算

由于商业汇票可依法背书转让或向银行申请贴现，对企业拥有的、满足银行贴现贷款条件的、尚未到期的应收票据，可按评估基准日的贴现值计算评估值。其计算公式为：

$$应收票据的评估值＝票据到期价值－贴现息 \quad (4-19)$$

$$贴现利息＝票据到期价值×贴现率×贴现期 \quad (4-20)$$

【例10】 B企业向甲企业售出一批半成品，货款金额为800万元，采用无息商业汇票结算，付款期为6个月。甲企业于4月10日开出汇票，并经甲企业的开户银行承兑。现对B企业进行评估，评估基准日为7月10日。由此确定贴现日期为90天，贴现率按月息6‰计算。则有：

贴现利息=(800×6‰÷30)×90=14.4(万元)

应收票据的评估值=800-14.4=785.6(万元)

四、待摊费用的评估

待摊费用是指企业中已经支付或发生,但应由本月和以后各个月份负担的费用。如发生的修理费用和预付的报纸杂志费、预付保险金、预付租金等。待摊费用在会计核算中作为资产类科目,是企业资产总额的构成部分,但费用本身不是资产,它是已耗用资产的反映,但它的支出可以形成一定形态的有形资产和无形资产或享有服务的权利。因此,要评估确定待摊费用的价值,实际上是确定相关的实体资产或某种权利的价值。

待摊费用的评估,实质上是评估费用支出后所形成的资产和权利的价值,待摊费用的评估价值和资产或权利的价值相关,而和待摊费用本身的账面价值并无本质的联系。对于待摊费用的评估,应区分它的支出是否形成了一定实物形态的资产。如果它的支出可以形成一定形态的实物资产,原则上应按其形成的具体资产价值来确定。如果它的支出没有形成实物资产,而是取得未来获得服务的权利,对其评估主要依据其未来可产生效益的价值。如果待摊费用的效益已在评估日前全部体现,只因发生的数额过大而采用分期摊销的办法,这种待摊费用不应在评估中作价,无论其账面摊余价值有多大,待摊费用的评估值都为零。

在确定待摊费用存在相应的资产或权利的情况下,待摊费用的评估方法通常有两类:一类是在待摊费用的作用期限和价值很难确定的情况下,按待摊费用的剩余摊余价值来确定其评估价值。另一类是在待摊费用作用的效益可确定的情况下,可以其对应的资产或权利的价值作为评估价值,但应注意不得与相应资产的评估重复。例如,某企业待摊费用中,发生的待摊修理费用1万元系待摊的机器设备大修理费,由于发生大修理费用会延长机器设备寿命或增加其功能,机器设备评估值增大,待摊修理费1万元的价值已在机器设备价值中得以体现。因此,待摊大修理费1万元评估值为零。

【例11】某资产评估公司受托对某企业待摊费用进行单项评估,评估基准日为2018年6月30日。有关资料如下:企业截至评估基准日账面费用余额为65.38万元(不含车间在制品成本),其中有年初预付本年的保险金7.56万元,已摊销1.89万元,余额为5.67万元;尚待摊销的低值易耗品余额39.71万元;预付的房租租金25万元,已摊销5万元,余20万元。根据租约,始租时间为2018年4月30日,租约终止期为2018年9月30日。

评估人员根据上述资料进行如下评估:

(1)预付保险金的评估。预付保险金对应的权益的价值很难确定,可根据其摊余价值确定评估价值。

根据全年支付数额计算每月应分摊数额为:

75 600/12=6 300(元)

应预留保险金(评估值)=6 300×6=37 800(元)

(2)未摊销的低值易耗品价值的评估。低值易耗品可根据其对应的资产的实物数量和现行市场价格进行评估。假设经评估,其价值为412 820元,可以此作为其评估值。需要注意的是,如果在待摊费用中对低值易耗品进行了评估,那么在评估存货价值的时候就不必再进行评估;如果在存货评估中已经对该部分低值易耗品进行了评估,则在待摊费用评估中不必对该部分进行评估,重要的是不得对同一内容重复计算。

(3)预付房租的评估。预付房租可按其对应的权利的价值进行评估。假设通过调查,目前租赁同样房屋的租金水平为每月5万元,则至评估日按租约规定还有3个月的房屋租赁权,则:

$$评估值 = 50\ 000 \times 3 = 150\ 000(元)$$

故该企业待摊费用的评估值为:

$$37\ 800 + 412\ 820 + 150\ 000 = 600\ 620(元)$$

1. 流动资产评估有哪些特点?
2. 流动资产评估的一般方法有哪些?
3. 简述流动资产评估的程序。
4. 如何对原材料进行评估?
5. 如何对在产品进行评估?
6. 如何对产成品进行评估?
7. 如何对应收票据的价值进行评估?应收票据价值评估与应收账款价值评估有何区别?
8. 如何对待摊费用进行评估?

1. 甲公司和乙公司拟成立合资公司,某评估机构接受委托对甲公司投入合资企业的部分流动资产进行评估,甲公司投入合资公司的是部分在产品,为吉普车配套设备250台,每台账面价值24 500元,共计6 125 000元,其中,单位在产品的原材料价值为15 000元,人工费用为3 200元,其他费用为6 300元。近期该在产品的原材料价格上涨56%,人工费用上涨25%,其他费用价值基本变动不大。

要求:请估算该批在产品的价值。

2. 某企业产成品实有数量100台,每台实际成本为87元,该产品的材料费与工资、其他费用的比例为70∶30,根据目前的资料,材料费用综合调整系数为1.18,工资、其他费用综合调整系数为1.26。

要求:请估算该产成品的价值。

3. 某评估机构接受委托对某企业进行整体评估,在评估某类在用低值易耗品时,发现其账面余额为2 800元,企业采用五五摊销法进行核算。预计该类在用低值易耗品尚可使用6个月,现已使用4个月,该类全新状态的在用低值易耗品目前的市场价格为5 000元。

要求:估算该类在用低值易耗品的价值。

4. 甲公司和乙公司经主管部门批准,乙公司被甲公司兼并,某评估机构接受委托对乙公司投入甲公司的部分流动资产进行了评估,在评估货币资金和应收账款时,发现有关资料如下:该公司货币资金账面总额为78 000元,其中,库存现金为45 000元,银行存款为33 000元,全部为人民币。评估人员发现乙公司的库存现金中有白条顶替现金1 000元,经查系调走人员欠款,已无法追回。应收款项账面余额共为675 000元,经调查其中有两家债务人已没有下落,共欠款214 000元,其余应收账款中,有8户账龄超过3年,金额为134 000元,根据分析,预计坏账损失率为50%,其余应收款项的预计坏账损失率为5%。

要求:估算乙公司货币资金和应收款项的价值。

5. 某企业向甲企业售出材料,价款1 000万元,商议9个月后收款,采取商业承兑汇票结算,该企业于3月10日开出汇票并将甲企业承兑。汇票到期日为12月10日。现对该企业进行评估,评估基准日为6月10日。贴现率为月利息6‰。

要求:试评估该汇票的价值。

第五章

机器设备评估

本章提要

本章系统介绍了机器设备的含义和特点,以及机器设备评估的特点、程序和方法。通过本章学习,学生应把握机器设备评估特点,熟悉机器设备评估程序,掌握市场法、收益法和成本法在机器设备评估中的具体应用。

第一节 机器设备评估概述

一、机器设备的含义及特点

(一)机器设备的含义

从技术的角度讲,机器设备是由金属或其他材料组成,由若干零部件装配起来,在一种或者几种动力驱动下,能够完成生产、加工、运行等功能或者效用的装置。典型的机器设备主要由动力部分、传动部分和工作部分组成。随着科学技术的发展,机器设备中控部分也是一项重要内容。从会计的角度讲,机器设备属于固定资产,使用年限超过一年、单位价值较高。并且在使用过程中保持原有实物形态。

《资产评估执业准则——机器设备》中对机器设备的定义为:机器设备是指人类利用机械原理以及其他科学原理制造的、特定主体拥有或者控制的有形资产,包括机器、仪器、器械、装置、附属的特殊建筑物等。该准则对机器设备的定义包括了自然属性和资产属性两个方面。自然属性,即人们利用机械原理或其他科学原理制造的装置;资产属性,是指被特定主体拥有或控制的有形资产。

(二)机器设备的特点

机器设备与其他资产相比有以下特点。

1. 单位价值高、使用期限长

机器设备作为主要劳动手段,属于会计学中的固定资产,其单位价值一般较高,资金投入量大,回收期长,这也决定了其价值不仅受到实体性损耗的影响,还会受到功能性贬值及经济性贬值的影响。这要求在机器设备价值评估过程中,评估者要充分认识其功能的适用性和可能的风险性。评估师必须充分了解机器设备实际利用情况,确定其时间利用率和能力利用率,还要确定被估设备是否属于国家强制淘汰设备。

2. 价值补偿和实物更新不一致

机器设备在使用或者闲置过程中,由于物理损耗或者技术进步等导致的无形损耗会逐渐降低机器设备的价值。机器设备价值补偿是在机器设备寿命期内通过计提折旧的形式逐渐实现的;而实物更新一般在机器设备寿命终结时一次性完成。机器设备的价值补偿与实物更新的不同步,使机器设备评估具有一定的复杂性。

3. 工程技术性强、专业门类多

机器设备存在于各行各业,各专业门类的机器设备千差万别。机器设备是科学技术在劳动手段上的物化结晶,体现着一定水平的科学技术。即使是同一品种的机器设备,如果型号不同、设计制造的年代不同、制造厂家不同,都会有先进程度的差别,并集中表现为技术性能及其有关的技术经济参数的水平差别。

二、机器设备的分类

机器设备种类繁多,出于设计、制造、使用、管理、评估等不同需要,其分类的标准和方法也很多。

(一)按国家固定资产分类标准分类

目前,我国固定资产管理使用的是由中国标准化研究院、中华人民共和国财政部行政政法司、中华人民共和国财政部教科文司联合编制的,由原国家质量监督检验检疫总局和中国国家标准化管理委员会于 2011 年 1 月 10 日发布的《固定资产分类与代码》(GB/T 14885—2010)。该标准按固定资产的基本属性分类,适当兼顾行业管理的需要,把固定资产分为 6 个门类,其中有 2 类为机器设备,包括通用设备和专用设备。另外还有土地、房屋及建筑物;图书、文物及陈列品;家具用具及其他等。在我国,大部分企业的固定资产按该方法分类。由于被评估单位建账和固定资产管理的需要,评估机构提供的机器设备明细清单一般也按该分类方法分类,因此,这种分类方法是资产评估中最基本的分类方法。

(二)按会计核算的需要分类

在会计核算中,可综合固定资产的经济用途、使用情况和所有权把固定资产分为以下 6 个类别。

(1)生产经营用机器设备,是指直接为生产经营服务的机器设备,包括生产工艺设备、辅助生产设备、动力能源设备等。

(2)非生产经营用机器设备,是指企业所属的非生产部门使用的设备。

(3)租出机器设备,是指企业以经营租赁方式出租给其他单位使用的设备。

(4)未使用机器设备,是指企业尚未投入使用的新设备、库存的正常周转用设备、正在修理改造尚未投入使用的机器设备等。

(5)不需用机器设备,是指已不适合本单位使用的待处理的机器设备。

(6)融资租入机器设备,是指企业以融资租赁方式租入的机器设备。融资租入方式实际是一种分期付款的商业信用型的设备购买方式,所以融资租入的设备在评估时,即使租期未满、租赁费未付完,只要合同继续有效,融资租入方也对该设备拥有相应部分的产权。

(三)按机器设备的组合形式分类

机器设备按照其组合形式可分为单台机器设备和机器设备组合。

单台机器设备是指以独立形态存在、可以单独发挥作用或者以单台的形式进行销售的机器设备。

机器设备组合是指为了实现特定功能,由若干机器设备组成的有机整体。机器设备组合的价值不必然等于单台机器设备价值的简单相加,机器设备组合的价值不但取决于组合中各机器设备价值,还取决于它们组合的形式和结果。

此外,还可以按机器设备来源划分为自制设备和外购设备两种,按机器设备价值大小进行A、B、C级分类等。不同的分类标准对资产评估选择何种方法,考虑哪些因素,以及如何提供评估报告和附表等,都具有较大影响。

三、机器设备评估的特点

机器设备自身所具有的特点形成和影响了机器设备的评估特点,这些特点包括以下几个。

(一)以技术检测为基础

首先,机器设备本身具有较强的工程技术特点,技术含量较高。机器设备自身的技术含量多少直接决定了机器设备评估价值的高低,技术检测是确定机器设备技术含量的重要手段。其次,机器设备使用时间长,处于不断磨损过程中。其磨损程度的大小,又因机器设备使用、维修保养等状况不同而造成一定的差异,通过技术检测来判断机器设备的磨损状况及新旧程度,这是决定机器设备价值高低的最基本的因素。所以,必要的技术检测是机器设备评估的基础。

(二)通常以单台、单件为评估对象

由于机器设备单位价值大,规格型号多,情况差异大,为了保证评估结果的真实性和准确性,通常要对机器设备逐台逐件进行评估。即便是数量多、单位价值相对较低的同类机器设备也要逐台、逐件核实数量,并选择合理的分类标准,按类进行评估。

(三)被评估机器设备贬值因素复杂

除了实体性贬值外,被评估机器设备往往还存在功能性贬值和经济性贬值。机器设备所依存资源的有限性、所生产产品的市场寿命、所依附土地和房屋建筑物的使用期限、国家的法律、法规以及环境保护、能源等产业政策等因素都会对机器设备的价值产生影响。

四、机器设备评估的基本程序

(一)评估准备

评估机构接到资产评估委托后,首先应做好评估的准备工作。评估的准备工作主要有以下几项。

1. 指导委托方提供机器设备评估的基础资料

这主要包括填写机器设备评估申报明细表,提供租出及融资租赁机器设备的合同、证明,提供新购设备、重点设备的购货合同、发票及运输安装调试费用的收据,机器设备产权资料及其他必要的经济技术资料。

2. 制订具体的评估工作计划

根据委托方提供的有关资料,明确评估范围和评估重点后,应制订合理的评估作业计划,包括设计主要机器设备的评估思路,落实评估人员,聘请有关专家,安排评估进度,规定评估作业完成时间等,以此保证评估工作顺利进行。

3. 收集评估中所需数据资料

机器设备评估除委托方提供的资料外,在评估准备阶段应广泛地收集与评估工作有关的数据资料,包括机器设备的价格资料、技术资料等,这对于提高评估工作的效率是非常重要的。

机器设备评估中所需收集的资料主要包括:①产权证明。产权证明主要用来确定被评估设备是否属于委托方。如机器设备的购建合同、凭证等有关文件。②有关记录。主要关注购建时有关入账依据、购建价款的支付凭证等方面的内容。确定机器设备的购买款项是否已完全付清,以及是否存在抵押等附加条款。③使用状况的有关资料。包括被评估资产所采用的折旧方法,已使用年限等与固定资产使用状况密切相关的资料。④技术资料。包括评估对象的设计文件、设计规格、设计图纸、施工方案等。⑤机器设备的验收文件和竣工决算以及装饰改造情况。⑥机器设备因意外灾害情况所造成的损害程度等。⑦评估之日同类资产的市价以及通货膨胀率、银行利率等。如果评估对象是从国外进口的设备,还要考察汇率因素的影响。⑧担保、保险和抵押情况。如果被评估资产被用作其他交易的担保或抵押,评估时就要考虑被担保或被抵押企业的履约能力,并根据情况在评估报告中注明。一般来说,如果被评估设备已被保险,那么它的评估价值就要高于未保险的设备。⑨其他有关资料。

(二)现场评估

现场评估是机器设备评估的重点工作。执行机器设备评估业务应当根据评估对象的具体情况,确定现场调查内容。

现场评估工作的主要任务是清查核实评估对象数量、权属,对企业工艺过程进行了解,对待评机器设备进行技术鉴定,以测定机器设备的各种技术参数。

1. 按机器设备评估的重要性对设备进行分类

当被评估设备种类数量较多时,为了突出重点,便于评估工作的有效实施,充分发挥具有专长的评估人员的作用,可对设备进行必要的分类。一种分类方法是按设备的重要性划分,如 ABC 分类法,把单位价值大、生产上关键的重要设备归为 A 类,把单位价值小且数量较多的设备归为 C 类,把介于 A 类与 C 类之间的设备归为 B 类。根据评估计划的安排,对 A、B、C 三类设备采用不同的方法进行评估。对 A 类设备需逐项鉴定和评估。另一种分类方法是按设备的性质划分,可分为通用设备和专用设备、进口设备和国产设备、外购设备和自制设备,以便有效地收集数据资料,合理地配备评估人员。

2. 清查核实待评估机器设备

查实评估对象的数量和权属,应根据委托方提供的机器设备评估申报明细表、购买合同发票等,通过核对企业的账面记录和盘点实物两个方面对待估机器设备数量和权属进行核对,要尽可能对所有申报评估的机器设备逐台核实,做到表实、账实相符,并填写盘存记录,确定待评估机器设备的实际数量,若出现表实、账实不符的情况,应查明原因,按一定审批程序调整账面值。

3. 对待评估机器设备进行鉴定

鉴定是机器设备评估现场工作的核心。鉴定的内容包括:①对机器设备所在整个工艺过程、生产系统、生产环境、生产强度以及生产系统的产品结构、产品市场需求状况进行总体鉴定和评价。以此为单台、件机器设备的技术鉴定提供背景资料。②对机器设备的使用状况,包括机器设备的购建时间、已使用年限、利用率及运行负荷的大小,完好率、技术改造、大修理情况进行勘察和鉴定。③对机器设备的技术状况,包括设备的类别、规格型号、制造厂家、生产能力、加上精度、废品率等进行分析和鉴定,判断机器设备是否存在技术过时和功能落后的情况。④对机器设备的质量状况,包括设备的制造质量、设备所处环境对设备质量的影响、设备的完整性、外观和内部结构情况等进行技术鉴定。⑤对设备损耗程度进行鉴定,主要判断设备的有形磨损和无形损耗。有形磨损包括锈蚀、损伤、精度下降;无形损耗包括功能不足和功能过剩。同时还要了解机器设备的相关辅助设施,如基座、连接的工艺管道、自动控制装置的价值,是否包含在机器设备价值中。

现场工作要有完整的工作记录,特别是设备的鉴定工作更要有详细的鉴定记录。这些记录将是机器设备价值评估的重要数据来源,也是评估工作底稿的重要组成内容。

(三)评定估算

评定估算包括的步骤如下:

(1)查阅有关的可行性分析报告、设计报告、概预算报告、竣工报告、技术改造报告、重大设备运行和检验记录等,以加强对被评估设备的了解。估算中遇到问题和困难应与委托方有关设备管理和操作人员进行沟通,充分了解设备的历史和现状,广泛地收集资料。

(2)查阅有关法律法规,如税收政策、环境保护法规、运输工具的报废标准等,以便在设备评估中考虑法律法规对评估价值的影响。

(3)对产权受到某种限制的设备,包括已抵押或作为担保物的设备,根据实际情况确定评估价值,无法确定评估价值的应在资产评估报告书中进行披露。

(4)在评估中,评估人员还应与其他专业评估人员交流,及时处理设备与房屋建筑物、无形资产和存货等之间的界限问题,防止重评和漏评。

(5)根据评估目的、评估对象、价值类型、资料收集情况等相关条件,针对不同的机器设备选择合适的参数和科学的评估方法进行评定估算。

(6) 调整评估结果。评估结论应该由内部三级复核后确定,最终评估结果应获得委托方书面确认。项目评估师与复核人以及委托方沟通后,在评估准则框架内调整评估结论。

(四) 撰写评估说明及评估报告

在评定估算过程结束后,整理评估工作底稿,对评估结果进行分析评价,及时撰写评估说明及评估报告。如果是单独的机器设备评估,评估师应按照评估准则要求编制内容完整的评估报告;如果是企业价值评估中的一部分,只需要编写评估说明,不需要编制完整的资产评估报告。

(五) 评估报告的审核和报送

评估报告完成以后,要进行必要的审核,包括设备专业负责人的初核、项目负责人的复核、复核人的审核。在多级审核确认评估结果后,评估机构法定代表人签发评估报告,将评估报告送达委托方及有关管理部门。

五、机器设备评估中应该注意的问题

设备的评估范围,除了设备本体,还包括设备基础、附属设施、操作软件等。确定机器设备评估范围时应注意分清机器设备与无形资产,机器设备与存货,机器设备与土地、房屋及构筑物的界限。

(一) 机器设备与土地、房屋及构筑物的界限

在资产评估中,机器设备和土地、房屋及构筑物的关系可能出现以下几种情况:①有些设备是安装附着在土地、房屋及构筑物上,它们对后者的功能会有很大影响,如油井、旋转屋顶的机构、电梯等,评估时要考虑这些设备具有的不动产特征。②许多物业为了方便使用或具有多种功能,除土地、房屋结构外还需配置水、电、汽、中信、智能等附属设备。在评估这些具有独立功能的物业时,可以将诸如配电设备、泵站、锅炉、电话、交换机等列入物业范围,随建筑物一起评估。③许多加工设备都有设备基础等构筑物,在续用条件下不能将设备基础漏评。通常情况下,简易基础,如机床设备基础等可以含在设备评估价值中,大型设备基础要单独作为构筑物评估。

(二) 机器设备与无形资产的界限

比较复杂或先进的机器设备,特别是成套设备、机组、检测设备等,其功能的正常发挥还需要有专利、专有技术或计算机软件等无形资产支持。一般来说,对单台设备或通用性较强的无形资产,应将设备和无形资产分开评估;而成套设备、机组和复杂的检测设备中含有的专用无形资产,可含在设备价值中一起评估。

(三) 机器设备与流动资产的界限

许多成套设备、机组在其价值构成中包含试车用原材料、配套易损件及技术培训费等。在续用条件下对这些机器设备评估时,应注意不要漏评。

第二节 机器设备评估的市场法

机器设备评估的市场法也称市场比较法,是指在市场上选择若干相同或相似的机器设备作为参照物,针对各项价值影响因素,对参照物交易价格进行差异调整,从而确定被评估机器设备的评估价值的一种评估方法。

一、市场法的适用范围和前提条件

市场法主要适用于对机器设备的变现价值的评估。如要评估机器设备的在用续用价值,则要考虑运输费、安装调试费等相关费用。机器设备的在用续用价值和变现价值的不同,不仅在于价值构成项目不同,更重要的是受市场影响的程度不同。

市场法的运用必须具备下列前提条件:

第一,要有一个充分发达活跃的机器设备公开交易市场,这是运用市场法估价的基本前提。市场法是借助参照物的市场价格进行价值评估的,资产市场越活跃,资产交易越频繁,与被评估资产相类似的资产的价格就越容易获得,其资产市场价格越能反映资产的真实价值。一般来讲,市场法比较适用于有成熟市场,交易比较活跃的机器设备的评估,如汽车、飞机、计算机等。

第二,能找到与被评估机器设备相同或类似的参照物。在资产市场找到与评估对象完全相同的机器设备是比较困难的,一般是选择与被评估设备相类似的机器设备作为参照物,参照物与被评估机器设备之间不仅在规格、型号、用途、性能、新旧程度方面应具有可比性,而且在交易背景、交易时间、交易目的、交易数量、付款方式等交易条件方面要大致相同,这是决定市场法运用与否的关键。

二、基本程序

用市场法评估机器设备的基本程序如下:

第一,对评估对象进行鉴定,获取评估对象的基本资料。评估人员通过鉴定被评估设备,了解设备的基本资料,主要包括设备的规格型号、制造厂家、出厂日期、使用期限、安装情况、随机附件以及设备的现时技术状况等。

第二,进行市场调查,按照比较因素选取市场参照物。评估人员了解了评估对象的基本情况以后,要进行市场调查选取市场参照物。在选择市场参照物时,应尽可能使选择的参照物与评估对象具有较强的可比性,因此,评估人员应首先明确影响机器设备价值的影响因素,并分析这些因素对机器设备价值的影响。一般来讲,影响机器设备价值的比较因素可归纳为四大类,即个别因素、交易因素、时间因素和地域因素。设备的个别因素一般反映设备在结构、形状、尺寸、性能、生产能力、安装方式、质量、实体状态、经济性等方面差异。设备的交易因素是指交易动机、背景对价格的影响,不同的交易动机和交易背景对机器设备的出售价格产生的影响不同。例如,以清偿、快速变现的出售方式出售的设备,其售价往往低于正常的交易价格,评估人员应尽可能选择和被评估设备交易动机和背景相同的参照物。设备的时间因素是指交易时间的差异,不同交易时间的市场供求关系、物价水平都不同,评估人员应尽可能选择与评估基准日最接近的交易案例。地域因素是不同地区市场供求条件等因素,不同地区市场供求条件等因素的不同,设备的交易价格也会不同,因此评估参照物应尽可能与被评估对象在同一地区。

第三,对比分析差异因素,并调整差异。尽管评估人员在选择市场参照物时尽量使被评估对象与市场参照物比较接近。但是二者之间在实体状态、交易时间、交易地点、交易背景上总会存在一定差异。评估人员还必须对上述影响价值的因素进行分析、比较,量化差异对价格的影响,并确定差异调整量。

第四,计算评估价值点。在分析比较的基础上,对参照物的市场交易价格进行修正,确定评估价值点。

第五,确定评估误差率并计算评估价值的取值区间。

三、市场法的具体应用

运用市场法评估机器设备是通过对市场参照物进行价值调整完成的,常用的调整方法有三种:直接比较法、类比调整法和价值比率法。

(一)直接比较法

直接比较法是将与评估对象相同或基本相同的市场参照物的交易资料,与被评估设备直接比较,得到两者的基本特征修正系数或基本特征差额,从而直接调整得出被评估设备价值的方法。这里的"基本相同"可以理解为参照物和评估对象可比因素基本相同,仅个别因素存在差异。例如,评估一辆汽车时,如果在二手车交易市场能够发现与评估对象基本相同的汽车,它们的制造商、型号、年代、附件都相同,只有行驶里程和实体状态方面有些差异,在这种情况下,评估人员一般可以直接将评估对象与市场上正在销售的同样的汽车做比较,确定评估对象的价值。

直接比较法直观简单,它对市场的反映最为客观,能最准确地反映被评估设备的市场价值,但通常对评估物和参照物之间的可比性要求较高。使用直接比较法的前提是市场上有与评估对象基本相同的市场参照物的交易数据和资料,参照物和评估对象之间需要调整的项目较少,差异不大,并且对价值的影响可以直接确定。如果差异较大,则无法使用直接比较法。

这种方法可以用以下公式表示:

$$评估值 = 参照物的市场价格 \times (1 + 差异调整系数)$$
$$= 参照物的市场价格 + 差异调整额 \tag{5-1}$$

【例1】评估师在评估一辆轿车时,从市场上获得的市场参照物在型号、购置年月、行驶里程、发动机、底盘及各主要系统的状况上与评估对象基本相同。区别在于:①评估对象的右前大灯破损需要更换,更换费用约300元;②被评估车辆后加装CD音响一套,价值为1 100元。若该参照物的市场售价为56 000元,则:

$$该轿车的评估价值 = 65\ 000 - 300 + 1\ 100 = 65\ 800(元)$$

(二) 类比调整法

类比调整法是指利用与被评估设备相似的且已经在市场上成交的设备的交易数据和资料，通过对被评估设备与参照物之间可比因素的对比分析，并按照一定的方法对其差异做出调整，从而确定被评估设备价值的一种方法。这种方法是在无法获得基本相同的市场参照物的情况下，以相似的参照物作为分析调整的基础。例如，在评估一台A品牌的车床时，评估人员发现在市场上没有与该车床相同或相似的A品牌车床，但有相似的B品牌和C品牌车床。

类比调整法与直接比较法相比更主观，在对比较因素进行分析的基础上，需要做更多的调整。为了减少调整时因主观因素产生的误差，所选择参照物应尽可能与评估对象相似。

被评估设备与参照物之间的差异因素主要包括前述个别因素、交易因素、时间因素和地域因素。这种方法的评估思路可以用以下公式表示：

$$评估价值 = 参照物的交易价格 \pm 被评估设备与参照物差异的量化合计金额 \quad (5-2)$$

或

$$评估价值 = 参照物的交易价格 \times (1 + 综合差异调整系数) \quad (5-3)$$

【例2】2018年4月20日评估人员使用市场法对某车床进行评估。

(1) 评估人员首先对评估对象进行鉴定，其基本情况如下：

设备名称：普通车床

规格型号：CA6140×1500

制造厂家：DD机床厂

出厂日期：2010年4月

投入使用时间：2010年4月

安装方式：未安装

附件：齐全（包括仿形车削装置、后车架、快速换刀架、快速移动机构）

实体状态：评估人员通过对车床的传动系统、导轨、进给箱、溜板箱、刀架、尾座等部位进行检查、打分，确定其综合分值为6.1分。

(2) 评估人员对二手设备市场进行调研，发现原生产厂家已不再生产该种型号的设备了，评估人员选择本地区近几个月已经成交的其他厂家生产的同种型号的设备作为被评估设备的三个市场参照物，其具体状况如表5-1所示。

表5-1 比较因素条件说明表

	评估对象	参照物A	参照物B	参照物C
名称	普通机床	普通机床	普通机床	普通机床
规格型号	CA6140×1500	CA6140×1500	CA6140×1500	CA6140×1500
制造厂家	DD机床厂	A机床厂	B机床厂	C机床厂
出厂日期/役龄	2010年/8年	2010年/8年	2010年/8年	2010年/8年
安装方式	未安装	未安装	未安装	未安装

续表

	评估对象	参照物 A	参照物 B	参照物 C
附件	齐全	齐全	齐全	齐全
实体状态	各部位工作正常,无过度磨损现象,状态综合分值6.1分	各部位工作正常,无过度磨损现象,状态综合分值5.7分	各部位工作正常,无过度磨损现象,状态综合分值6.0分	各部位工作正常,无过度磨损现象,状态综合分值6.6分
交易市场		评估对象所在地	评估对象所在地	评估对象所在地
市场状况		二手设备市场	二手设备市场	二手设备市场
交易背景及动机	正常交易	正常交易	正常交易	正常交易
交易数量	单台交易	单台交易	单台交易	单台交易
交易日期	评估基准日	2个月前	1个月前	1个月前
转让价格		24 200元	26 000元	28 500元

(3) 确定调整因素,进行差异调整。

第一,个别因素比较。根据表5-1中的资料,三个参照物和评估对象在规格型号、出场日期、役龄、安装方式、附件情况方面均相同,不需要进行调整。三个参照物的制造厂家和实体状态与评估对象不同,需要进行调整。

制造厂家的调整:评估人员通过市场调查发现,在设备交易市场,DD机床厂生产的同种产品价格分别是A、B、C三家机床厂生产的相同产品价格的1.1、0.9、1.2倍,以此为被评估设备的调整比率。

实体状态的调整:根据上述资料,评估对象和三个参照物的实体状况综合分值分别为6.1、5.7、6.0、6.6。据此可计算出评估对象实体状态相对于三个市场参照物的调整比率分别为1.07、1.02、0.92,调整比率具体计算过程见表5-2。

表5-2 实体状态调整比率计算过程表

参照物	调整比率
A	100%+(6.1−5.7)/5.7×100% = 1.07
B	100%+(6.1−6.0)/6.0×100% = 1.02
C	100%+(6.1−6.6)/6.6×100% = 0.92

第二,市场因素比较。评估对象和三个市场参照物的交易市场状况、交易动机及背景、交易数量等因素均相同,不需要进行调整。

第三,时间因素比较。三个市场参照物的交易时间分别是评估基准日的2个月前、1个月前、1个月前。经过调查分析,现在的物价水平分别比2个月前上涨了2%,比1个月前上涨了1%,根据不同时间的物价水平,确定评估对象相对于三个参照物的时间因素调整系数分别为1.02、1.01、1.01。

第四,地域因素比较。三个市场参照物与评估对象的交易地点相同,不需要进行调整。

(4)计算评估值。评估值的计算见表5-3。

表5-3 计算评估值表

	参照物A	参照物B	参照物C
交易价格	24 200元	26 000元	28 500元
制造厂家因素调整	1.1	0.9	1.2
实体状态因素调整	1.07	1.02	0.92
时间因素调整	1.02	1.01	1.01
调整后结果	29 053元	24 107元	31 779元

该设备的评估值=(29 053+24 107+31 779)/3≈28 313(元)

(三)价值比率法

价值比率法是通过大量市场交易数据的统计分析,掌握相似的市场参照物的交易价格与相关财务指标的价值比率关系,用此比率乘以评估对象相关财务指标以确定被评估机器设备价值。

这种方法可以用以下公式表示:

评估值=评估对象的相关财务指标×参照物的价值比率   (5-4)

在实务中,对机器设备的评估通常采用成本比率调整法,即确定相似的市场参照物的交易价格与设备全新售价的比率关系,以此比率乘以评估对象的成本来确定评估对象的价值。比如,评估人员在评估A公司生产的6米直径的双柱式车床,但是市场上没有相同的和相似的A公司生产的车床,只有其他厂家生产的8米和12米直径的立式车床。统计数据表明,与评估对象使用年限相同的设备的售价都是重置成本的55%~60%,那么可以认为,评估对象的售价应该是其重置成本的55%~60%。

第三节 机器设备评估的收益法

机器设备评估的收益法也称收益折现法,是指通过预测机器设备的获利能力,对未来机器设备带来的净收益按照一定的折现率进行折现,以其净收益的现值之和作为被评估机器设备的价值的方法。

一、收益法的适用范围和前提条件

收益法主要适用于对机器设备的在用续用价值的评估。使用收益法评估机器设备价值的前提条件:一是该机器设备应具有独立的生产能力和获利能力,其净利润或净现金流量能够被合理评估;二是能够确定机器设备合理的折现率。大部分单项机器设备,一般都不具有独立获利能力,因此,单项机器设备通常不采用收益法进行评估。对于生产线、成套设备以及可以单独作业的车辆等具有独立获利能力的机器设备可采用收益法评估。收益法也可广泛用于租赁机器设备的评估,租赁设备的现金流量比较容易通过其租金收入确定,其折现率也可以通过机器设备的市场租价来估测,因此对租赁设备采用收益法进行价值评估比较可行。

二、收益法的基本公式

采用收益法对机器设备进行评估时,应合理确定其尚可使用年限、各年的净收益、折现率,其计算公式一般为:

$$P = \sum_{j=1}^{n} \frac{A_j}{(1+i)^j} \tag{5-5}$$

式中:P——评估值;
　　A_j——被估机器设备第j年的预测净收益;
　　i——折现率;
　　n——机器设备的收益年限。

当在收益期内各年的净收益相等时,其公式可以转换为:

$$P = A(P/A, i, n) \tag{5-6}$$

式中:P——评估值;
　　A——被评估设备年预测净收益;
　　i——折现率;
　　n——机器设备的收益年限。

三、收益法应用举例

下面以评估租赁机器设备为例介绍收益法的具体应用。收益法评估租赁机器设备的价值的一般程序如下。

第一步,根据被评估机器设备的状况,估计其剩余使用寿命,将其作为确定收益年限的依据。

第二步,对租赁市场上类似设备的租金水平进行市场调查,分析市场参照物设备的租金收入,经过比较调整后确定被评估机器设备的预期收益,调整的因素包括时间、地点、规格和役龄等。

第三步,根据类似设备的租金及市场售价确定折现率。

第四步,根据公式 5-5 或者公式 5-6 计算评估值。

【例3】根据收集到的相关资料,评估师决定用收益法评估某租赁设备。有关资料如下:

(1)评估师根据被评估机器设备的现状,确定该租赁设备的收益年限为 9 年。

(2)评估师根据市场调查分析,确定被评估设备的年租金净收益为 19 200 元。

(3)评估师通过对类似设备交易市场和租赁市场的调查,得到的参照物相关数据见表 5-4。

表 5-4　参照物相关数据

市场参照物	设备的使用寿命(年)	市场售价(元)	年收益(元)
1	10	44 000	10 500
2	10	63 700	16 700
3	8	67 500	20 000

分别把上述三个市场参照物的市场数据带入公式 $P=A(P/A,i,n)$，通过测试和插值法得到三个市场参照物的折现率分别为 20.01%，22.85% 和 24.48%。

$$(20.01\%+22.85\%+24.48\%)\div 3=22.45\%$$

选取 22.45% 作为被评估机器设备的折现率。则该设备的评估值为：

$$P = A(P/A,i,n) = 19\,200 \times (P/A, 22.45\%, 9)$$

查年金现值系数表得到 9 年期相关年金现值系数见表 5-5。

表 5-5　9 年期年金现值系数表

折现率	年金现值系数
22%	3.786 3
24%	3.565 5

通过插值计算可得到折现率为 22.45%，所对应的 9 年期年金现值系数为 3.736 7，则该设备的评估值为：

$$P = 19\,200 \times 3.736\,7 = 71\,744.64(元)$$

第四节　机器设备评估的成本法

机器设备评估的成本法也称重置成本法，是指根据被评估机器设备全新状态下的重置成本，扣减实体性贬值、功能性贬值和经济性贬值，来确定机器设备评估价值的一种评估方法。

成本法的基本计算公式为：

$$机器设备评估价值=重置成本-实体性贬值-功能性贬值-经济性贬值 \quad (5-7)$$

一、成本法的适用范围和前提条件

成本法充分考虑了资产的重置全价和各种贬值，一切以资产重置、补偿为目的的资产业务均适用，在清产核资中是最基本的评估方法，也是机器设备评估的一种常用方法。它通常适用于继续使用前提下的机器设备的评估。对继续使用前提下不具有独立获利能力的单台设备和其他设备的评估,均可采用成本法。在非继续使用前提下,若待评估机器设备无市场参照物,可按成本法评估思路加以评估,但对成本构成项目需要做必要调整,以取得非续用重估价值。

二、重置成本的估算

机器设备的重置成本通常是按照现行价格购建与被评估机器设备相同的全新设备所需的成本。机器设备相同包括完全相同和功能相同。因此,机器设备的重置成本可分为复原重置成本和更新重置成本。复原重置成本是指按现行的价格购建一台与被估设备完全相同的全新设备所需的成本。更新重置成本是指按现行的价格购建一台不论何种类型,但能提供相同功能的全新设备所需的成本。

复原重置成本和更新重置成本虽然都属于重置成本范畴,但二者在成本构成因素上却是有差别的。复原重置成本基本上是在不考虑技术条件、材料替代、制造标准等因素变化的前提下,仅考虑物价因素对成本的影响,即将资产的历史成本按照价格变动指数或趋势转换成重置或现行成本。更新重置成本是在充分考虑了技术条件、制造标准、材料替代以及物价变动因素变化前提下所确定的现行成本。因此,评估人员在评估时应准确把握所使用的重置成本的内涵,特别注意两种重置成本对机器设备功能性贬值及成新率的不同影响。根据《资产评估执业准则——机器设备》准则的要求,评估人员应当优先选用更新重置成本。一般来讲,复原重置成本仅在两种情况下适用:一种是技术进步较慢或新购建的设备,另一种是自制非标设备。前者是由于无形损耗对设备的价格影响不大;后者是由于缺乏可以参照的技术先进的设备。

机器设备的重置成本包括购建设备所发生的必要的、合理的直接成本、间接成本、资金成本及合理利润等。设备的直接成本一般包括:设备本体的购建费用,需要运输安装的设备的运杂费、安装费、基础费及其他合理成本;间接成本一般包括管理费、设计费、工程监理费、保险费等。直接成本一般与每一台设备直接对应,间接成本和资金成本有时不能对应到每一具体的机器设备上,它们可能是为整个项目发生的,在计算每一机器设备的重置成本时一般按比例摊入。机器设备的重置成本估算的基本公式为:

$$机器设备重置成本=设备本体的重置成本+安装费等相关成本费用+合理利润 \quad (5-8)$$

机器设备重置成本构成要素的具体内容与设备类型、安装方式等因素有关。例如,对于不需要安装的单台设备,其重置成本一般只包括购买设备的费用以及运杂费等;对于已安装在用的设备,其重置成本除了购买设备的费用以及运杂费之外,还包括设备的安装费、基础费等;对于进口设备和车辆,其重置成本还包括进口设备的从属费用、关税等费用。机器设备的重置成本的构成要素也与评估目的、评估假设前提有关,如机器设备在原地继续使用和移地使用时,其重置成本的构成要素是不同的。原地继续使用时,机器设备的重置成本一般包括设备运杂费、安装费、基础费等;移地使用时,重置成本一般不包括上述费用。所以,评估人员要根据评估对象的具体情况、评估目的等条件分析并合理确定重置成本的构成要素。

(一)设备本体重置成本的估算

设备本体的重置成本是指设备的购买价格或建造成本,不包括运输、安装等费用。

对于通用设备一般按照现行市场销售价格确定,或者通过其他方法计算确定;对于自制设备一般按照评估基准日的价格标准计算取得成本,包括直接材料费、燃料动力费、人工费、期间费用分摊、利润、税金以及非标准设备的设计费等。

设备本体的重置成本的测算方法主要有:直接法、物价指数法、重置核算法、综合估价法、重量估价法、功能价值类比法等。

1. 直接法

直接法是根据市场交易数据直接确定设备本体的重置成本的方法。使用这种方法的关键是获得市场价格资料,对于目前仍在生产和销售的大部分通用设备,其市场价格资料是比较容易取得的,因此多采用直接法。而非标设备、专用设备的价格资料往往很难从市场上直接取得,所以一般不采用该法。

市场价格资料的取得,可以通过直接向制造商或销售商询价获得,也可以从生产厂家或经销商提供的产品目录或价格表、正式出版的价格资料、广告、互联网上公开的价格信息等渠道获取。但是通过各种渠道获取的价格信息可能与设备的真实的价格有一定的差异,需要经过分析调整后才能使用。

评估人员需要考虑的因素主要有:机器设备的市场价格,制造商与销售商。不同销售商之间的售价可能是不同的,根据替代性原则,在同等条件下,评估人员应选择可能获得的最低售价;生产厂家或销售商的报价往往和实际成交价之间存在较大的差异,评估人员应注意了解近期成交价,剔除报价水分,注意折扣因素对成交价的影响,注意价格资料的时效性,所使用的价格资料应该反映评估基准日的价格水平。

2. 物价指数法

物价指数法是以设备的历史成本为基础,根据同类机器设备的物价变动指数来确定机器设备本体的现行重置成本的方法。对于二手设备,历史成本是最初使用者的购置成本,而非当前设备使用者的购置成本。对于无法取得设备现行购置价格或建造成本,也无法取得同类设备的购置价或建造成本的,可采用物价指数法确定被评估机器设备的重置成本。但是对于技术进步速度快,且技术进步对价格影响较大的设备,不宜采用物价指数法。

物价指数可分为定基物价指数和环比物价指数。采用物价指数法计算设备当前重置成本的公式为:

$$设备本体重置成本 = 设备原购建成本 \times \frac{评估基准日的定基物价指数}{设备购建时的定基物价指数} \quad (5-9)$$

或

$$设备本体重置成本 = 设备原购建成本 \times P_1^0 P_2^1 \cdots P_n^{n-1} \quad (5-10)$$

式中,P_n^{n-1}——n-1 年的环比物价指数。

在使用物价指数法确定评估对象的本体重置成本时,评估人员应注意以下问题:①选取物价指数应与评估对象相配比,一般采用评估对象的分类物价指数,不可采用综合物价指数;②应注意审查历史成本的真实性。在设备的使用过程中,其账面价值可能进行了调整,当前的账面价值已不能反映真实的历史成本;③物价指数法不但可以用来确定设备的本体重置成本,也可用来对其运杂费、安装费、基础费等其他重置成本进行计算,但上述费用的物价变化指数与设备价格变化指数往往是不同的,应采用各自的物价指数分别计算,特别是运杂费、安装费、基础费所占比例较大的锅炉、锻压机械等设备;④单台设备的价格变动与这类产品的分类物价指数之间可能存在一定的差异,因此,被评估设备的样本数量会影响评估值的准确度;⑤对于进口设备应使用出口国的分类物价指数;⑥物价指数法只能用于确定设备的复原重置成本,不能用于确定更新重置成本,在使用时应注意考虑设备的功能性贬值,特别是对于已经使用了很长时间的设备。

3. 重置核算法

重置核算法是通过分别测算机器设备的各项成本费用来确定设备本体重置成本的方法。该方法常用于确定非标准、自制设备的重置成本。

非标准、自制设备的本体重置成本通常由生产成本、销售费用、利润、税金组成。在常见的估价方法中,根据设备的性质特点,有依据设备材料费用来确定设备本体重置成本的估价方法,也有依据设备人工费用来确定本体重置成本的估价方法。

4. 综合估价法

综合估价法是根据设备的某一项或某几项最主要的费用,例如,主材费用和主要外购件费用与设备成本费用存在着一定的比例关系,通过确定设备主要费用,计算出设备的成本费用,并考虑企业利润、税金和设计费用等来估测设备本体的重置成本。

综合估价法的计算公式为:

$$设备本体的重置成本 = \left(\frac{主材费}{成本主材费率} + 主要外购件费\right) \times (1+成本利润率) \times$$
$$\left(1+\frac{非标准设备的设计费率}{非标准设备的生产数量}\right) \times (1+综合税率) \qquad (5-11)$$

(1)主材费。主要材料是指在设备中所占的重量和价值比例较大的一种或几种材料。主材费可按图纸分别计算出各种主材的净消耗量,然后根据各种主材的利用率求出它们的总消耗量,并按材料的市场价格计算每一种主材的材料费用。其计算公式如下:

$$主材费 = \sum \frac{某主材净消耗量}{该主材利用率} \times \frac{含税市场价}{1+增值税税率} \qquad (5-12)$$

(2)主要外购件费。如果主要外购件价值比重很小,可以以综合成本在成本主材费率中考虑,而不再将其单列为主要外购件。主要外购件如果要单列,其计算公式如下:

$$主要外购件费 = \sum \left(某主要外购件的数量 \times \frac{含税市场价}{1+增值税税率}\right) \qquad (5-13)$$

(3)综合税率。综合税率包括增值税税率、城市维护建设税税率和教育费附加率等。其计算公式为:

$$综合税率 = 增值税率 \times (1+城市维护建设税率+教育费附加率) \qquad (5-14)$$

【例4】某悬挂式水幕喷雾漆室为非标准自制设备,购建日期为2009年12月,评估基准日为2019年6月30日。根据被评估设备的设计图纸,该设备主材为钢材,主材的净消耗量为27吨,评估基准日钢材不含税市场价为3 500元/吨。另外所需主要外购件(电机、泵、阀、风机等)不含税费用为50 680元。主材利用率为90%,成本主材费率

为60%,成本利润率为15%,设计费率为16%,产量为1台。则该漆室重置成本的估算过程如下:

主材费:27/90%×3 500=105 000(元)

成本主材费率:60%

主要外购件费:50 680(元)

成本利润率:15%

若增值税税率为13%,城市维护建设税率为7%,教育费附加率为3%,则综合税率:14.3%

非标准设备设计费率:16%

非标准设备的数量:1(台)

$$设备重置成本=(105\,000/60\%+50\,680)\times(1+15\%)\times(1+16\%/1)\times(1+14.3\%)$$
$$\approx 344\,108(元)$$

5. 重量估价法

重量估价法是用设备的重量乘以综合费率,同时考虑利润和税金来确定设备本体的重置成本,并根据设备的复杂系数进行适当调整。综合费率根据相似设备的统计资料确定。

重量估价法的计算公式为:

$$设备本体的重置成本=设备的净重\times 综合费率+合理利润+税金 \qquad (5-15)$$

或

$$设备本体的重置成本=设备的净重\times 综合费率\times(1+利润率)\times(1+综合税率) \qquad (5-16)$$

该方法简单,估价速度快,适合材料单一、制造比较简单、技术含量低的设备重置成本的估算,如结构件和比较简单的大型冲压模具等。

6. 功能价值类比法

对于某些特定的设备,如化工设备、石油设备等,同一系列不同生产能力的设备的重置成本变化同生产能力变化之间呈某种线性或某种指数关系,功能价值类比法就是利用这种关系估算设备的重置成本。该方法是根据被评估设备的具体情况,寻找评估基准日同类设备的市价或重置成本,然后根据参照设备与被评估设备生产能力的差异,比较调整得到被评估设备的重置成本。其计算公式为:

$$设备重置成本 = 参照物设备现行成本 \times \left(\frac{被估设备生产能力}{参照物设备生产能力}\right)^x \qquad (5-17)$$

式中:x为规模指数,它用来反映资产成本与其功能价值之间的关系。$x=1$时,为线性关系;$x\neq 1$时,为指数关系。目前,我国比较缺乏这方面的统计资料。根据国外的一些参考资料,x的取值一般为0.4~1.2。评估人员使用该方法时,需要通过同类设备的价格资料分析测算。

【例5】被评估机器设备的年生产能力为100吨,选择的与评估对象具有相同性质和用途的全新参照物机器设备的年生产能力为120吨,参照物机器设备评估基准日的市场价格为96 000元,经分析该类设备的生产能力与成本之间呈线性关系,则:

$$被评估机器设备重置成本=96\,000\times 100/120=80\,000(元)$$

【例6】被评估生产线的年生产能力为60万吨,评估时选择了一套与被评估设备相似的新建生产线作为参照物,参照物生产线的年生产能力为 80 万吨,参照物机器设备评估基准日的重置成本为 3 000 万元,根据被评估生产线所在行业的经验数据,该生产线的功能价值指数为 0.7,则:

$$被评估生产线重置成本 = 3\,000 \times (60/80)^{0.7} \approx 2\,453(万元)$$

(二)设备运杂费的估算

从设备取得的渠道划分,设备分为国产设备和进口设备,设备运杂费的计算也分为国产设备运杂费和进口设备运杂费。

1. 国产设备运杂费

国产设备运杂费是从生产厂家或供货商到安装地点所发生的装卸、运输、采购、保管、保险及其他有关费用。设备运杂费的计算方法之一是根据设备的生产地点、使用地点以及重量、体积、运输方式,根据铁路、公路、船运、航空等运输部门的运输计费标准计算。另一种方式是将设备的原价的一定比率作为设备的运杂费率,以此来计算设备的运杂费。计算公式为:

$$国产设备运杂费 = 国产设备原价 \times 国产设备运杂费率 \tag{5-18}$$

国产设备运杂费率可以参照权威部门制定的机械行业国产设备运杂费率表提供的基本费率,结合评估对象的实际情况加以确定。

2. 进口设备国内运杂费

进口设备的国内运杂费是指进口设备从出口国运抵我国后,从所到达的港口、车站、机场等地,将设备运至使用目的地现场发生的港口费用、装卸费用、运输费用、保管费用、国内运输保险费用等各项运杂费,不包括在运输超限设备时发生的特殊设施费。其中,港口费用是指进口设备从卸货至运离港口所发生的各项费用,包括港口建设费、港务费、驳运费、倒垛费、堆放保管费、保管费、转单费、监卸费等。

进口设备国内运杂费可以按照有关运输部门的运输计费标准计算,也可以根据进口设备国内运杂费率估算。根据进口设备国内运杂费率计算,计算公式为:

$$进口设备国内运杂费 = 进口设备到岸价 \times 进口设备国内运杂费率 \tag{5-19}$$

进口设备的国内运杂费率可分为海运方式和陆运方式两种,相关的运杂费率可以参照有关部门制定的机械行业进口海运方式和陆运方式运杂费率表提供的基本费率,结合评估对象的实际情况加以确定。

(三)设备安装费的估算

设备的安装工程范围包括:①所有机器设备、电子设备、电器设备的装配、安装工程;②锅炉及其他各种工业炉窑的砌筑工程;③设备附属设施的安装工程,如与设备相连的工作台、梯子的安装工程;④设备附属管线的敷设,如设备工作所需的电力线路、供水、供气管线等;⑤设备及附属设施、管线的绝缘、防腐、油漆、保温等工程;⑥为测定安装工作质量进行的单机试运转和系统联动无负荷试运转。设备的安装费包括上述工程所发生的所有人工费、材料费、机械费及全部取费。设备安装费可按设备的安装费率计算。

1. 国产设备安装费

国产设备安装费计算公式如下:

$$国产设备安装费 = 国产设备原价 \times 国产设备安装费率 \tag{5-20}$$

公式中,设备安装费率可按所在行业概算指标中规定的费率计算。

2. 进口设备安装费

进口设备安装费可按下列公式计算:

$$\text{进口设备安装费} = \text{相似国产设备原价} \times \text{国产设备安装费率} \tag{5-21}$$

或

$$\text{进口设备安装费} = \text{进口设备到岸价} \times \text{进口设备安装费率} \tag{5-22}$$

由于进口设备原价较高,进口设备的安装费率一般低于国产设备的安装费率。机械行业建设项目概算指标中规定:进口设备的安装率可按相同类型国产设备的30%~70%选取,进口设备的机械化、自动化程度越高,取值越低;反之越高。一般来说,设备的价格很高,而安装很简单时,应低于指标;设备的价格很低,而安装较复杂时,应高于指标。

(四) 设备基础费的估算

设备的基础是为安装设备而建造的特殊建筑。设备基础费,是指建造设备基础所发生的人工费、材料费、机械费及其他费用。有些特殊设备的基础列入构筑物范围,不按设备基础计算。国产设备基础费计算公式如下:

$$\text{国产设备基础费} = \text{国产设备原价} \times \text{国产设备基础费率} \tag{5-23}$$

公式中,设备的基础费率可按所在行业颁布的概算指标中规定的标准值取值,行业标准中没有包括特殊设备的基础费率,应自行测算。

进口设备基础费的计算公式如下:

$$\text{进口设备基础费} = \text{相似国产设备原价} \times \text{国产设备基础费率} \tag{5-24}$$

或

$$\text{进口设备基础费} = \text{进口设备到岸价} \times \text{进口设备基础费率} \tag{5-25}$$

由于设备基础费与设备的原价并不呈线性关系,设备所属行业概算指标中规定的基础费率只是一个参考指标。例如,进口设备的原价较高,进口设备基础费并不一定同比例的高,因此,进口设备的基础费率一般低于国产设备的基础费率。机械行业建设项目概算指标中规定:进口设备的基础费率可按国产设备基础费率的30%~70%选取。再如,设备的机械化、自动化程度越高,基础费率取值越低;反之越高。

(五) 进口设备从属费用的估算

进口设备从属费用包括:国外运费、国外运输保险费、关税、增值税、消费税、银行财务费、外贸手续费,对车辆还包括车辆购置附加费等。

国外运费可按设备的重量、体积及海运公司的收费标准计算,也可按设备离岸价(FOB)的一定比率计算。近洋运输费率一般为3%~4%,远洋运输费率一般为5%~8%。

国外运输保险费可按设备离岸价和海运费之和乘以一定的费率计算,费率可根据保险公司费率表确定,一般在0.4%左右。

关税的计税基础为设备到岸价(CIF),其计算公式为:

$$\text{关税} = \text{设备到岸价} \times \text{关税税率} \tag{5-26}$$

消费税的计税基础为关税完税价+关税。其计算公式为:

$$\text{消费税} = (\text{关税完税价} + \text{关税}) / (1 - \text{消费税税率}) \times \text{消费税税率} \tag{5-27}$$

增值税的计税基础为关税完税价加关税加消费税。其计算公式如下:

增值税=(关税完税价+关税+消费税)×增值税税率　　　　(5-28)

根据规定,减免关税的同时减免增值税。

银行财务费可按设备的离岸价(FOB)乘以一定的费率计算而得,我国现行银行的财务费率一般为0.4%~0.5%。

外贸手续费按设备的到岸价(CIF)乘以一定的费率计算而得,我国进出口公司的进口业务收费率一般为1%~1.5%。

车辆购置税的计费基础为设备到岸价(CIF)加关税加消费税。

【例7】某进口设备离岸价为50万美元,国外运费率为4%,国外运输保险费率为0.4%,关税税率为20%,增值税税率为13%,银行财务费率为0.4%,公司代理费率为1%,国内运杂费率为1%,安装费率为0.6%,基础费率为1.6%。设备从订货到安装完毕投入使用需要2年时间,第一年投入资金的比例为30%,第二年投入资金的比例为70%。假设每年的资金投入是均匀的,银行贷款利率为5%,评估基准日美元兑人民币的汇率为1:6.8。试估算该设备的重置成本。

该设备的重置成本包括:①设备的货价;②海外运输费;③海外保险费;④关税;⑤增值税;⑥银行财务费;⑦公司代理手续费;⑧国内运费;⑨安装费;⑩基础费;⑪资金成本。计算过程见表5-6。

表5-6　设备重置成本的计算过程

项　目	计费(税)基础	费(税)率	计算公式	金额
①设备离岸价(外币)				500 000 美元
②国外海运费	FOB	4%	计费基数×海运费率	20 000 美元
③国外运输保险费	FOB+海运费	0.4%	计费基数×保险费率	2 080 美元
CIF(外币)				522 080 美元
CIF(人民币)	外币额	6.8	计费基数×汇率	3 550 144 元
④关税	CIF	20%	计税基数×税率	710 028.80 元
⑤增值税	CIF+关税	13%	计税基数×税率	553 822.46 元
⑥银行手续费	FOB	0.4%	计费基数×费率	13 600 元
⑦公司手续费	CIF	1%	计费基数×税率	35 501.44 元
⑧国内运杂费	CIF	1%	计费基数×税率	35 501.44 元
⑨安装费	CIF	0.6%	计费基数×税率	21 300.86 元
⑩基础费	CIF	1.6%	计费基数×税率	56 802.30 元
资金合计				4 976 701.30 元
⑪资金成本		5%	资金合计×30%×5%×(1÷2+1)+资金合计×70%×5%×(1÷2)	199 068.05 元
重置成本合计				5 175 769.35 元

三、实体性贬值的估算

机器设备的实体性贬值是由使用中的磨损和自然力的作用造成的机器设备的贬值。设备在使用过程中,零部件由于受到摩擦、撞击、振动或交变载荷等的作用,而产生磨损、疲劳等破坏,其结果是零部件的几何尺寸发生变化、精度降低、使用寿命缩短。另外,设备也会受自然界中酸、碱物质、雨水、高温等的侵蚀,出现腐蚀、生锈、老化、变质的现象。这样就使得设备的使用功能逐步下降,故障率不断上升,精度逐渐降低,维修费用不断上升,直至设备完全丧失使用价值。以上磨损均为有形损耗,其中,前者为使用过程中发生的损耗,这种在设备使用过程中产生的损耗与其工作负荷、工作条件、维修保养状况有关;后者为自然环境造成的损耗,这种损耗从设备制造完毕后就开始发生,即使设备没有投入使用,在闲置和存放过程中也会损耗,这种损耗与闲置存放的时间和存放的环境、条件有关。

设备实体性贬值的程度可以用设备实体性贬值率与成新率来反映,设备实体性贬值率是设备的价值损失与重置成本的比率,成新率是设备现行价值与重置成本的比率,其计算公式为:

实体性贬值率=设备的实体性贬值/设备重置成本=1-成新率 (5-29)
成新率=考虑设备实体性贬值的现行价值/设备重置成本=1-实体性贬值率 (5-30)

设备实体性贬值率和成新率是同一事物的两个方面,估测设备实体性贬值率或成新率的方法通常有观察法、使用年限法、修复费用法。

(一)观察法

设备的磨损通常会引起一些外在状态或使用情况的变化,如震动和噪声增大、温度升高、精度下降、生产能力下降、能耗增高、故障率升高等。观察法就是评估人员通过现场观察或基础检测,查阅机器设备的历史资料,向操作人员询问等方法,了解设备的使用情况、实际技术状况、故障率、负荷程度、磨损率、维修保养情况等,对所获得的信息进行分析、归纳、综合,依据经验判断设备的磨损程度或成新率。采用观察法估算设备实体性贬值率或成新率时,要观察和收集以下信息:①设备的现时技术状况;②设备的实际已使用时间;③设备的正常负荷率;④设备的维修保养状况;⑤设备的原始制造质量;⑥设备的重大故障(事故)经历;⑦设备的大修、技改情况;⑧设备的工作环境和条件;⑨设备的外观和完整性。

在不具备测试条件的情况下,观察法是最常用的方法。表5-7为美国评估协会使用的实体性贬值率参考表。

表5-7 美国评估协会使用的实体性贬值率参考表

设备状态		贬值率(%)
全新	全新,刚刚安装,资产状态极佳	0
		5
很好	很新,只轻微使用过,无须更换任何部件或进行任何修理	10
		15

续表

设备状态		贬值率(%)
良好	半新,但经过维修或更新,处于极佳状态	20
		25
		30
		35
一般	旧资产,需要进行某些修理或更换一些零部件,如轴承之类	40
		45
		50
		55
		60
尚可使用	处于可运行状况的旧资产,如更换运动机件或主要结构件	65
		70
		75
		80
不良	需要进行大修理的旧资产,如更换运动机件或主要结构件	85
		90
报废	除了基本材料的废品回收价值外,没有希望以其他方式出售	97.5
		100

评估大型设备时,为了减少个人主观判断的误差,可采用德尔菲法或模糊综合判断法。德尔菲法是在个人判断和专家会议的基础上形成意见的直观判断法,它是采取匿名方式征求专家意见,并将他们的意见加以综合、归纳、整理,然后反馈给各个专家,作为下一轮分析判断的依据,直到经过几轮反馈,意见逐步趋于一致为止。模糊综合判断法是利用模糊数学原理,对各种模糊信息进行处理,量化损耗状态的方法。

(二)年限法

年限法是从使用寿命角度来估算贬值,也称为使用年限法或寿命比率法。这种方法假设机器设备在其整个使用寿命期内的实体性贬值率与其已使用年限成正比,并具有线性关系。因此,设备的实体性贬值率可以用已使用寿命与总使用寿命之比来表示。若不考虑残值,其计算公式为:

$$实体性贬值率=已使用寿命/总使用年限 \tag{5-31}$$

或者:

$$实体性贬值率=已使用年限/(已使用年限+尚可使用年限) \tag{5-32}$$

若考虑残值,则计算公式为:

$$实体性贬值率=已使用年限/总使用年限×(1-净残值率) \tag{5-33}$$

$$实体性贬值率=已使用年限/(已使用年限+尚可使用年限)×(1-净残值率) \tag{5-34}$$

上述表达式是计算实体性贬值率的典型算式,但是并不是所有的机器设备都是以

"年"为单位反映寿命的,如汽车的寿命用行驶里程反映,有些大型设备以工作小时反映寿命,大型建筑施工机械可按工作台班体现其寿命。尽管体现寿命的单位不同,但计算实体性贬值率的原理与按"年"计量的方法大致相同,因此统称为使用年限法。

从上面的计算公式可知,运用年限法计算实体贬值率取决于两个基本要素:即设备的已使用年限和尚可使用年限。设备的已使用年限与尚可使用年限之和为设备的总使用年限,即机器设备的使用寿命。

机器设备的使用寿命通常可以分为物理寿命、技术寿命和经济寿命。机器设备的物理寿命是指机器设备从开始使用到报废为止经历的时间。机器设备的技术寿命是指机器设备从开始使用到技术过时经历的时间。机器设备的经济寿命是指机器设备从开始使用到因经济上不合算而停止使用所经历的时间。所谓经济上不合算,是指维持机器设备的继续使用所需要的维持费用大于机器设备继续使用所带来的收益。经济寿命与机器设备本身的物理性能以及物理寿命、技术进步速度、设备使用的外部环境的变化等因素有直接的联系。

当采用机器设备总使用年限估算设备的成新率或实体性贬值率时,通常首选机器设备的经济寿命作为其总使用年限,这是国际资产评估业常用的做法,但这并不排除把机器设备的物理寿命和技术寿命作为机器设备总使用年限的可能性。我们应根据设备评估的总体思路和总体要求,在保证机器设备评估值的各经济技术参数前后一致、协调的前提下,可以使用机器设备的物理寿命或技术寿命作为设备的总使用寿命。

机器设备的尚可使用年限,也称作机器设备的剩余使用寿命。下面就以机器设备的投资是否一次完成为例,将年限法分为简单年限法和综合年限法,分别介绍已使用年限和尚可使用年限的确定。

1. 简单年限法

简单年限法是假定机器设备的投资是一次完成的,没有更新改造和追加投资等情况的发生。

(1)机器设备已使用年限的确定。机器设备已使用年限是指机器设备从开始使用到评估基准日的日历时间,它是以设备的正常使用为前提的,即正常的使用时间和正常的使用负荷程度。由于设备在使用中负荷程度及日常维护保养差别的影响,已使用年限可分为名义已使用年限和实际已使用年限。名义已使用年限指会计记录记载的资产已提折旧的年限;实际已使用年限指资产在使用中实际磨损的年限。机器设备评估时,设备的申报资料往往是以财务数据为准的,会计记录的已提折旧年限并不完全等同于估测实体性贬值率中的设备已使用年限,所以,在计算机器设备贬值率时,一定要注意已提折旧年限与设备的实体损耗程度和评估的总体思路是否吻合,考虑机器设备的使用班次、使用强度和维修保养水平,据实估测其实际已使用年限。

实际使用年限可根据设备运行的记录资料,用下列公式计算:

$$实际使用年限 = 名义使用年限 \times 设备利用率 \tag{5-35}$$

设备利用率小于1,说明开工不足,设备实际使用年限小于名义使用年限;设备利用率大于1,说明设备超负荷运转,实际使用年限大于名义使用年限。

(2)机器设备尚可使用年限的确定。机器设备尚可使用年限是指从评估基准日开始到机器设备停止使用所经历的时间,即机器设备的剩余寿命。机器设备的已使用年限加上尚可使用年限就是机器设备总寿命年限。如果机器设备总寿命年限已确定,尚可使用年限就是总寿命年限扣除已使用年限的余额。机器设备的尚可使用年限受到已使用年限、使用状况、维修保养状况以及设备运行环境的影响,评估人员应全面分析考虑,以便合理确定机器设备的尚可使用年限。确定尚可使用年限通常有折旧年限法、寿命年限平均法、预期年限法等。

折旧年限法是参照机器设备的会计折旧年限,扣除已使用年限即为机器设备的尚可使用年限。折旧年限是指企业依据《企业会计准则》,按照各自所处行业和自身情况,综合考虑了机器设备物理使用寿命、技术进步因素、企业承受能力以及国家税收状况等因素确定的,因此具有一定的合理性。但由于设备实际使用强度和保养状况的不同,折旧年限并不等同于机器设备的总寿命年限,机器设备已折旧年限并不一定能全面反映出机器设备的磨损程度。因此,采用此法求取机器设备的尚可使用年限时,一定要注意折旧年限与机器设备的经济寿命、已折旧年限与设备的实际损耗程度是否相吻合,并注明使用前提和使用的条件。折旧年限法一般适用于较新的机器设备尚可使用年限和成新率的确定。机器设备尚可使用年限是折旧年限扣减已使用年限后的值。

寿命年限平均法是根据企业已退役的机器设备使用寿命年限的记录,按加权平均法确定机器设备的平均寿命年限,并以此作为被评估机器设备的总寿命年限,扣除已使用年限后即得尚可使用年限。该方法的运用前提是企业机器设备报废资料记录比较完整,被评估机器设备与已退役的机器设备使用负荷程度、维修保养以及运行环境等基本一致。

预期年限法也称为技术鉴定法,是应用工程技术手段现场检测设备的各项性能指标,确定设备的磨损程度,并向现场操作人员和设备管理人员了解设备的使用状况、维修保养状况及运行环境状况,凭专业知识判断确定尚可使用年限。对于已使用时间比较长、比较陈旧的机器设备以及超龄服役的机器设备尚可使用年限的确定一般采用此办法。预期年限法主观性较强,难度也较大,需要评估人员具有较强的专业水准和丰富的评估经验。

另外,值得注意的是,对于国家明文规定限期淘汰、禁止超期使用的设备,不论设备的现时状态如何,其尚可使用年限不能超过国家规定禁止使用的日期。

2. 综合年限法

综合年限法根据机器设备分次投资、进行过更新改造和追加投资,以及机器设备的不同构成部分的剩余寿命不相同等一些情况,经综合分析判断,采用加权平均计算法,确定被评估机器设备的已使用年限和尚可使用年限。

(1)综合已使用年限的确定。一台机器设备由于分次投资、更新改造、追加投资等情况,不同部件的已使用年限不同,要确定整个设备的已使用年限,应将各部件重置成本的构成作权重,对各部件不同的已使用年限进行加权平均,确定已使用年限。各部件已使用年限的确定同简单年限法下机器设备已使用年限的确定原理一致。

(2)综合尚可使用年限的确定。与已使用年限可能不同一样,机器设备不同构成部分的剩余寿命即尚可使用年限也可能有长有短。评估时,评估人员应按重置成本对各部件不同的尚可使用年限进行加权平均,来计算被评估机器设备的综合尚可使用年限。各部件的尚可使用年限的确定同简单年限法一样。

【例8】某企业自2009年购入一台设备,账面原值为30 000元,2014年和2016年进行两次更新改造,当年投资分别为3 000元和2 000元。2019年对该设备进行评估,假定:从2009年到2019年年通货膨胀率为10%,该设备的尚可使用年限经检测和鉴定为7年,试估算该设备的实体性贬值率。

第一步,调整计算投资成本,见表5-8。

表5-8 复原重置成本计算表

投资日期(年)	原始投资额(元)	价格变动系数	现行成本(元)
2009	30 000	2.60	78 000
2014	3 000	1.61	4 830
2016	2 000	1.33	2 660
合计	35 000		85 490

第二步,计算加权重置成本,见表5-9。

表5-9 加权重置成本计算表

投资日期(年)	现行成本(元)	已投资年限	加权重置成本(元)
2009	78 000	10	780 000
2014	4 830	5	24 150
2016	2 660	3	7 980
合计	85 490		812 130

第三步,计算加权已使用年限:

$$加权已使用年限 = 812\ 130/85\ 490 \approx 9.5(年)$$

第四步,计算实体性贬值率:

$$实体性贬值率 = 9.5/(7+9.5) \times 100\% \approx 58\%$$

(三) 修复费用法

修复费用法是以修复机器设备的功能使之达到全新状态所需要支出的金额作为估测被修复机器设备实体性贬值的一种方法。修复费用包括机器设备主要零部件的更换、改造、修复及停工损失等方面的费用支出。这种方法的使用前提是设备实体性贬值是可补偿性的,用于修复实体性贬值的费用就是设备的实体性贬值。例如,一台机床的电机损坏,如要修复该机床,必须更换电机,更换电机的费用即为机床的实体性贬值。

使用这种方法要注意区分可补偿性损耗和不可补偿性损耗。这里所说的可补偿性损耗,是指可以用经济上可行的方法修复的损耗。有些损耗尽管也是可以修复的,但是从经济上来讲是不划算的,这种损耗则为不可修复性损耗。不可修复性损耗不能用修复费用法来测定损耗,而应采用前述观察法或年限法确定实体性贬值。对于大多数情况,设备的可修复损耗和不可修复损耗是并存的,评估人员应分别计算它们的贬值,这两部分之和就是被评估设备的全部实体性贬值。实体性贬值率的计算公式为:

实体性贬值率=(可修复实体性贬值+不可修复实体性贬值)/设备复原重置成本　　(5-36)

【例9】对某企业的一台车床进行评估。该车床已使用5年,预计还可使用5年。经现场观察,现在需要对其控制系统及一部管道进行更换才能使用。经过市场调查得知,更换这些部件需投资200 000元。该车床的复原重置成本为1 000 000元,现在用修复费用法估算该车床的实体性贬值率。

该设备存在可修复性损耗和不可修复性损耗,控制系统和管道损坏是可修复性损耗,可以用修复费用法计算其贬值,贬值额等于其修复费用200 000元。另外,该设备已运行5年,可以用年限法确定因此引起的实体性贬值。所有实体性贬值的计算过程如下:

可修复性损耗引起的实体性贬值=200 000(元)
不可修复部分的实体性贬值率=5/(5+5)=50%
不可修复部分的复原重置成本=1 000 000-200 000=800 000(元)
不可修复损耗引起的实体性贬值=800 000×50%=400 000(元)
车床的实体性贬值率=(200 000+400 000)/1 000 000=60%

上述三种估算实体性贬值的方法,简单易行,可操作性强,在机器设备评估中得到广泛应用。但需要说明的是,具体选择哪种方法,应根据获取支撑每种方法的信息资料的多少以及评估人员的专业知识和经验等来加以选取。另外,在估算实体性贬值时还应注意实体性贬值是否包含功能性贬值和经济性贬值的因素,避免重复计算。

四、功能性贬值的估算

机器设备的功能性贬值是由于技术进步而引起的资产贬值。它包括两个方面,即超额投资成本造成的功能性贬值和超额运营成本造成的功能性贬值。超额投资成本造成的功能性贬值主要是由于新技术引起的设计、材料、产品工艺、制造方法、设备规格和配置等方面的变化和改进,购建新设备比老设备的投资成本降低,从而形成原有设备的功能性贬值。超额运营成本造成的功能性贬值主要是由于科学技术的进步,新制造的设备能耗低、效能高,在人力、物力等方面的消耗都比原有设备更为节省,致使新设备在营运费用上低于原有的设备,从而引起原有设备的功能性贬值。

(一)超额投资成本造成的功能性贬值的估算

超额投资成本造成的功能性贬值等于设备的复原重置成本与更新重置成本之间的差额,即:

超额投资成本造成的功能性贬值=设备复原重置成本-设备更新重置成本　　(5-37)

选择重置成本时,在同时可得复原重置成本和更新重置成本情况下,一般选用更新重置成本。如果估算的重置成本是更新重置成本,实际就已经将被评估设备价值中所包含的超额投资成本部分剔除掉了。对于大部分通用设备,重置成本一般根据现行市场价格确定,其价格中已经反映了超额投资成本造成的功能性贬值,故不用再计算超额投资成本造成的功能性贬值。如某型号台式计算机,一年前购置价为6 000元,技术进步使得电脑的生产成本降低,该电脑现行的市场价格为5 000元,如果使用现行市场价格作为重置成本,则不需要考虑超额投资成本造成的功能性贬值。

(二)超额运营成本形成的功能性贬值的估算

其计算公式一般为:

$$\text{超额运营成本形成的功能性贬值} = \sum_{j=1}^{n} \frac{A_j}{(1+i)^j} \qquad (5-38)$$

式中:A_j——被估机器设备评估基准日后第 j 年的净超额运营成本;
i——折现率;
n——被估机器设备的尚可使用年限。

分析研究设备的超额运营成本,应考虑下列因素:新设备生产效率是否提高、维修保养费用是否降低、材料消耗是否降低、能源消耗是否降低、操作工作数量是否降低等。超额运营成本形成的功能性贬值就是被估设备在未来使用过程中超额运营成本的现值。通常可按下列步骤估算。

(1)分析比较被评估机器设备的超额运营成本因素,计算每年的超额运营成本。
(2)确定被评估设备的尚可使用年限。
(3)确定被估企业适用的所得税税率,计算净超额运营成本。
(4)选择适当的折现率,计算设备尚可使用年限内每年净超额运营成本的折现值,加和计算超额运营成本形成的功能性贬值。

【例10】 某评估对象是一台机器设备,年正常运转能耗为15 000元,需5名操作人员。目前同类新式生产设备,年正常运转完成同样生产任务只需能耗为9 000元,所需操作人员2名。假定在运营成本的其他项目支出方面大致相同,操作人员每人平均年工资福利费约为10 000元。被评估机器设备预计尚可使用2年,所得税税率为25%,使用的折现率为10%。试估算该生产设备的功能性贬值。

(1)计算被评估机器设备的年超额运营成本:

能耗年超额运营成本 = 15 000 - 9 000 = 6 000(元)
人工年超额运营成本 = (5 - 2) × 10 000 = 30 000(元)

(2)计算被评估机器设备每年的超额运营成本净额

年超额运营成本净额 = (6 000 + 30 000) × (1 - 25%) = 27 000(元)

(3)计算机器设备的功能性贬值(即超额运营成本的折现值)

功能性贬值 = 27 000 × (P/A, 10%, 2) = 27 000 × 1.735 5 = 46 858.50(元)

五、经济性贬值的估算

机器设备的经济性贬值是由于外部因素引起的贬值。例如,国家有关能源、环境保护等限制使设备强制报废,缩短了设备的正常使用寿命;原材料、能源等提价,造成成本提高,而生产的产品售价没有相应提高,造成收益下降;由于市场竞争的加剧,产品需求减少,导致设备开工不足,生产能力相对过剩,设备利用率下降;等等。

(一)因设备使用寿命缩短而造成的经济性贬值的估算

随着环境保护法规越来越严格,有些机器设备在运行中会因污染环境而受到环境保护法的约束和管制,如限制产生污染的设备使用期限。因设备使用寿命缩短造成的经济性贬值可以采用年限法来估算。按照使用寿命缩短后的贬值率和使用寿命缩短前的贬值率的对比,确定因使用寿命缩短造成的经济性贬值。

【例11】某公司有一运输车辆,已经使用10年,按目前的技术状态还可以正常使用8年,但是由于环保、能源的要求,按照国家新出台的汽车报废政策规定该类汽车的最长使用年限为15年,因此该汽车5年后必须强制报废。

该汽车由于使用寿命缩短造成的经济性贬值的计算过程如下:

不考虑外部因素引起汽车使用寿命缩短的情况下,该汽车的贬值率为:

$$10/(10+8) \approx 55.56\%$$

考虑外部因素引起的汽车使用寿命缩短的情况下,该汽车的贬值率为:

$$10/(10+5) \approx 66.67\%$$

由此可知因使用寿命缩短引起的经济贬值率为11.11%。如果该汽车的重置成本为10万元,则经济性贬值为:

$$10 \times 11.11\% = 1.11(万元)$$

(二)因设备收益减少造成的经济性贬值的估算

由于原材料价格上涨、劳动力费用上升、能源成本增加等导致企业设备运营费用增加,或是竞争使产品降价销售等都可能导致设备创造的收益减少,使用价值降低,进而引起经济性贬值。

如果设备由于外界因素变化,造成的收益减少额能够直接测算出来的话,可直接按设备持续使用期间每年的收益损失净额折现累加得到被估设备的经济性贬值额。其计算公式为:

$$经济性贬值 = \sum_{j=1}^{n} \frac{A_j(1-T)}{(1+i)^j} \tag{5-39}$$

式中:A_j——被评估设备第j年的收益损失额;

T——所得税税率;

i——折现率。

如果该设备每年的经济损失额相同,则该公式可以表示为:

$$经济性贬值 = 设备年收益损失额 \times (1 - 所得税税率) \times (P/A, i, n) \tag{5-40}$$

【例12】某家电生产厂家有一条生产线生产彩色液晶电视,由于市场竞争和新产品的推出,该生产线生产的电视面临必须降价销售的处境。原产品的销售价格为2 000元/台,年生产量为10万台。经分析,现在必须把产品的价格降至1 900元/台,才能保证把产品全部卖掉。经估测,该家电生产线的尚可使用年限为3年,企业所在行业的投资报酬率为10%。该公司所得税税率为25%。试估算该生产线的经济性贬值。

$$经济性贬值额 = (100 \times 100\ 000) \times (1 - 25\%) \times (P/A, 10\%, 3)$$
$$= 7\ 500\ 000 \times 2.486\ 9 = 18\ 651\ 750(元)$$

(三)因设备利用率下降造成的经济性贬值的估算

当机器设备因外部因素影响出现开工不足、设备相对闲置,即设备的实际生产能力显著低于其额定或设计能力时,其价值也就低于能充分利用时的价值,也会出现经济性贬值。对于设备利用率下降造成的经济性贬值,可以通过比较设备目前实际生产能力和设计生产能力,用指数估价法计算其经济性贬值率,从而估算设备的经济性贬值额。

其数学计算公式为：

$$经济性贬值率 = [1-(实际使用生产能力/额定生产能力)^x] \times 100\% \tag{5-41}$$

上列公式中 x 为规模经济指数，对机器设备评估，其取值范围一般为 0.6~0.7。

$$经济性贬值额 = 重置成本 \times 经济性贬值率 \tag{5-42}$$

【例13】某冰箱专用生产线，原设计生产能力为 5 000 台/年。目前设备状态良好，技术也比较先进，但由于市场竞争激烈，该生产线开工不足，生产线的实际年产量为 2 500 台。这类设备规模经济效益指数为 0.65，求该生产线的经济性贬值率。

$$经济性贬值率 = [1-(2\ 500/5\ 000)^{0.65}] \times 100\% \approx 36.27\%$$

在评估实践中，机器设备的经济性贬值和功能性贬值有时是可以单独估测的，有时不能单独估测。这主要取决于在设备的重置成本和成新率测算中考虑了哪些因素。所以，在具体运用成本法评估机器设备时，应注意避免重复扣减或者漏评贬值因素。如果不能够单独评估各项贬值，评估师通常会应用技术手段估算机器设备的综合成新率，综合成新率与其重置成本的乘积即为其评估值。即

$$机器设备评估值 = 重置成本 \times 综合成新率 \tag{5-43}$$

思考题

1. 为什么要对机器设备进行分类？
2. 机器设备评估的特点是什么？
3. 确定机器设备评估范围时应注意哪些问题？
4. 机器设备评估的基本程序是什么？
5. 运用市场法评估机器设备的基本步骤是什么？
6. 市场法评估机器设备的具体方法有哪些？
7. 如何运用收益法对机器设备进行评估？
8. 机器设备的重置成本包括哪些内容？
9. 机器设备实体性贬值的估算方法有哪些？
10. 造成机器设备功能性贬值的因素有哪些？
11. 超额运营成本形成的功能性贬值如何估算？

练习题

1. 某企业 2014 年购置一台机器设备，该设备账面原值 350 000 元，其中：设备购价 300 000 元，基础及安装费 45 000 元，运杂费 5 000 元。评估基准日为 2019 年。已知：2014 年和 2019 年该类设备的定基物价指数分别为 120% 和 180%，基础及安装费的环

比物价指数为150%,按基准日价格标准重置,运杂费为12 000元。

要求:计算该机器设备的重置成本。

2. 评估资产为一台年产量为8万件甲产品的生产线。经调查,市场上现有的类似生产线成本为24万元,年产量为12万件。如果规模经济效益指数为0.8。

要求:计算该资产的重置成本。

3. 某设备自制于2015年,评估基准日为2019年6月30日。根据图纸可知该设备主材为钢材,钢材净消耗4.5吨,评估基准日不含税钢材市场价每吨2 616元,自制过程中消耗各种主要外购件不含税市场价为18 500元。该设备主材费利用率为90%,成本主材费率为60%,成本利润率为20%,设计费率为10%,产量1台,增值税、城建税、教育费附加等综合税率为18.7%。

要求:试用综合估价法计算该设备的重置成本。

4. 某被评估实验室设备已投入使用5年,按设计标准,在5年内应正常工作14 600小时。由于实验室利用率低,如果按一年365天计算,在过去的5年内平均每天只工作4个小时。经专家分析,若按正常使用预测,自评估基准日起该设备尚可使用15年。

要求:若不考虑其他因素,计算该设备的成新率。

5. 某企业已建成并使用了8年的机器设备,预计将来还能再使用10年。该机器设备评估时正在维修,其原因是数控系统损坏,必须更换才能使用。整个维修计划费用为50 000元,其中包括该机器设备停止使用造成的经济损失和清理、布置安全工作环境、拆卸并更换零部件的全部费用。该机器设备复原重置成本为400 000元。

要求:请用修复费用法估测该机器设备的实体性贬值率。

6. 被评估设备购建于2009年,账面价值30 000元,2014年和2017年进行两次技术改造,主要是添置了一些自动控制装置,当年投资分别为3 000元和2 000元,2019年对该设备进行评估,假设从2009年至2019年每年价格上升率为10%,该设备的尚可使用年限为8年。

要求:试根据所给条件估测被评估设备的成新率。

7. 某被评估设备目前已不再生产,该设备与更新后的新设备相比,在完成相同生产任务的前提下,多使用3名操作工人,每年多耗电100万度,如果每名操作工人的工资及其他费用为每年1.8万元,每度电的价格为0.45元,自评估基准日起该设备尚可使用8年,折现率为10%,企业所得税税率为25%,不考虑其他因素。

要求:计算该设备的功能性贬值。

8. 现有一台与被评估设备A生产能力相同的新设备B,采用B比A每年可节约材料、能源消耗和劳动力等40万元。A设备尚可使用5年,假定年折现率为8%,该企业的所得税税率为25%。

要求:计算A设备的超额运营成本。

9. 被评估设备为2014年7月1日从德国引进的设备,原进口合同中的FOB价是20万欧元。2019年7月1日评估时德国生产厂家已不再生产这种设备了,其替代产品的FOB报价为35万欧元,而国内其他企业2019年从德国进口设备的FOB价格为30万欧元。境外运杂费约占FOB价格的5%,保险费约占FOB价格的0.5%,被评估设备所在企业,以及与之发生交易的企业均属于进口关税、增值税免税单位,银行手续费按 FOB 价格的 0.8% 计,国内运杂费按 CIF 价格加银行手续费之和的 3% 计算,安装调试费含在设备价格中不再另行计算,被评估设备尚可使用 5 年,评估时人民币与欧元的汇率为 7.796 0:1。

要求:根据上述数据估测该进口设备的续用价值。

10. 某被评估机器设备为 6 年前购进的生产甲产品的成套设备。评估人员通过对该设备的考察及对市场上的同类设备交易情况的了解,决定采用市场法对其进行评估。在评估过程中,选择了两个近期交易的、与被评估设备类似的设备作为参照物。参照物与被评估设备的一些具体可比因素如表 5-10 所示。

表 5-10　被评估设备与参照物的可比因素比较表

序号	可比因素	计量单位	参照物 I	参照物 II	被评估设备
1	销售条件		公开市场	公开市场	公开市场
2	交易时间		一年前	2个月前	
3	出厂厂家		A 机床厂	B 机床厂	C 机床厂
4	额定年生产能力	台/年	40 000	60 000	50 000
5	已使用年限	年	8	5	5
6	尚可使用年限	年	12	15	15
7	成新率	%	60	75	75
8	交易价格	万元	100	250	

另外,根据收集到的资料,在新设备交易市场,A,B,C 三个制造商生产的某种相同产品的价格比为 1:1.2:1.4。同类设备现在的价格水平比一年前上涨了 10%,比 2 个月前上涨了 2%。该设备年生产能力每提高 1 万台,购建成本需增加 40 万元。

要求:试采用市场法确定该成套设备的评估值。

11. 评估某租赁公司的一台出租设备,评估基准日为 2019 年 6 月。该设备收益期限为 10 年,无残值,假定折现率为 10%。评估人员从租赁市场了解到与被评估设备类似的三个参照物的年租金信息,如表 5-11 所示。

要求:用收益法估测该设备的公平市场价值。

表 5-11　参照物的年租金信息

参照物	租金(元/年)
1	9 000
2	9 000
3	8 750

12. 被评估成套设备购建于 2009 年 12 月,账面价值 100 万元,2019 年 12 月对该

设备进行评估。经评估人员调查分析得到如下数据：

(1)从2009年到2019年，每年该类设备价格上升率为10%，而从2014年至2019年设备价格维持不变；

(2)该设备的月人工成本比其替代设备超支2 000元；

(3)被估设备所在企业的正常投资报酬率为10%，所得税率为25%；

(4)该设备在评估前使用期间的实际利用率仅为正常利用率的80%，经技术检测该设备尚可使用5年，在未来5年中设备利用率能达到设计要求。

要求：

(1)计算被估设备的重置成本及各项损耗；

(2)计算该设备的评估值(以万元为单位，计算结果保留两位小数)。

第六章

不动产评估

本章提要

本章系统介绍了不动产的概念、分类和特点，以及不动产评估的特点、程序和方法等。通过本章学习，学生应了解不动产价值影响因素，把握不动产评估特点和基本原则，熟悉不动产评估程序，掌握市场法、收益法和成本法在不动产评估中的具体应用，熟悉假设开发法，了解基准地价修正系数法和路线价法。

第一节 概述

一、不动产的定义和分类

（一）不动产的定义

不动产是指依照其物理性质不能移动或者移动将严重损害其经济价值的有体物。《不动产登记暂行条例》所称不动产，是指土地、海域以及房屋、林木等定着物。《担保法》所称不动产是指土地以及房屋、林木等地上附着物。《资产评估执业准则——不动产》所称不动产是指土地、建筑物及其他附着于土地上的定着物，包括物质实体及其相关权益，不包含海域、林木等。本章中的不动产定义与评估准则一致。不动产既是一种客观存在的物质实体，同时也是一项法律权利。

对于不动产评估来说，土地是指地球外壳的陆地表面及其地上空间和地下空间。建筑物包括房屋和构筑物两大类。其中房屋是指供人居住、工作、进行其他社会活动以及储藏物品等的工程建筑，一般由基础、墙、门、窗、柱和屋顶等主要构件组成。构筑物是指除房屋以外的工程建筑,如道路、水坝、隧道、水塔、桥梁、烟囱等。房屋建筑物基本组成有基础、主体承重结构和屋顶及围护结构。定着物是固定于土地或者建筑物,不能分离的有独立实用价值的物。不动产包括单纯的土地、单纯的建筑物,以及房地合一的不动产。

随着社会的发展,不同国家对地上一定高度的空间和地下资源是否附属于土地做出了不同的限制。在欧洲许多国家,土地所有权与地下资源所有权是分开的,规定地下资源属于政府,对地下资源的开采要向政府购买或将出售的收入与政府分成。在美国,土地所有者同时也拥有地下的一切财富,可以自由开采地下资源,或者将地下资源单独出售给别人。我国《宪法》第10条规定:"城市的土地属于国家所有。农村和城市郊区的土地,除由法律规定属于国家所有的以外,属于集体所有;宅基地和自留地、自留山,也属于集体所有。国家为了公共利益的需要,可以依照法律规定对土地实行征收或者征用并给予补偿。任何组织或者个人不得侵占、买卖或者以其他形式非法转让土地。土地的使用权可以依照法律的规定转让。"《土地管理法》第4条规定,国家实行土地用途管制制度。在我国,建设用地使用权人依法对国家所有的土地享有占有、使用和收益的权利,有权利用该土地建造建筑物、构筑物及其附属设施。

以不动产为客体的物权必须依法登记。我国《物权法》规定:"不动产物权的设立、变更、转让和消灭,经依法登记,发生效力;未经登记,不发生效力,但法律另有规定的除外。"

(二)不动产分类

1. 按物质形态分类

不动产按物质形态分类可分为土地、房屋、构筑物、土地定着物、在建工程、房地产开发项目等。

2. 按社会经济用途分类

不动产按社会经济用途分类可分为工业不动产,商业不动产,交通运输不动产,公用事业不动产,文教、科技和卫生不动产,行政事业机关不动产,生活住宅不动产,园林、风景游览区不动产,特殊不动产(如军事设施不动产、监狱、垃圾堆放处理场、公墓、火葬场不动产)等。

3. 按经济地理位置分类

不动产按经济地理位置分类可分为市中心不动产、一般市区不动产、近郊不动产、远郊不动产、边远不动产等。

4. 按开发程度分类

不动产按其开发程度可分为生地、毛地、熟地、在建工程、现房等。生地是指已经完成征用,不具备城市基础设施的土地。毛地是指城市基础设施不完善、地上有待安置拆迁房屋的土地。熟地是指具备完善的城市基础设施,土地平整能直接进行建设的土地。在建工程是指正在建设尚未竣工投入使用的不动产。现房是指已经通过交付标准的各项验收,可以正式入住的不动产。

5. 按建筑物承重结构分类

不动产中的建筑物按其承重结构分类可分为四类。①钢结构。钢结构建筑物是指其承重构件(如梁、柱、屋架等)是用钢材制作的建筑物。②钢筋混凝土结构。钢筋混凝土结构建筑物是指其承重构件是用钢筋混凝土建造的建筑物。③混合结构。混合结构可进一步划分为砖混结构和砖木结构。砖混结构建筑物是指其主要承重构件(如柱、墙等)是由砖砌筑而成的建筑物；砖木结构建筑物是指其主要承重构件(如梁、柱、墙等)是由木材与砖构成的建筑物。④其他结构。凡不属于上述结构的建筑物均归入此类，主要有木结构、竹结构、竹木混合结构、石结构、窑洞、简易建筑物等。

另外，按照不动产的经济功能划分，可以分为生产经营和非生产经营两大类。按照建设标准可以分为豪华、中等、普通不动产等。

二、不动产的特点

(一)自然地理位置的固定性和经济地理位置的可变性

不动产的空间位置是固定的，不像其他资产可以随处移动。一幢房屋一旦建设完毕，其位置一般不能移动；即便移动，也是短距离的。

不动产的自然地理位置虽然固定不变，但土地作为社会经济资源，其经济地理位置却是可变的。随着社会经济的发展，不动产所在区域的交通条件、商业网点、周围环境等大都会发生变化，这些变化会影响土地的经济地理位置，进而改变土地的价值。

(二)长期使用性

不动产一般可以使用很多年，其寿命要大大长于其他资产。建筑物的使用年限可达数十年，同时建筑物还可以通过不断的翻修和更新来延长它的使用寿命；土地的使用具有永续性，即使土地上的建筑物损坏了，土地也不存在折旧。但是，评估不动产必须要注意我国土地使用权出让年限的约束。

(三)个体差异性

每一处具体的不动产都各不相同，其差异来自于不同的位置、环境、面积、建筑质量、装修等方面；即使是同一幢楼的不同房屋，也会有楼层、朝向、格局、景观等方面的差别。

(四)产权边界复杂性

一般来说，资产的产权边界是较清楚的。对于一个单项资产来说，其产权边界应划分得很清楚，要么是所有权，要么是使用权或者租用权等。但对建筑物来说，其产权边界就要复杂得多。在评估中会经常遇到同一幢建筑物具有多重产权属性的情况，如公私同幢、私私同幢等，或表现为在同一幢房产中既有部分所有权而另一部分又体现为租赁权。

(五)功能变异性

对于多数资产，其功能通常是固定的或不可改变的。这些资产是为了满足人们特定的生产、经营活动的需要。一经改变，其使用价值将随之消失。但建筑物不同，功能改变在很多情况下不仅不会降低，反而会提高其使用价值。如商业区的厂房、车间，临街工业用房改造成商业用房等，就极大地提高了这些房屋的使用价值。

(六)投资风险性

不动产投资量大、生产周期较长、空间位置固定、难以变现等造成了其投资风险性很大。

首先,不动产投资的数额都是可观的,不论是国家投资者、企业投资者或个人投资者,投资不动产都需要较大数额的资金;其次,不动产的生产周期较长,从取得土地到房屋建成销售,通常需要较长的时间,在此期间影响不动产价值的各种因素都有可能发生变化,都会对不动产的投资效果产生影响;最后,由于不动产无法移动,如果所在地区的市场供过于求,很容易造成不动产过剩和积压,使其难以变现。

三、影响不动产价值的基本因素

影响不动产价值的基本因素有自身因素和外部因素。不动产的自身因素包括实物状况、权益状况和区位状况三个方面的因素;外部因素包括社会因素、经济因素和政策因素等。

(一)自身因素

影响不动产价格的首先是其自身因素。下面分别分析影响不动产价值的实物状况、权益状况和区位状况三个方面的因素。

1. 影响不动产价值的实物状况因素

土地的实物状况主要表现在地块条件上。地块条件包括面积、宽度、临街长度、深度、形状、地貌、地质、四至、建筑覆盖率等。一般来说,地价与土地面积呈正向变化;地块的四角呈90度,四周边成直线的,便于使用,其效用要大于呈不规则形状的土地;坡度太大的土地,开发成本很大(仰角在30度以上的陡坡地多不能作为建筑用地);地质条件的优劣直接关系到构筑地面、地下建筑和种植作物的可能性、难度和成本。

建筑物的实物状况主要表现在建筑物的面积、结构、材料、设备、施工质量等方面。①建筑面积。建筑物面积的大小直接影响建筑物价格,在评估实践中要注意面积的含义,通常提到的面积有建筑面积、使用面积、营业面积等概念,评估中一般采用建筑面积为计量面积。②建筑结构。建筑结构包括钢结构、框架结构、砖混结构等。建筑结构的不同会直接影响建筑物的建造成本及其寿命,从而影响建筑物的价格。③房屋装修。主要指门窗地板的用料情况,不同类型式样的房屋有不同要求的装修标准。如果房屋的装修标准超过或低于同类房屋标准,则可在原单价的基础上适当升高或降低房屋装修标准增减率。④附属设施。附属设施的完善程度将影响建筑物主体功能的发挥,同时,附属设施的耐用年限与建筑物主体的耐用年限也可能存在差异,在计算建筑物的成新率时要考虑这种差别。⑤施工质量。建筑物的施工质量好坏会影响其使用功能的正常发挥以及使用寿命,因此,施工质量高的房产投入成本大,其价格肯定会高些。⑥建成及投入使用时间。在计算建筑物的成新率时,建筑物的建成及投入使用时间是一个重要参数。⑦设计合理性。建筑物的设计是否合理,直接影响其使用价值。这也是评估中考虑其是否存在功能性贬值的重要因素。⑧建筑外观。建筑物的外观包括建筑式样、风格和颜色。建筑物的外观应与其用途、功能匹配,与所在地段协调。⑨房屋的折旧和完好程度。当房屋建成以后,不论使用与否,随着时间的延续,都会逐渐发生损耗,时间越长,损耗越大。

2. 影响不动产价值的权益状况因素

土地的权益状况主要表现在土地权利性质、权利限制及权证状况上。土地使用权出让最高年限按下列用途确定：①居住用地70年；②工业用地50年；③教育、科技、文化、卫生、体育用地50年；④商业、旅游、娱乐用地40年；⑤综合或者其他用地50年。一般来讲，可使用年限越长，不动产价值越高；权证齐全的不动产价值大于产权有瑕疵的不动产；商业用地价值大于工业用地等。

建筑物的权益状况主要表现在其产权的完整性。建筑物完整的产权是指其所有权，包括占有、使用、收益、处分的权利，其产权是否受到限制将直接影响其价值。在具备所有权的前提下，评估时通常还要考虑建筑物是否设置抵押、担保、典当、租赁等限制其产权的情形。

3. 影响不动产价值的区位状况因素。

建筑物及土地的区位状况主要表现在街道条件、接近条件、环境条件上。街道条件是指邻接街道的系统、结构、宽度等。接近条件是指交通设施、到车站的距离等。环境条件指商业群落状况、对顾客的吸引力、公共设施等。环境条件在总体上属于区域性条件，同时，被评估地块的位置，又决定了个别环境条件。

(二) 外部因素

1. 社会因素

社会因素即土地的社会特点。在评估不动产价格时，应主要考察以下社会因素：①城市发展规划。城市发展规划对城市规模、等级、用地的布局结构都会产生直接的预期效应，从而对不同城区土地的增值程度也必将产生极大影响。②经济地理环境条件。包括地块四周的自然景观和环境污染情况，以及市政设施和生活服务设施的齐备程度和质量等。③基础设施和道路交通状况。一块尚未铺筑基础设施的自然空地，待开发地和道路不畅、交通不便的土地或城市边缘的土地，其地价就较低；反之，地价就较高。

2. 经济因素

经济因素主要指不动产的经济效益。主要考虑五个因素：①土地生产力的级差。②市场供求状况。③受让方的支付能力。④土地增值。⑤地用性质。获得经济效益快而多的用地，估价就高，反之则低。因此，一般而言，经营性企业或个人用地的估价要高于非经营性企业或个人用地。对于同一宗土地而言，商业用地、住宅用地、工业用地的地价是递减的。

3. 政策因素

不动产评估要考虑政策因素的影响。主要有区域发展政策、住房政策、限购政策、信贷政策、税收政策等。例如，在评估中外合资经营企业用地费用时，应包括下列项目：①征用土地补偿费用；②原有建筑的拆迁费用；③人员安置费用；④中外合资企业直接配套的厂外道路、管线等公共设施应分摊的投资等因素。场地使用费总水平应随着经济发展、供求情况的变化和地理环境条件的变化适时进行调整。

上述影响不动产价值的各个因素由于与被评估土地的关系不同，从而影响力也不同。一般被分为一般因素、区域因素和个别因素。

一般因素是指对不动产有普遍影响的因素。社会因素、经济因素、政策因素、某些自然因素（日照、气候、温度、湿度、降雨量等）等在同一城市的各地段都是相同的，对一定区域内的所有不动产有相同的影响，从而在所有不动产的价格上均体现出来，在评估时一般无需作单独考虑。但是，不同区域内的不动产对比时必须作相应调整。

区域因素是指由于被评估不动产所处地区特性不同而影响不动产价值的因素。不同性质的不动产如住宅不动产、商业不动产、工业不动产等，影响其地价的区域因素是不同的。商业不动产的区域因素主要有：腹地的大小及其商业群落状况；顾客的来源及其购买力状况；顾客的交通手段与交通状况；竞争状况和开发潜力；土地规划和管理规定（如容积率、覆盖率、建筑密度、建筑式样、建筑高度等方面的规定）。工业不动产的区域因素主要有：干线道路、港口、铁路等运输设施的建设状况；电力供应和供水排水状况；劳动力的来源及其交通状况；与关联产业的相关位置；与生产紧密相关的气候、气象、地质、水文条件等。区域因素是对相同区域的不动产价格共同作用的因素，它对不动产评估的作用反映在同一区域的不动产价格可以类比，不同区域的不动产价格则必须调整。区域因素对不动产价格影响的强度很大。

个别因素是指对不动产自身价值有重大影响的自身因素。例如，土地面积、土地容积率、土地使用年期、房屋朝向、房屋楼层、房屋装修情况等。

企业所拥有的不动产通常在存货、投资性房地产、固定资产、在建工程以及无形资产等科目中核算，且可能存在同一不动产账面价值由多笔余额构成的情形。作为存货的房地产、投资性房地产和自用房地产等，其价值影响因素存在差异。在企业价值评估中，应当关注企业经营方式及不动产实际使用方式对不动产价值的影响。在企业价值评估中，不动产作为企业资产的组成部分，评估价值受其对企业贡献程度的影响。

四、不动产评估的基本原则

不动产评估是指资产评估机构及其资产评估专业人员遵守法律、行政法规和资产评估准则，根据委托对评估基准日特定目的下的不动产价值进行评定和估算，并出具资产评估报告的专业服务行为。不动产评估包括单独的不动产评估和企业价值评估中的不动产评估。

结合不动产的特点，不动产评估必须遵循以下基本原则。

（一）合法性原则

不动产估价中坚持合法性原则主要体现在合法产权（取得）、合法使用、合法处分等方面。①在合法取得方面，资产评估专业人员应当关注不动产的权属，收集相关的权属证明文件。对于没有权属证明文件的不动产应当要求委托人或者其他相关当事人对其权属做出承诺或说明。合法产权应以不动产权属证书和有关证件为依据，例如《不动产权证书》、《农村土地承包经营权证》、"五证一书"等。对产权不完整或受限制的不动产的评估，应注意它们与正常不动产之间的区别。如违法占地与合法用地、违章建筑与合法建筑等。②在合法使用方面，不动产评估应当在评估对象符合用途管制要求的情况下进行。政府关于不动产方面的法规和政策是比较多的。城市土地大都规划用途、容积率、覆盖率、建筑高度与建筑风格等，使用者要合规使用，评估要以规划要求为前提。例如，某宗土地城市规划限定为居住用途，即使该宗土地的坐落位置适合于商业用途,评估这宗土地的价格时也必须以该宗土地在作居住用途使用的前提下进行。③在合法处分方面,应以法律法规或合同等规定或允许的处分方式合法地处分不动产。例如,法律法规规定不能抵押的不动产就不可以以抵押为评估目的进行估价。

(二)最优利用原则

当不动产存在多种利用方式时,应当在合法的前提下,结合经济行为、评估目的、价值类型等情况,选择和使用最优利用方式进行评估。最优利用是指不动产在法律上允许、技术上可能、财务上可行并使其价值最大的利用方式,包括最佳的用途、规模、档次等。由于土地具有广泛的用途,而不同的用途会产生不同的经济效果。只要在合法的情况下,任何一个使用者都会选择最有效的土地用途作为不动产的利用方式。例如,某宗土地既可以作商业用途,也可以作住宅用途,如果作商业用途能够获得最大的收益,则估价时以商业用途使用为假设前提,反之则以作为住宅用途使用为前提。

(三)替代原则

不动产估价中的替代原则可概括为:不动产价格水平由具有相同性质的替代性不动产的价格所决定;不动产价格水平是由最了解市场行情的买卖者按市场的交易案例相互比较后所决定的价格来确定;不动产价格可通过比较其相关条件及使用价值来确定。但是,因为不动产的个别性,其替代性是有限的。因此,要求估价结果与估价对象的类似不动产在同等条件下的价值或价格偏差在合理范围内。

(四)贡献原则

不动产的价值是由土地及建筑物等构成因素同作用的结果,其中某一部分带来的价值,对总价值而言是部分与整体之间的关系。估价时,可以分别估算土地、建筑物价格,进而评估整个不动产价值,也可根据整个不动产价值及其他构成部分的价值,扣除建筑物(土地)价值来估算土地(建筑物)价值。评估师应当注意到建筑物对于其所占有的土地使用权存在价值减损的可能。如果建筑物对于其所占有的土地使用权存在价值减损情形,评估土地使用权价值时应当合理计算该损失金额并加以扣除。

五、不动产评估的一般程序

(一)明确评估基本事项

评估机构在接受不动产评估委托后,在评估委托协议中除了要明确评估收费、违约责任等事项外,还必须明确评估对象、评估目的和评估时点等具体事项。这是制订不动产评估方案,确定评估方法的前提。

1. 明确评估目的

明确评估目的就是要确定评估结果的具体用途,即为何种需要而进行不动产评估。明确评估目的不仅有助于明确评估方向,便于更好地确定评估对象和评估范围,同时也限制了评估报告的使用范围,也有助于评估人员选择恰当的评估价值类型和评估价值基础。不动产评估的主要目的包括:①国有土地有偿、有期出让和转让,其招标、协议、拍卖等底价的评估;②城市住房制度改革,出售、出租公房的评估;③不动产交易,包括买卖、租赁、拍卖、交换等价值的评估;④不动产征用,拆迁补偿和落实政策作价收购的价值评估;⑤不动产赠与、继承的价值评估;⑥不动产抵押、贷款、投保、索赔的价值评估;⑦不动产纠纷调解、仲裁和诉讼中的价值评估;⑧不动产计税价值的评估;⑨企业承包、合资、兼并、清算时不动产价值的评估。

2. 明确评估对象

明确评估对象主要确定以下四个方面的情况:第一,确定不动产的名称及区位。第二,从物质实体上明确土地面积、土地形状、临路状态、土地开发程度、地质、地形及水文状况;以及建筑物类型、用途、面积、层数、结构、装修、基础设施、取得时间、使用年限、维修保养状况等。第三,从权益状况看,要明确土地权利的性质、建筑物的权属、土地使用权的年限等产权性质和产权归属。另外,土地和建筑物有多种权利的状况,评估师要明确评估对象拥有所有权还是其他权利。第四,明确评估基准日。资产评估结果是某一具体时点的资产评估值,通常是用年、月、日表示。评估时,通常选择距离评估目的实现日较近的日期。

(二)拟订评估计划

在明确评估的基本事项的基础上,应当对评估项目进行充分分析,拟订评估计划。具体包括:根据评估对象和评估目的,以及可能搜集到的数据资料,初选评估方法和评估的技术路线,并确定评估人员及其分工;按评估的要求和评估方法调查搜集数据资料;拟订作业步骤和作业时间表;初算评估成本。评估计划的合理制订,有助于提高工作效率和评估质量,规避评估风险。

(三)现场调查

现场调查是不动产评估工作最重要的环节之一。不动产市场是地域性很强的市场,不动产交易都是个别交易,非经现场调查难以对不动产进行评估。现场调查必须对评估对象及其涉及资产的法律权属状况给予必要的关注,对评估对象及其涉及资产法律权属资料进行查验,检查土地产权是否清楚,有无纠纷,土地产权性质是出让还是划拨,宗地划分是否合理,四至是否明确,是否存在他项权利等;调查待估宗地所在地域的自然条件、行政区划、经济发展、城市规划与城市性质、产业政策(与估价对象相关类型的产业分布、产品销售及有关优惠政策)和税收政策等。不动产评估人员必须到评估现场进行实地勘查,了解弄清地块的形状、坡度、面积、地质、水文、地上物和地下物的布设状况、交通状况、经济地理环境、临街区位及建筑物的结构、类型、式样、层高、朝向、完好程度和装修使用情况等。在勘测、丈量、绘图的基础上,对委托方提供的和事先搜集到的有关资料进行核实和验证,进一步丰富和落实此项评估所需的数据资料。

(四)选用评估方法评定估算

在调查研究和资料分析的基础上,选择适当的评估方法,然后根据选定的评估方法对待估对象的价值进行评定估算。在不动产评估中,除了使用其他资产评估常用的市场法、收益法和成本法外,还可以根据具体情况运用基准地价修正法、假设开发法等。为保证评估结果的公平合理,一般以一种评估方法为主,同时以另一种或几种评估方法为辅,以相互验证,经过综合分析确定评估值。

(五)确定评估结果

运用多种评估方法对同一宗不动产进行评估,可能会得到多个评估结果。评估人员应当在充分分析论证评估资料可靠性和资料分析适当性,评估方法适当性和参数客观性的基础上给出评估的最终结果。

(六)撰写评估报告

评估报告是评估过程和评估成果的综合反映。评估报告不仅反映了不动产评估的最后结果,而且还说明了整个评估过程的技术思路、评估途径、评估方法和评估依据,以及评估结果使用的约束条件。

六、不动产评估中的常用术语

出让土地使用权:是指国家以土地所有者的身份将土地使用权在一定年限内让与土地使用者,并由土地使用者向国家支付土地使用权出让金的行为。

划拨土地使用权:是指土地使用者通过各种方式依法无偿取得土地使用权。

转让土地使用权:是指通过划拨或者出让方式从国家土地管理部门获得土地的使用者,将其持有的土地使用权再转移的行为,包括出售、交换和赠与。

三通一平:通电、通路、通水、土地平整。

五通一平:通电、通路、通给水、通信、通排水、土地平整。

七通一平:通电、通路、通给水、通信、通排水、通热力、通燃气、土地平整。

五证一书:国有土地使用证;建设用地规划许可证;建设工程规划许可证;建设工程施工许可证;商品房预售许可证;房地产开发企业资质证书。

建筑密度:指在一定范围内,建筑物的基底面积总和与占用地面积的比例(%),是建筑物的覆盖率。

容积率:项目用地范围内的地上总建筑面积(但必须是正负0标高以上的建筑面积)与项目净用地面积(总用地面积中扣除公用的道路、公共绿地、大型市政及公共设施用地等)的比值。

楼面地价:一定地块内分摊到单位建筑面积上的土地价格。土地价格等于楼面地价乘以容积率。

第二节 不动产评估的市场法

一、市场法的含义

市场法是不动产估价方法中最常用的基本方法之一,也是目前国内外广泛应用的经典估价方法。市场法是在同一市场条件下,以条件类似或使用价值相同的不动产交易实例与待估不动产加以对照比较,就两者之间在影响该不动产的交易情况、交易日期、区域因素及个别因素等的差别进行修正,求取待估不动产在评估基准日价值的一种方法。

市场法的理论依据,就是经济学中的替代原理。根据替代原理,在市场上任何经济主体都谋求以最小的代价取得最大利润或效用。因此,效用均等的物品或服务其价格应该相等,在一个完全竞争的市场上,两个以上具有替代关系的商品同时存在,商品的价格就会由于替代关系而相互竞争,最终促使商品的价格趋于一致。在不动产市场上也是这样,从理论上讲,效用相等的不动产经过市场的竞争,其价格最终会趋于一致。

市场法只要有类似不动产的适合的交易实例即可应用。因此在不动产市场比较发达的情况下,市场法得到广泛应用。在同一地区或同一供求范围内的类似地区中,与待评估不动产相类似的交易越多,市场法应用越有效。而在下列情况下,市场法往往难以适用:没有发生不动产交易或在不动产交易发生较少的地区;对某些类型很少见的不动产或交易实例很少的不动产,如古建筑等;对那些很难成为交易对象的不动产,如教堂、寺庙等;风景名胜区不动产;图书馆、体育馆、学校等。

二、基本公式

除了影响不动产价值的基本因素外,不动产最终的交易价值还取决于交易时的具体情况,包括交易人的经济实力、心理因素、博弈能力等。同一不动产在不同时点的交易环境也可能会发生变化。因此,交易情况、交易日期、区域因素及个别因素都是运用市场法时需要考虑的因素。通过交易情况修正,将可比交易实例修正为正常交易情况下的价格;通过交易日期因素修正,将可比交易实例价格修正为评估期日时的价格;通过区域因素修正,将可比交易实例价格修正为待估对象所处区域条件下的价格;通过个别因素修正,将可比交易实例价格修正为待估对象自身状况下的价格。个别因素中的容积率和土地使用年期,由于影响力较大,情况特殊,有时也拿出来单独进行修正。

市场法的基本计算公式是:
$$P = P' \times A \times B \times C \times D \tag{6-1}$$

式中:P——待估不动产评估价值;

P'——可比交易实例价格;

A——交易情况修正系数;

B——交易日期修正系数;

C——区域因素修正系数;

D——个别因素修正系数。

实际评估工作中,其计算公式为:
$$\begin{aligned} P &= P' \times A \times B \times C \times D \\ &= P' \times 100/(\ ) \times (\ )/100 \times 100/(\ ) \times 100/(\ ) \end{aligned} \tag{6-2}$$

式中字符含义同前,具体内容为:

$A = 100/(\ )$

　= 正常交易情况指数/可比实例交易情况指数

$B = (\ )/100$

　= 估价期基准日价格指数/可比实例交易时价格指数

$C = 100/(\ )$

　= 待估对象所处区域因素条件指数/可比实例所处区域因素条件指数

$$D = 100/(\quad)$$
＝待估对象个别因素条件指数/可比实例个别因素条件指数

在上式中,交易情况修正系数 A 中的分子 100 表示以正常交易情况下的价格为基准而确定可比实例交易情况的价格修正参数;交易日期修正系数 B 中的分母 100 表示以可比实例交易时的价格指数为基准而确定估价基准日的价格指数;区域因素修正系数 C 中的分子 100 表示以待估对象所处的区域环境为基准而确定可比实例所处区域环境的修正系数;个别因素修正系数 D 中的分子 100 表示以待估对象的个别因素条件为基准而确定可比实例个别因素条件的修正系数。

如果土地容积率、土地使用年期单独修正,则计算公式为:

$$P = P' \times A \times B \times C \times D \times 容积率修正系数 \times 土地使用年期修正系数 \qquad (6-3)$$

在这里需要说明的是,组成区域因素或个别因素中的各个因子都可以独立地扩展出来进行单独修正。

三、评估程序

运用现行市价法评估不动产价格,一般经过下列程序:收集交易资料,确定可比交易实例,因素修正,确定不动产价格。

(一)收集交易资料

采用市场法评估不动产时,应当收集足够的交易实例。收集交易实例的信息包括:①交易实例的基本状况,主要包括名称、坐落、四至、面积、用途、产权状况、土地形状、土地使用期限、建筑物建成日期、建筑结构、周围环境等;②成交日期;③成交价格,包括总价、单价及计价方式;④付款方式;⑤交易情况,主要有交易目的、交易方式、交易税费负担方式、交易人之间的特殊利害关系、特殊交易动机等。

运用市场法评估不动产的价格,必须有充裕的交易资料,这是市场法运用的基础和前提条件。这就要求评估人员在平时就要时刻关注不动产市场变化,随时搜集有关不动产交易实例。通过日积月累,得到足够的资料。交易案例太少,用市场法评估出的价格难免不够客观、合理,甚至会使市场法无法使用。

(二)确定可比交易案例

用作参照物的交易实例应当具备的条件包括:①在区位、用途、规模、建筑结构、装修档次、权利性质等方面与评估对象类似;②成交日期与评估基准日接近;③交易类型与评估目的相适合;④成交价格为正常价格或者可以修正为正常价格。

在进行一宗不动产价格评估时,需要针对待估不动产的特点,从平时搜集的众多不动产交易实例中选择一定条件的交易实例,作为比较参照的交易实例。比较实例选择是否适当,直接影响运用市场法评估的结果精度,因此对比较实例的选择应特别慎重。

(三)因素修正

采用市场法评估不动产时,应当进行交易情况修正、交易日期修正、区域因素修正、个别因素修正等。在评估实践中,单项修正幅度一般不超过20%,综合修正幅度一般不超过30%,可比实例交易价格修正值最高与最低值之比不超过1.2。

1. 交易情况修正

不动产的独特性,决定了不动产市场不能成为完全竞争市场,而是一个不完全竞争市场。在不动产市场上,不动产价格的形成往往具有个别性,因此运用市场法进行不动产估价,需要对选取的交易实例进行交易情况修正,将交易中由于个别因素所产生的价格偏差予以剔除,使其成为正常价格。不动产交易中的特殊情况较为复杂,主要有以下几种:①有特殊利害关系的相互间的交易,如亲友之间、有利害关系的公司之间、公司与本单位职工之间,通常都会以低于市价的价格进行交易。②交易时有特别的动机,这以急于脱手或急于购买最为典型。如有人为了扩大经营面积,收买邻近的建筑用地,往往会使交易价格抬高。③买方或卖方不了解市场行情,往往使不动产交易价格偏高或偏低。④其他特殊交易的情形,如土地增值税本应由卖主负担,却转嫁给了买主。⑤特殊的交易方式。

将特殊情况的交易修正到正常交易要因地制宜。上述第四种情况,只要通过计算即可。但其他一些交易,要测定其交易价格与正常价格发生偏差的程度,则相当困难。这种情况就往往依靠评估师对市场的了解以及丰富的评估经验来做出正确的判断。

通过交易情况修正,即将可比实例价格修正为正常交易情况下的价格。计算公式为:

$$交易情况修正系数 = 正常情况指数/可比实例情况指数 = P' \times 100/(\ ) \quad (6-4)$$

式中的分子 100 表示正常交易情况下的价格,如果可比实例交易时的价格低于正常交易情况下的价格,则分母小于 100,反之则大于 100。假如可比实例的交易价格较正常买卖价格偏低 2%,则

$$交易情况修正系数 = 正常情况指数/可比实例情况指数 = 100/98$$

2. 交易日期修正

交易实例的交易日期与待评估不动产的评估基准日往往有一段时间差。在这一期间,不动产市场可能不断发生变化,不动产价格可能升高或降低。因此需要根据不动产价格的变动率,将交易实例不动产价格修正为评估基准日的不动产价值。这就是期日修正。

不动产价格的变动一般用地价指数来表示。利用价格指数进行日期修正的公式如下:

$$交易日期修正系数 = 估价期基准日价格指数/可比实例交易时价格指数 \quad (6-5)$$

假如评估基准日和可比实例交易时不动产所在区域的定基地价指数分别 120% 和 150%,则

$$交易日期修正系数 = 评估基准日价格指数/可比实例交易时价格指数 = 150\%/120\%$$

3. 区域因素修正

对交易实例进行交易情况修正和交易日期修正后,还需要对交易实例进行区域因素修正。区域因素是影响不动产价格的重要因素,进行区域因素修正,是市场法的难点和关键之一。交易实例不动产与待估不动产如果不是处于同一地区,应将交易实例所处地区与待评估不动产所处地区的区域因素加以比较,找出由于区域因素的差别而引起的交易实例不动产与待评估不动产价格的差异,对交易实例不动产价格进行修正。

如果交易实例不动产与待评估不动产处在同一区位,则不必进行此项修正。区域因素修正可采用下式计算:

$$区域因素修正系数 = \frac{待估不动产区域因素条件指数}{可比实例区域因素条件指数} = 100/(\quad) \quad (6-6)$$

在修正公式中,如果可比实例的区域因素优于待评估不动产所处地区的区域因素,则分母大于100,反之则小于100。假如经调查分析,可比实例在商业零售区附近,交通便利,基础设施齐全,总体来讲,该可比实例所处地域的环境优于待评估不动产所处地域。本次评估设定待评估不动产所处地域因素值100,经综合判定,可比实例所处地域因素值为108。则

$$区域因素修正系数 = 100/108$$

4. 个别因素修正

对交易实例进行交易情况修正、交易日期修正和区域因素修正后,还需要对交易实例进行个别因素修正。个别因素修正是否适当,对不动产价格评估结果也有重大影响。将交易实例不动产与待评估不动产的个别因素加以比较,找出由于个别因素的差别而引起的交易实例不动产与待评估不动产价格的差异,对交易实例不动产价格进行修正。个别因素修正可用下式计算:

$$个别因素修正系数 = \frac{待估不动产个别因素条件指数}{可比实例个别因素条件指数} = 100/(\quad) \quad (6-7)$$

在修正公式中,如果可比实例的个别因素优于待评估不动产的个别因素,则分母大于100,反之则小于100。假如可比实例面积较大,有利于充分利用,故判定可比实例比待评估不动产价格高1%。则

$$个别因素修正系数 = 100/101$$

5. 容积率修正

容积率与地价相关关系并非呈线性关系,需根据具体区域的情况分析。容积率修正可采用下式计算:

$$容积率修正系数 = \frac{待估不动产容积率修正系数}{可比实例容积率修正系数} \quad (6-8)$$

假如可比实例的容积率为2,待评估不动产的容积率为4,该城市的容积率地价指数见表6-1。则

$$容积率因素修正系数 = 102/98$$

表6-1 某市容积率地价指数表

容积率	1	2	3	4	5
地价指数	96	98	100	102	104

6. 土地使用年期修正

土地使用年期的长短,直接影响土地收益的多少。土地的年收益确定以后,土地的使用期限越长,土地的总收益就越多,土地利用效益也越高,土地的价格也会因此提高。通过使用年期修正,可以消除由于使用期限不同而对不动产价格造成的影响。土地使

用年期修正系数按下式计算:

$$K = [1 - 1/(1+r)^m]/[1 - 1/(1+r)^n] \tag{6-9}$$

式中:K——将可比实例年期修正到待估对象使用年期的年期修正系数;

r——土地还原利率;

m——待估对象的使用年期;

n——可比实例的使用年期。

假如待评估空地使用年限20年,可比实例的使用年限为30年,土地还原利率为8%。则

$$土地使用年期修正系数 = [1-1/(1+8\%)^{20}]/[1-1/(1+8\%)^{30}]$$

(四)不动产价格的确定

对参照物成交价经过上述的交易情况修正、交易日期修正、区域因素修正、个别因素修正、容积率修正,以及土地使用年期修正,就可得到在评估基准日的待估不动产参考价值。

假如程序三中所有修正因素是同一可比交易实例与同一待估不动产对比的结果,该可比实例交易价格为2 000元/平方米,则

$$可比交易实例修正后的价格 = 2\,000 \times 100/98 \times 150\%/120\% \times 100/108 \times 100/101 \times 102/98 \times$$
$$[1-1/(1+8\%)^{20}]/[1-1/(1+8\%)^{30}] = 2\,080(元/平方米)$$

如果选取N个可比交易实例,就有N个修正价格。这些修正价格,不一定完全一致,但是我们要评估的不动产的价值却只能有一个。评估师可采用简单算术平均数法、加权算术平均数法、众数法、中位数法、混合法等,利用N个修正价格求取最终的不动产价值。

四、市场法应用举例

【例1】评估师接受委托拟评估某市城区内一块面积为20 000平方米的空地在2019年6月30日的市场价值。

评估师调查发现近期交易案例比较多,决定采用市场法评估该宗地价值。

第一步:确定三个可比交易实例,分析可比因素。因素条件说明表见表6-2。

表6-2 比较因素条件说明表

可比因素 \ 可比实例	待估宗地	参照物A	参照物B	参照物C
交易时间	2019.6	2019.5	2019.5	2019.5
土地位置	金水区和顺苑小区	金水区梦苑小区	金水区和顺苑小区	金水区裕华小区
交易情况	正常	正常	正常	正常
交易方式	出让	出让	出让	出让
土地用途	住宅	住宅	住宅	住宅
土地级别	六类	六类	六类	六类

续表

可比因素 \ 可比实例		待估宗地	参照物 A	参照物 B	参照物 C
土地使用年限		70年	70年	70年	70年
区域因素	交通条件	临主干道	临主干道	临主干道	临主干道
	环境质量	较好	较好	较好	较好
	集聚程度	中小型居住区	中型居住区	中型居住区	中型居住区
	基础设施	七通一平	七通一平	七通一平	七通一平
	规划限制	无	无	无	无
	公共设施配套	较好	较好	较好	较好
个别因素	宗地面积(m^2)	20 000	28 000	31 000	27 000
	宗地形状	规则长方形	近似规则长方形	近似规则长方形	规则长方形
	地上容积率	3.00	3.0	3.0	3.0
	工程地质条件	良好	良好	良好	良好

第二步，量化可比因素，编制比较因素条件指数表（见表6-3）。

表6-3 比较因素条件指数表

可比因素 \ 可比实例		待估宗地	参照物 A	参照物 B	参照物 C
交易时间		100	98	98	98
土地位置		100	100	100	99
交易情况		100	100	100	100
交易方式		100	100	100	100
土地用途		100	100	100	100
土地级别		100	100	100	100
土地使用年限		100	100	100	100
区域因素	交通条件	100	100	100	100
	环境质量	100	100	100	100
	集聚程度	100	101	101	101
	基础设施	100	100	100	100
	规划限制	100	100	100	100
	公共设施配套	100	100	100	100

续表

可比因素	可比实例	待估宗地	参照物 A	参照物 B	参照物 C
个别因素	宗地面积(平方米)	100	100	100	100
	宗地形状	100	100	100	100
	地上容积率	100	100	100	100
	工程地质条件	100	100	100	100

第三步，因素修正，估算参照物修正值(见表6-4)。

表6-4　因素比较修正系数表

可比因素	可比实例	参照物 A	参照物 B	参照物 C
	交易时间	100/98	100/98	100/98
	土地位置	100/100	100/100	100/99
	交易情况	100/100	100/100	100/100
	交易方式	100/100	100/100	100/100
	土地用途	100/100	100/100	100/100
	土地级别	100/100	100/100	100/100
	土地使用年限	100/100	100/100	100/100
区域因素	交通条件	100/100	100/100	100/100
	环境质量	100/100	100/100	100/100
	集聚程度	100/101	100/101	100/101
	基础设施	100/100	100/100	100/100
	规划限制	100/100	100/100	100/100
	公共设施配套	100/100	100/100	100/100
个别因素	宗地面积(平方米)	100/100	100/100	100/100
	宗地形状	100/100	100/100	100/100
	地上容积率	100/100	100/100	100/100
	工程地质条件	100/100	100/100	100/100
楼面地价(元/平方米)		480	470	450
修正后楼面地价(元/平方米)		485	475	459

第四步,运用简单算术平均法等,估算待估空地评估值。

$$待估空地楼面地价 = (485+475+459) \div 3$$
$$= 473(元/平方米)$$
$$土地单价 = 楼面地价 \times 容积率$$
$$= 473 \times 3.0$$
$$= 1\ 419(元/平方米)$$
$$土地总价 = 土地单价 \times 土地面积$$
$$= 1\ 419 \times 20\ 000$$
$$= 28\ 360\ 000(元)$$

第三节 不动产评估的收益法

一、收益法基本含义

收益法是指在评估不动产的价值时,运用某种适当的折现率或者资本化率,将预期的不动产未来各期的正常净收益折算为估价时点上的现值,求其之和来确定不动产价值的一种估价方法。

不动产收益法的理论依据是预期原理。根据预期原理,不动产价值取决于不动产在评估基准日之后获取的预期收益;不动产购买者必须一次性补偿不动产所有者失去的预期收益。

收益法适用于有收益的不动产价值评估,如商场、写字楼及公寓等。学校、机关等公用、公益性不动产价值评估一般不适用。

二、基本公式

$$P = (A/r) \times [1 - 1/(1+r)^n] \tag{6-10}$$

式中:P——不动产评估值;

A——不动产净收益;

r——不动产资本化率;

n——不动产收益年限。

当 $n \to \infty$ 时,不动产评估值 $P = A/r$。

上述公式中包含着三个假设前提:第一,不动产净收益可确定,且每年不变;第二,折现率或者资本化率固定,且大于零;第三,无论是否有限期,收益期是可确定的。

在评估实践中,不同情况下的收益法基本公式如下:

(一)房地合一的不动产评估

$$不动产评估值 = 不动产净收益/综合资本化率 \tag{6-11}$$

式中: 不动产净收益 = 不动产总收益 - 不动产总费用

不动产收益获取方式一般有出租、商业经营、生产经营等,其净收益的计算方式应根据具体收益方式确定相关项目。

$$综合资本化率\ r=(r_1p_1+r_2p_2)/(p_1+p_2)$$

式中：r_1——土地资本化率；

p_1——土地使用权价值；

r_2——建筑物资本化率；

p_2——建筑物价值。

(二) 单独评估土地价值的不动产评估

第一种情况：

$$土地使用权评估值 = 土地使用权净收益/土地资本化率 \qquad (6-12)$$

式中： 土地使用权净收益 = 土地总收益 - 土地总费用

评估实践中常通过不动产收益和建筑物收益评估土地收益。计算思路如下：

$$土地使用权净收益 = 不动产净收益 - 建筑物净收益$$

式中： 建筑物净收益 = 建筑物现值×建筑物资本化率

建筑物现值 = 建筑物重置价×成新率

或

建筑物现值 = 建筑物重置价 - 年贬值额×已使用年限

建筑物年贬值额 = (建筑物重置价 - 残值)/总使用年限

第二种情况：

$$土地使用权评估值 = 不动产价值 - 建筑物现值 \qquad (6-13)$$

(三) 单独评估建筑物价值的不动产评估

第一种情况：

$$建筑物评估值 = (不动产净收益 - 土地净收益)/建筑物资本化率 \qquad (6-14)$$

第二种情况：

$$建筑物评估值 = 不动产价值 - 土地使用权价值 \qquad (6-15)$$

上述公式均假定不动产收益年限为无限期。在具体评估活动中，评估师应合理确定不动产收益年限，进行相应的价值评估。

三、评估程序

第一步，收集不动产经营合同及相关财务资料。

第二步，计算不动产总收入。总收入是指不动产在合法前提下，最优利用可获取的总收入。例如，租金收入、押金利息收入等。

第三步，计算不动产的总费用。总费用是指利用不动产进行经营活动时的正常合理支出，主要包括不动产税金、维修费、管理费、保险费等。总费用不包括折旧费等项目。

第四步，计算不动产的净收益。不动产的总收入减去其总费用即可得到其净收益。

第五步，确定不动产收益期及相应的资本化率。

第六步，估算不动产价值。

四、收益法主要参数的估测

(一)不动产净收益的估测

不动产收益可以分为实际收益和客观收益。实际收益是指在目前现状下实际获得的收益。实际收益一般不能用于价值评估,因为个别人或个别企业的经营能力等对实际收益的影响较大。若以实际收益为基础进行还原计算,会得到不切合实际的结果。例如,城市中的一块空地,目前未作任何使用,实际收益为零,甚至是负数(因为要缴纳各种税费),但并不表示这块空地不具有收益价值。客观收益是排除了实际收益中特殊的、偶然的因素后所得到的一般正常收益,客观收益才能作为评估的依据。

客观收益是在不动产最优利用前提下取得的一般收益。面对情况复杂的不动产,在确定其收益时,必须与类似不动产收益作比较,对市场走势进行合理预测,考虑收益的风险性和可实现性,对不动产的未来收益进行合理估测。需要注意的是,在评估有租约限制的不动产时,租约期内的租金宜采用租约所确定的租金,并在评估报告中恰当披露租约情况,而租约期外的租金应当采用正常客观的租金。

(二)不动产收益年限的估测

不动产收益年限是指待估不动产从评估基准日开始,其收益能力延续的时间长度,通常以年为单位。不动产收益年限的确定要根据不动产的具体情况综合分析确定。

单独的土地的收益年限一般是土地的出让年限与已使用年限之差。无偿划拨方式取得土地的收益年限为永续年期。

单独的建筑物收益年限是建筑物总使用年限与已使用年限之差。建筑物总使用年限根据建筑物的建筑结构、建筑质量、使用和维修保养情况,以及建筑物的经济寿命综合分析后确定。建筑物已使用年限是从建筑物投入使用至评估基准日的时间。

房地合一评估的不动产收益年限应结合土地使用权剩余年限和建筑物剩余经济寿命来确定。如果土地使用权剩余年限小于或等于建筑物剩余经济寿命,则按照土地使用权剩余年限确定收益年限。如果土地使用权剩余年限长于建筑物剩余经济寿命,则按照建筑物剩余经济寿命确定不动产收益年限,估算不动产收益期内的收益现值,然后再加上土地使用权年限超出建筑物耐用年限的土地剩余使用年限价值的折现值。

(三)不动产折现率和资本化率的估测

不动产评估对象不同,投资风险水平不同,折现率也不尽相同。

1. 土地资本化率或者折现率

土地资本化率或者折现率也被称为土地还原利率。土地资本化率或者折现率是单独评估土地价值所采用的土地投资报酬率。对应的收益是土地自身的预期收益,不包括建筑物及其他不动产项目带来的收益。

折现率可以通过下列方法求得:

第一种,土地纯收益与价格比率法。搜集四种以上近期市场上发生交易的,且在交易类型上与待估土地相同或相似的交易案例,以交易案例的土地纯收益与其价格之比的平均值作为土地还原利率。其应用前提是土地交易市场发育充分,交易活跃,评估师拥有丰富的土地交易资料。

第二种,安全利率加风险调整值法。安全利率即无风险报酬率,可以选择银行一年期定期存款利率作为安全利率。风险调整值根据评估时社会经济环境对不动产投资的影响来确定,风险调整值可能是正值,也可能是负值。该方法简便易行,但风险调整主观性强。

第三种,投资风险与投资收益率排序插入法。这种方法的基本思路是:将社会上各种类型的投资及其收益率找出来,按收益率大小从低到高顺序排列,制成图表,评估人员再根据经验判断所要评估的土地的还原利率应该落在哪个范围内,从而确定出所要求取的还原利率。评估人员的经验包括将土地投资与近邻风险投资的比较分析。

由于土地类型、土地级别、土地权利、土地使用年限的不同,会引起不同土地之间的还原利率存在差别。评估人员在确定土地还原利率时,应运用自己掌握的还原利率的理论知识、实际评估经验等,做出合乎实际的判定。

2. 建筑物折现率

建筑物折现率是单独评估建筑物价值所采用的折现率。对应的收益是建筑物自身的预期收益,不包括土地及其他不动产项目带来的收益。

3. 综合折现率

建筑物折现率是估算房地合一不动产价值所采用的折现率。对应的收益是土地和建筑物共同带来的预期收益。

五、收益法应用举例

【例2】评估师接受委托估测某宗地土地使用权价值。该宗地是某公司于2009年12月31日以有偿出让方式取得的,土地使用权年限60年。公司2011年12月31日在此地块上建成一座砖混结构的写字楼,当时造价为每平方米2 500元,写字楼经济耐用年限为58年,残值率为2%。目前,该类建筑重置价格为每平方米3 000元。该建筑物占地面积为500平方米,建筑面积为1 000平方米。目前,该写字楼用于出租,每月平均实收租金为5万元。另据调查,当地同类写字楼出租租金一般为每月每建筑平方米100元,空置率为10%,每年需支付的管理费为年租金的3%,维修费为重置价的2%,土地使用税及房产税为每建筑平方米20元,保险费为重置价的0.2%,土地折现率及资本化率为7%,建筑物折现率及资本化率为8%。试根据以上资料评估该宗地2018年12月31日的土地使用权市场价值。

解:1. 计算总收益

总收益应该为客观收益而不是实际收益。

年总收益 = 100×12×1 000×(1-10%) = 1 080 000(元)

2. 计算总费用

(1)年管理费 = 1 080 000×3% = 32 400(元)

(2)年维修费 = 3 000×1 000×2% = 60 000(元)

(3)年税金 = 20×1 000 = 20 000(元)

(4)年保险费 = 3 000×1 000×0.2% = 6 000(元)

年总费用=(1)+(2)+(3)+(4)
= 32 400+60 000+20 000+6 000=118 400(元)

3. 计算不动产纯收益

年不动产纯收益=年总收益-年总费用=1 080 000-118 400=961 600(元)

4. 计算房屋纯收益

(1) 计算房屋年折旧费

年折旧费=建筑物重置价×(1-残值率)/总使用年限
= 3 000×1 000×(1-2%)/58=50 689.66(元)

(2) 计算房屋现值

房屋现值=房屋重置价-年折旧费×已使用年数
= 3 000×1 000-50 689.66×7=2 645 172.38(元)

(3) 计算房屋纯收益

房屋年纯收益=房屋现值×建筑物还原利率
= 2 645 172.38×8%=211 613.79(元)

5. 计算土地纯收益

土地年纯收益=不动产年纯收益-房屋年纯收益
= 961 600-211 613.79=749 986.21(元)

6. 计算土地使用权价值

土地使用权在2018年12月的剩余使用年期=60-9=51年

$$P = (A/r) \times [1 - 1/(1+r)^n]$$
$$= (749\ 986.21/7\%) \times [1-1(1+7\%)^{51}]$$
$$= 10\ 374\ 164\ (元)$$

本宗土地在2018年12月31日的土地使用权价值为10 374 164元。

第四节 不动产评估的成本法

一、成本法的含义

成本法即以土地开发所耗费的成本构成来确定土地价值的方法,也称重置成本法、成本逼近法,它是以开发该土地的使用权所耗费的各项费用之和为主要依据,再加上一定的利润和利息、应缴纳的税金和土地所有权收益等来确定土地价值的一种估价方法。

成本法的理论依据是生产费用价值论。根据该理论,卖方愿意接受的交易价通常不能够低于其付出的代价,包括直接费用、间接费用、税金、利润等。选用评估方法时,评估师要注意不动产的特殊性。不动产的价值更多地取决于它的效用,而不是投入的成本。因此,成本法在不动产评估中有一定的局限性。

成本法一般适用于新开发土地的评估,特别是土地市场发育不完善,土地成交实例不多,无法利用市场法等其他方法评估时采用。成本法同时适用于既无收益又很少有交易情况的公园、学校、公共建筑、公益设施等。

二、基本公式

不动产评估可以房地合一评估,也可以采用分估模式。工业类不动产通常采用分估模式,商业、住宅类不动产评估通常采用合估模式。

(一)房地合一评估时成本法的基本公式

不动产评估值＝土地取得成本＋开发成本＋管理费用＋销售费用＋销售税费＋投资利息＋开发利润
(6-16)

(二)房地分估时成本法的基本公式

$$不动产评估值＝土地评估值＋建筑物评估值 \quad (6-17)$$

式中：
$$土地价值＝土地取得费＋土地开发费＋税费＋利息＋利润＋土地增值收益 \quad (6-18)$$
$$建筑物评估值＝重置成本－实体性贬值－功能性贬值－经济性贬值 \quad (6-19)$$

或

$$建筑物评估值＝重置成本×成新率 \quad (6-20)$$

三、评估程序

第一步,搜集土地取得成本资料等。
第二步,搜集不动产开发成本资料等。
第三步,估算不动产重置成本。
第四步,估算不动产的各类贬值。
第五步,估算土地增值收益。
第六步,求取不动产评估值。

四、房地分估的土地使用权评估

根据土地使用权价值中的成本因素,估算土地评估值的基本公式如下：
$$土地评估值＝土地取得费＋土地开发费＋税费＋利息＋利润＋土地增值收益 \quad (6-21)$$
成本法评估土地价值的具体步骤如下。

(一)确定土地取得费

土地取得费是土地使用者为取得土地使用权而向原土地使用者支付的各项客观费用。新建项目获取土地,需征地或拆迁。《土地管理法》规定:征地费用应包括土地补偿费用、安置补助费以及地上附着物和青苗的补偿费、土地管理费、耕地占用税等。

征用耕地的土地补偿费,为该耕地被征用前3年平均产值的6~10倍;如征用的为城郊菜地,除缴纳耕地补偿费外,还应按国家有关规定缴纳新菜地开发建设基金,被征用土地上的附着物和青苗的补偿标准由各省、自治区、直辖市规定。征用耕地的安置补助费,按照需要安置的农业人口数计算。需要安置的农业人口数,按照被征用的耕地数量除以征地前被征用单位平均每人占有耕地的数量计算。每一个需要安置的农业人口的安置补偿费标准,为该耕地被征前3年平均年产值的4~6倍。但是,每公顷被征用耕地的安置补助费最高不得超过被征用前3年平均年产值的15倍。征用其他土地的土地补偿费和安置补助费标准，由各省、自治区、直辖市参照征用耕地的土地补偿费和安置补助费的标准规定。土地管理费一般按照土地补偿费和安置补助费总和的1%~4%确定。耕地占用税具体可根据当地政府规定来选定。各地区因人均耕地数量不同，耕地占用税也不同。人均耕地数量越少，税额越大。

（二）确定土地开发配套费

一般来说，土地开发费用还涉及基础设施配套费、公共事业建设配套费和小区开发配套费。基础设施配套常常概括为"三通一平"和"七通一平"。如为工业用地，"三通一平"只是最基本的条件，还不能立即上工业项目，只有搞好"七通一平"，项目才能正常运行。因此，作为基础设施配套费用应以"七通一平"为标准计算。公共事业建设配套费用主要指邮电、图书馆、学校、公园、绿地等设施的费用。这与项目大小、用地规模有关，各地情况不一，应视实际情况而定。小区开发配套费与公共事业建设配套费类似，各地应根据用地情况确定合理的项目标准。

（三）确定税费

土地取得和土地开发中缴纳的各税项之和，即为税费。主要包括契税、印花税、耕地占用税等。

（四）确定投资利息

投资利息就是资金的时间价值。在土地评估中，投资者贷款需要向银行偿还贷款利息，利息应计入成本；投资者利用自有资金投入，利息属于投资机会成本，也应计入成本。

成本法中，投资包括土地取得费和土地开发费两大部分，两部分资金的投入时间和占用时间不同。土地取得费在土地开发动工前即要全部付清，在开发完成并销售后才能收回，因此，计息期应为整个开发期和销售期。土地开发费在开发过程中逐步投入，销售后收回。若土地开发费是均匀投入则计息期为开发期的一半，其计算公式为：

$$利息额 = 投资总额 \times 0.5 \times 开发月数 \times 月利息率$$

（五）确定投资利润

投资的目的是为了获取相应的利润作为投资的回报，对土地投资，当然也要获取相应的利润。该利润计算的关键是确定利润率或投资回报率。利润计算的基数可以是土地取得费和土地开发费，也可以是开发后土地的地价。

（六）确定土地增值收益

土地增值收益主要是由于土地的用途改变或土地功能变化而引起的。由农用地转变为建设用地，新用途的土地收益将远高于原用途土地，必然会带来土地增值收益。由于这种增值是土地所有权人允许改变土地用途带来的，应归土地所有者所有。如果土地的性能发生变化后，提高了土地的经济价值，使土地收益能力增加，这个增加的收益，是由于土地性能改变而带来的，同样应归土地所有者所有。上述五项之和为土地成本价值，成本价值乘以土地增值收益率即为土地所有权收益。

（七）计算土地使用权评估值

对以上各项目估算结果核查分析，确认合理无误后，以上六项加和计算土地使用权评估值。

【例3】 某市经济开发区有一块土地,面积为 150 000 平方米,该地块征地费用(含安置、拆迁、青苗补偿费和耕地占用税)为每亩 10 万元,土地开发费为每平方千米 2 亿元,土地开发周期为两年,第一年投入资金占总开发费用的 35%,开发商要求的投资回报率为 10%,当地土地出让增值收益率为 15%,银行贷款年利率为 12%,试评估该土地的市场价值(税费略)。

(1) 计算土地取得费

$$土地取得费 = 10\ 万元/亩 = 150(元/平方米)$$

(2) 计算土地开发费

$$土地开发费 = 2\ 亿元/平方千米 = 200(元/平方米)$$

(3) 计算投资利息

土地取得费的计息期为 2 年,土地开发费为分段均匀投入,则:

$$土地取得费利息 = 150 \times [(1+12\%)^2 - 1]$$
$$= 38.16(元/平方米)$$

$$土地开发费利息 = 200 \times 35\% \times [(1+12\%)^{1.5} - 1] + 200 \times 65\% \times [(1+12\%)^{0.5} - 1]$$
$$= 12.97 + 7.58 = 20.55(元/平方米)$$

(4) 计算开发利润

$$开发利润 = [(1)+(2)] \times 10\% = [150+200] \times 10\% = 35(元/平方米)$$

5) 计算土地价值

$$土地单价 = [(1)+(2)+(3)+(4)] \times (1+15\%)$$
$$= (150+200+38.16+20.55+35) \times (1+15\%)$$
$$= 443.71 \times 1.15$$
$$= 510.27(元/平方米)$$

$$该宗地评估值 = 510.27 \times 15\ 000 = 7\ 654\ 050(元)$$

五、房地分估的房屋建筑物评估

房屋建筑物评估中的成本法是从建筑物的再建造或投资的角度,估算待估建筑物在全新状态下的重置成本,再扣减由于各种损耗因素造成的贬值,从而求得建筑物价值的评估方法。

应用成本法评估房屋建筑物价值时主要涉及四个基本要素,即重置成本、实体性贬值、功能性贬值、经济性贬值。

(一) 重置成本的估算

$$重置成本 = 建筑安装工程费 + 前期费用 + 其他费用 + 资金成本 + 税费 + 合理利润 \quad (6-22)$$

建筑安装工程包括土建工程和安装工程。土建工程费是指为建筑物工程而直接或间接耗费的各种材料和人工费用,一般包括直接工程费、间接工程费、计划利润、定编费、税金等。安装工程费包括直接费(给排水、采暖、电气等)、人工费、其他直接费、临时设施费、现场管理费、现场经费、管理费、劳动保险费、计划利润、税金等。在计算建筑安装工程费时,各项取费标准是根据评估对象所在地区的预算定额计算的。建筑物的工程量是根据决算资料计算的实际工程量。

前期费用一般包括规划和可行性研究费、工程设计费、人防工程设计费、地上附属物拆除费、工程标的编制费、工程招投标费、合同预审费、公证费等。建筑物的前期费用要根据具体评估对象及所在地的有关规定进行计算。其他费用包括企业管理费、质监费、管理费、白蚁防治费、人防费、消防费、绿地建设费等。这些费用有的按照工程费的一定比例收取,有的按照建筑面积收取。

资金成本是根据额定工期、平均投入资金及适当的贷款利率测算的建筑利息。在估算资金成本时应注意如下几个问题:①资金成本计算时建设工期是指正常建设条件下,完成整个建设项目的合理工期;②建设工期的计算与利息率的计算期要一致,如同为年或月;③计算资金投入时,通常按建设期内均匀投入进行测算。

税费是指在房屋开发建设过程中需交纳的土地使用税、契税,以及其他国家规定的税费。

合理利润是指为开发建设建筑物而应获得的平均利润。应该注意的是在计算工业用厂房时一般不考虑合理利润。

房屋建筑物重置成本的估算方法主要有以下三种。

1. 重编预算法

重编预算法是按工程预算的编制方法,对待估建筑按其成本构成项目重新估算其重置成本。根据待估建筑物工程竣工图纸,或者按评估要求绘制工程图,按照编制工程预算的方法,计算出工程量,然后结合现行的人工价格、材料价格、间接费标准等,计算直接费、间接费、利润、税金等,最后,把各项目值相加后得出建筑物重置成本。

重编预算法主要用于估算建筑物的更新重置成本。这种方法的特点是:①这种方法估算的重置成本准确性较高;②估算的工作量大;③是以新设计、新技术、新材料、新工艺为基础;④评估思路及所用经济技术参数符合评估更新重置成本的要求。

2. 预决算调整法

预决算调整法是以待估建筑物决算中的工程量为基础,按现行工程预算价格、费率将其调整为按现价计算的建筑工程造价,再加上间接成本,估算出建筑物重置成本。该方法假设建筑物原工程量是合理的,不需要对工程量进行重新计算,只需对建筑物预算价格及费率用评估基准日的标准取代建筑物购建时的标准,计算出调整后的工程决算造价,再加上按评估基准日现行标准计算的间接成本即可。预决算调整法的基本步骤如下:

第一步,取得完整的工程竣工决算、竣工图及竣工验收文件等资料,根据分项分部工程项目按基准日的工程预算价格、材料市场价格、间接费率等计算出建筑物的工程造价。

第二步,根据国家和地方规定的税费标准和实际情况计算出间接成本。

第三步,将估算出的建筑物工程造价加上间接成本作为建筑物的重置成本。

预算调整法相对于重编预算法效率更高一些。但是,此法要求委托方必须能够提供比较完整的建筑物工程预决算资料。这种方法主要适用于不宜采用价格指数调整法,以及因缺乏参照物而无法运用类比法的建筑物评估。

3. 价格指数调整法

价格指数调整法,是指根据待估建筑物的账面成本,运用建筑业产品价格指数或其他相关价格指数推算出建筑物重置成本的一种方法。价格指数法由于方法本身的缘故,在估算待估建筑物重置成本的准确性方面略显不足。大型、价高的建筑物评估一般不宜采用此法。此法一般只限于单位价值小、结构简单,以及运用其他方法有困难的建筑物的重置成本估算。

运用价格指数法评估建筑物重置成本时主要涉及两个基本要素,即待估建筑物账面原值和价格变动指数。待估建筑物账面原值可由待估建筑物的委托方提供,而价格变动指数的计算关键在于价格指数的选择。对于价格指数的选择,可参考建筑业产品价格指数,该指数基本上能反映出建筑产品价格变化的趋势。评估时要注意价格变动指数计算所选择的价格指数是定基价格指数,还是环比价格指数。

除了上述评估方法外,当评估对象竣工图纸和结算资料不齐全时,可采用类比系数调整法或者单方造价指数法进行评估。

(二)房屋建筑物实体性贬值的估算

房屋建筑物实体性贬值是指建筑物在使用过程中由物理、化学因素引起的,因人工使用或自然力影响而形成的价值损失。估算实体性贬值的方法主要有使用年限法和打分法两种。

1. 使用年限法

使用年限法是指利用建筑物的实际已使用年限占建筑物全部使用寿命(年限)的比率作为建筑物的实体性贬值率。

$$建筑物实体性贬值率=[已使用年限/(已使用年限+尚可使用年限)]\times100\% \quad (6-23)$$

运用使用年限法的关键在于测定一个较为合理的建筑物尚可使用年限。这就需要评估人员有相当丰富的实践经验。通常是以正常情况下同类建筑物的自然寿命年限为参考,结合国家制定的固定资产折旧年限等数据,以及待估建筑物的实际状态和维修保养状况估算待评估建筑物的尚可使用年限。建筑物的经济耐用年限与残值率参考值见表6-5。

表6-5 建筑物的经济耐用年限与残值率参考值一览表

序号	建筑物结构类型	不同使用环境下的经济耐用年限(年)			残值率(%)
		生产用房	受腐蚀的生产房	非生产用房	
1	钢结构	70	50	80	
2	钢筋混凝土结构	50	35	60	0
3	砖混结构	40	30	50	2
4	砖木结构	30	20	40	3~6
5	简易结构	10	10	10	0

2. 打分法

打分法是指评估人员借助于建筑物成新率的评分标准,分解建筑物整体成新率评分标准,以及按不同构成部分的评分标准进行对照打分,得出或汇总得出建筑物的成新率,再通过成新率来计算建筑物实体性贬值率的评估方法。

$$建筑物实体性贬值率=1-建筑物成新率 \tag{6-24}$$

建筑物成新率评分标准可参考原城乡建设环境保护部于 1984 年 11 月 8 日颁发的《房屋完损等级评定标准》,基本情况见表 6-6。该标准按房屋的结构、装修、设备等方面的完损程度,综合确定建筑物的成新率。

表 6-6 房屋完损等级评定表

完损等级	等级评定标准	成新率(%)
基本完好房	结构、设备、装修齐全完好,成色新,使用良好	80~100
基本完好房	基本完好,成色略旧,有少量或微量损坏,基本能正常使用	60~79
一般损坏房	有部分损坏或变形、老化,需进行大、中修理	40~59
严重损坏房	有明显损坏和变形,且不齐全,需进行大修理或翻修	40 以下
危险房	承重结构件已处于危险状态,随时有倒塌的可能	残值

采用打分法的关键,一是打分标准是否科学合理。二是评估人员对打分标准掌握和运用的水平。打分标准是固定的,而待估建筑物情况却是多样的。在一般情况下,评估人员及评估机构都要在统一打分标准基础上,根据实际情况,制定不同类型建筑物成新率评分修正系数,对按统一打分标准的评分进一步调整和修正。不同类型建筑物成新率评分修正系数见表 6-7。

表 6-7 不同类型建筑物成新率评分修正系数表

项目	钢筋混凝土结构			混合结构			砖木结构			其他结构		
	结构部分 G	设备部分 B	装修部分 S	结构部分 G	设备部分 B	装修部分 S	结构部分 G	设备部分 B	装修部分 S	结构部分 G	设备部分 B	装修部分 S
单层	0.85	0.10	0.05	0.70	0.10	0.20	0.80	0.05	0.15	0.87	0.03	0.10
二、三层	0.80	0.10	0.10	0.60	0.20	0.20	0.70	0.10	0.20			
四至六层	0.75	0.13	0.12	0.55	0.30	0.15						
七层以上	0.80	0.10	0.10									

成新率 = (结构部分得分×G + 装修部分得分×S + 设备部分得分×B) ×100%; G、S、B 可查表。

(三)房屋建筑物功能性贬值的估算

房屋建筑物的功能性贬值是指由于其用途、使用强度、设计、结构、装修、设备配备等不合理造成的建筑物功能不足或浪费形成的价值损失。

建筑物用途与强度不合理是相对于其所占用的土地的最优利用而言的。如果出现了建筑物用途及使用强度与其占有土地的最优利用不一致的情况,土地的最佳效用没有发挥出来,土地的价值就没有得到充分实现。但是,在资产评估中,土地使用权的评估通常是按最优利用为依据进行的,对土地与建筑物用途不协调所造成的价值损失一般是以建筑物的功能性贬值体现的。当建筑物的用途、使用强度等与其占用的土地的最优利用严重冲突的时候,甚至可能出现建筑物的功能性贬值超过其考虑了成新率后的重置成本。例如,繁华商业区的低矮非商业用建筑物的功能性贬值可能会很大,以至于出现建筑物部分的价值为负值,即建筑物不仅没有价值,反而由于拆迁还要扣减土地使用权的一部分价值。关于建筑物用途及使用强度与其占用土地最佳使用不一致、不协调形成的功能性贬值的量,从理论上讲,相当于建筑物所占土地的现实用途与其最佳使用之间的价值差。在具体测算建筑物由于用途、使用强度形成的功能性贬值时,还要考虑建筑物连同土地是房地合一评估,还是房地分估,再来分析判定其功能性贬值。

建筑物的设计以及结构上的缺陷,将导致建筑物不能充分发挥其应有的功能和最大限度发挥其效用。建筑物有效使用面积与其建筑面积的比例低于正常建筑物有效使用面积与其建筑面积的比例部分所形成的价值损失,也是建筑物的一种功能性贬值。

建筑物的装修、设备与其总体功能的不协调,会出现"超标准"和"档次不够"情况。这种两极分化的情况也会造成建筑物的功能性贬值。尤其是建筑物装修和设备"超标准"情况,豪华的装修以及与建筑物总体功能不协调的超一流设备,在增加建筑物使用价值不明显的前提下往往形成建筑物局部功能浪费。

无论是哪种原因形成的建筑物功能性贬值,在其测算过程中都要与建筑物重置成本测算及成新率测算一并统筹考虑,避免重复评估和漏评现象出现。

(四)房屋建筑物经济性贬值的估算

房屋建筑物的经济性贬值是指由于外界条件的变化而影响了建筑物效用的发挥,导致其价值贬损。从现象上看,建筑物出现经济性贬值,一般都伴随着利用率下降,如商业用房的空房率增加、出租面积减少、工业用房大量闲置等;从建筑物出现经济性贬值所造成的后果看,最终都会导致建筑物的收益下降。所以,在测算建筑物经济性贬值时,可参考下列公式进行:

$$建筑物经济性贬值=建筑物年收益净损失额/正常资产收益率 \qquad (6-25)$$

(五)求取房屋建筑物评估值

通过以上方法对重置成本及三项贬值的估算,最终可以计算出建筑物的评估值。

$$房屋建筑物评估值=重置成本-实体性贬值-功能性贬值-经济性贬值 \qquad (6-26)$$

在实际工作中,资产评估师对三项贬值分项评估并不容易,因此,往往以建筑物的重置成本为基础,综合考虑建筑物的各项贬值因素,用以下公式计算建筑物评估值:

$$建筑物评估值=重置成本×成新率 \qquad (6-27)$$

$$建筑物评估值=重置成本-年贬值额×已使用年限 \qquad (6-28)$$

公式 6-27 表现的方法称为成新率法,它是综合考虑建筑物的建造年代、新旧程度、功能满足度等各项因素后,确定其综合成新率,直接计算出建筑物价值的评估方法。

公式 6-28 中的年贬值额的计算方法有直线折旧法、余额递减法、年数合计法等。常用的方法主要是直线折旧法。

直线折旧法又称定额法,其假设在已使用年限内每年建筑物贬值额相等。每年贬值额根据建筑物重置成本与其净残值之差除以已使用年限得到。其公式为:

年贬值额=(重置成本-净残值)/耐用年限

=重置成本×(1-净残值率)/耐用年限 (6-29)

耐用年限=建筑物已使用年限+建筑物尚可使用年限 (6-30)

【例4】 待估对象是××省MMM化工厂的办公用房。该房屋建筑物是该厂自行建造的两层砖混结构房,外墙为涂料,内部均为中等装修,办公室地面铺地砖,墙面和顶面刷乳胶漆,铝合金窗、木门或防盗门,通风、采光良好,工程质量良好,房产的保养、维护状况一般。该房屋占地面积5 000平方米,建筑总面积8 000平方米,建设周期一年,建成于2014年底。要求评估该房屋2018年12月的市场价值。

第一步,选择评估方法。

因为该不动产无直接收益,也无成交案例,故选择成本法。评估计算公式:

不动产评估值=土地评估值+建筑物评估值

第二步,评估土地价值。

假定楼面地价为2 000元/平方米。

土地评估值=5 000×2 000=10 000 000元

第三步,估算办公楼建筑物评估值。

(1)重编预算法求取办公楼建设总造价。

被估办公楼建筑资料齐全,所以可采用重编预算法进行评估。评估师结合现场勘查结果,重新编制工程量清单,然后根据现行的《××省建筑工程预算定额》《××省安装工程消耗量定额》配套取值;根据《××省工程建设材料、设备价格信息》等计算得出建筑工程造价并计算建筑的前期工程费用及资金成本等费用,最终求取该不动产的重置价值。

套取工程定额及原材料、人工费等价格计算工程造价的过程略,建筑物重置成本计算见表6-8。

表6-8 建筑物重置成本计算表

序号	费用名称	计算公式	费(税)率	金额(元/m²)
1	土建及安装工程费			620.24
2	给排水及电气照明安装工程费			150.10
3	前期费用	[(1)+(2)]×费率	1.50%	11.56
4	其他费用	[(1)+(2)+(3)]×费率	4.00%	31.28
5	利息	[(1)+(2)+(4)]×利率×建设周期÷2+[(3)]×利率×建设周期	5.30%	21.86
6	开发利润	[(1)+(2)+(3)+(4)]×利润率	5%	40.66
7	重置单价	[(1)+(2)+(3)+(4)+(5)+(6)]		875.70

砖混结构重置单价取整为:876元/平方米。

(2)确定办公楼成新率。

综合成新率=勘查成新率×60%+理论成新率×40%

理论成新率=(1-已使用年限/设计规定使用年限)×100%，由于待估房屋为砖混结构非生产用房，建筑设计经济耐用年限为50年，至评估基准日已使用年限为4年。

$$理论成新率=(1-4/50)×100\%=92\%$$

现场勘查成新率用打分法确定，评估师根据对该建筑的实地详细勘查，并向有关管理人员询问该建筑的相关情况后，参照"房屋完损评定标准"分项确定建筑的现场勘查成新率。详细情况见表6-9。

表6-9 砖混结构厂房成新率计算表

序号	分项		标准分	勘查评分	评定依据
1	结构	基础	20	18	未发现明显不均匀下沉
2		承重构件	30	28	可见部分未发现明显变形
3		非承重结构	15	13	墙体基本完好
4		层面	20	18	防水未见渗漏
5		地面	15	14	面层存在一定磨损
		小计 F_1	100	91	$G=60\%$
1	装修	门窗	25	23	轻度变形受损
2		外墙	20	18	完好
3		内墙	20	18	一般性蚀落
4		顶棚	20	17	基本完好，局部老化剥落
5		其他	15	13	使用正常
		小计 F_2	100	89	$S=20\%$
1	设备	水卫	25	23	基本完好，个别轻微渗漏
2		电照	30	29	线路装置基本完好，设备可满足使用要求
3		暖通	35	33	设施设备完好
4		其他	10	8	使用正常
		小计 F_3	100	93	$B=20\%$
勘查成新率	$F_1G+F_2S+F_3B$			91.00%	

综合成新率的确定：

$$综合成新率=勘查成新率×60\%+理论成新率×40\%$$
$$=91\%×60\%+92\%×40\%$$
$$≈91\%$$

(3) 估算办公楼建筑物评估值。

$$办公楼建筑物评估单价=重置单价×综合成新率$$
$$=893 元/m^2×91\%$$
$$≈797 元/m^2$$

办公楼建筑物评估值=797×8 000=6 376 000(元)

第四步,估算不动产价值。

不动产评估值=土地评估值+建筑物评估值
=10 000 000+6 376 000
=16 376 000(元)

六、房地合一的不动产评估

房地合一评估不动产价值的基本公式如下:

$$不动产评估值=重置成本×成新率 \qquad (6-31)$$

式中:

$$重置成本=土地取得成本+开发成本+管理费用+销售费用+$$
$$销售税费+投资利息+开发利润 \qquad (6-32)$$

以上公式均假定建筑物已完工。如果评估对象是未完工不动产,其重置成本可以按照完工不动产的重置成本乘以不动产完工率的乘积来确定。

重置成本各部分内容如下:

(1)土地取得成本。主要包括土地取得手续费及税金。评估师应根据土地取得的方式确定不同项目的取得成本。

(2)开发成本。主要包括前期费用、基础设施建设费、房屋建筑安装工程费、公共配套设施建设费、开发期间税费等。

(3)管理费用。包括开办费、开发单位办公费等为组织和管理不动产开发经营而发生的必要支出。一般按照土地取得成本与建筑物开发成本之和的一定比例计算。

(4)销售费用。包括广告费、委托代销费等销售不动产而发生的费用。一般按照不动产价值的一定比例计算。

(5)销售税费。主要包括增值税、城建税、教育费附加等销售税金及附加,以及由卖方承担的印花税、交易手续费、产权转移登记费等。

(6)投资利息。包括土地取得成本、建筑物开发成本、管理费用、销售费用等支出而产生的利息。

(7)开发利润。开发利润按照不动产项目中土地取得成本、建筑物开发成本、管理费用、销售费用之和与行业平均利润率来确定。

重置成本和成新率的估算方法可参照房地分估的建筑物评估方法。

估算重置成本时需要注意项目的完整性,不要遗漏或重复。估算成新率时需注意尚可使用年限的确定应结合土地使用权剩余年限和建筑物剩余经济寿命来确定。如果土地使用权剩余年限小于或等于建筑物剩余经济寿命,则按照土地使用权剩余年限确定尚可使用年限。如果土地使用权剩余年限长于建筑物剩余经济寿命,则按照建筑物剩余经济寿命为基础测算成新率,成新率与重置成本的乘积,再加上土地使用权年限超出建筑物耐用年限的土地剩余使用年限的那部分价值。

第五节 不动产评估的假设开发法

一、假设开发法的含义

假设开发法,又称剩余法或预期开发法,是指将待估土地的预期开发价值,扣除正常开发费用、正常税金、利息及合理利润,来确定待估土地价值的一种估计方法。

假设开发法的基本思路是,开发商欲投资开发一宗土地,他购买这块土地进行开发的目的是将其出售并赚取利润,由于存在竞争,其投资只希望获取社会正常利润。因此,他首先得仔细研究这块土地的内外条件,如坐落位置、面积大小、周围环境、交通状况、规划所允许的用途、覆盖率、容积率等,然后进行最有效利用方式的设计,包括使用用途和使用强度,同时,预测开发完成最有效设计后的建筑连同土地一起转让或租赁出去的预计价格是多少,以及为了建造该建筑物发生的建设费用(包括设计费、建筑费、测量咨询费等)、投资利息(自有资金投入或银行贷款均考虑投资利息)、正常利润、租售费用和税费等。这样开发商就知道了他可能为取得这块土地所支付的最高价格是多少。这个最高价格等于楼价(预测的未来不动产混合价)减去开发建设费、投资利息、开发利润和其他税费后的余额。

假设开发法一般适用于待开发土地,包括未开发的生地经"三通一平"或"七通一平"变成熟地,在生地或熟地上开发建造建筑物然后出售或出租,以及对原有旧建筑物拆迁、重新进行土地开发等。

二、基本公式

假设开发法的计算公式表现形式较多,但根据假设开发法的基本思路,利用假设开发法评估土地使用权价值的基本公式是:

$$P = A - (B + C + D + E + F) \qquad (6-33)$$

式中:P——购置土地的价格;

A——开发完成后的不动产价值;

B——建筑费;

C——专业费用;

D——利息;

E——税费;

F——利润。

开发完成后的不动产价值(楼价),是土地建设后的房地混合价,包括售楼价或租楼价;建筑费为开发建设待估不动产所支出的建筑安装费用;专业费用为开发建设待估不动产所需要的测量、设计、工程预算编制等专业技术费用;利息是指全部预付资本的资金成本,全部预付资本包括买地价、建筑费和专业费用;利润为开发商全部投资的正常投资利润;税费包括不动产的租售费用及开发建设过程中及完成后应缴的各种税费,如土地使用税、土地增值税、城市维护建设税、教育费附加等。

三、评估程序

假设开发法通常用于待开发土地的价值评估,其评估程序如下:

(一)调查待估土地的基本情况

待估土地的基本情况包括:①土地位置;②土地面积大小、形状、平整情况、地质状态、基础设施状况、交通状况等;③不动产利用要求及限制性条件,如土地规定的用途、容积率、覆盖率、建筑高度等;④土地使用权的限制,如使用年限、可否续期,以及对转让、抵押等的有关规定。

(二)确定最佳的开发利用方式

确定最佳的开发利用方式包括确定土地用途、建筑容积率、覆盖率、建筑高度、建筑式样、建筑装修档次等。在选择最佳的开发利用方式中,最重要的是选择最佳的土地用途。土地用途选择,要考虑到这种用途的现实社会需要程度和未来发展趋势。

(三)估计建设期

不动产建设期包括整个土地开发过程周期,以及在土地开发过程的各不同时期的各项费用投入时间,目的在于考虑货币的时间价值。建设期可根据其他相同类型、同等规模的建筑物已有的正常建设期来估计确定。

(四)预测不动产售价

根据所开发不动产的类型,开发完成后的不动产总价可通过两个途径获得:

(1)对于出售的不动产,如居住用商品房、工业厂房等,可采用市场比较法确定开发完成后的不动产总价。

(2)对于出租的不动产,如写字楼和商业楼宇等,确定其开发完成后的不动产总价时,可采用市场比较法确定所开发不动产出租的纯收益,再采用收益还原法将出租纯收益转化为不动产总价。

(五)估测各项成本费用

(1)建筑费的估算。建筑费的估算可采用市场比较法和重置核算法确定,即通过同类建筑物当前市场的建筑费水平推算;也可根据建筑设计图纸,按国家规定的建筑工程预算定额和取费标准来测算。

(2)专业费用的估算。专业费用的估算一般根据建筑费用的一定比率估算,即:

$$专业费用 = 建筑费 \times 专业费用率 \qquad (6-34)$$

(3)利息的估算。利息的估算是根据全部预付资本的多少乘以适当的利息率,即:

$$利息 = (地价+建筑费+专业费用) \times 利息率 \qquad (6-35)$$

(4)利润的估算。利润的估算是根据全部预付资本的多少乘以适当的利润率,即:

$$利润 = (地价+建筑费+专业费用) \times 利润率 \qquad (6-36)$$

(5)税费的估算。税费的估算是根据当地政府的税费政策,估算从获得土地至出售不动产期间可能发生的税费,也可以根据过去或其他类似开发经营活动所需支付的税费情况来估算。

(6)销售费用的估算。不动产营销过程中发生的建筑物销售或出租的中介代理费、市场营销广告费、买卖手续费等,一般以建筑物总售价的一定比例计算。

(六)计算并确定地价

上述各项指标确定后,即可根据假设开发法的计算公式测算地价。

在评估实践中,评估师应当注意货币时间价值,把各个项目的估算值折算为评估基准日的现值。折现率为同一市场上类似不动产项目的平均收益率。

四、假设开发法应用举例

【例5】有一宗七通一平的待开发土地,土地面积为4 000平方米,建筑容积率为3,拟开发建设写字楼,建设期为2年,建筑费为3 000元/平方米,专业费为建筑费的10%,建筑费和专业费在建设期内均匀投入。该写字楼建成后即出售,预计售价为9 000元/平方米,销售费用为楼价的2.5%,销售税费为楼价的6.5%,当地银行年贷款利率为6%,开发商要求的投资利润率为20%。试估算该宗土地目前的总地价和单位地价。

(1)计算楼价

楼价 = 4 000×3×9 000 = 108 000 000(元)

(2)计算建筑费和专业费

建筑费 = 4 000×3 000×3 = 36 000 000(元)

(3)计算专业费用

专业费 = 建筑费×10% = 36 000 000×10% = 3 600 000(元)

(4)计算销售费用和税费

销售费用 = 108 000 000×2.5% = 2 700 000(元)

销售税费 = 108 000 000×6.5% = 7 020 000(元)

(5)计算利润

利润 = (地价+建筑费+专业费)×20%
= (地价+36 000 000+3 600 000)×20%
= 20%×地价 + 7 920 000

(6)计算利息

利息 = 地价×$[(1+6\%)^2-1]$ + (36 000 000+3 600 000)×$[(1+6\%)^1-1]$
= 0.1236×地价 + 2 376 000

(7)求取总地价

地价 = 108 000 000 − 39 600 000 − 2 700 000 − 7 020 000 − 0.2×地价 − 7 920 000 − 0.1236×地价 − 2 376 000

地价 = 48 384 000÷1.3236

≈ 36 554 851(元)

(8)求取单位地价

单位地价 = 36 554 850.41÷4 000 ≈ 9 139(元/平方米)

第六节 不动产评估的基准地价修正法

一、基准地价修正法的含义

基准地价是指城镇国有土地的基本标准价格,是各城镇按不同的土地级别、不同的地段分别评估和测算的商业、工业、住宅等各类用地在某一时点上的土地使用权平均价格。基准地价覆盖整个城市建成区,一般每隔五年左右由政府土地管理部门发文公告。基准地价是国家征收土地税和参与土地收益分配的依据。不同地区基准地价内涵和成果各不相同,各地不同时期的地价内涵也可能存在差异。以郑州市为例,土地管理部门发布的基准日2013年1月1日的基准地价是基于"七通一平"的开发条件,商服、住宅用地容积率平均3.0等,各类土地达到最高使用权年限的不同级别土地的平均价格。2019年3月份土地管理部门发布的基准日2018年1月1日的基准地价则是楼面地价,土地分类、开发条件等地价内涵也略有变化。

基准地价修正法是指通过对待估宗地地价影响因素的分析,确定待估宗地与所处区域平均条件的差异,利用城镇基准地价和基准地价修正体系等来估算待估宗地价格的评估方法。

基准地价修正法的基本原理是替代原理。它是以当地政府按级别制定的基准地价为基础,选择宗地地价影响因素,编制宗地地价修正系数表,同时考虑二者在区域条件、个别条件、使用年期和估价基准日等因素,对基准地价进行修正,得出宗地地价。

采用基准地价修正法评估土地使用权价值时,应当根据评估对象的价值内涵与基准地价内涵的差异,确定调整内容。在土地级别、用途、权益性质等要素一致的情况下,调整内容包括交易日期修正、区域因素修正、个别因素修正、使用年期修正和开发程度修正等。

基准地价修正法适用于已制定和公布了基准地价的区域范围内的大批量土地价值评估。基准地价修正法估价的精度取决于基准地价及其修正系数的精度。该方法适用于不动产市场不发达城市的不动产评估。

二、基本公式

$$P = P_a \times k_1 \times k_2 \times k_3 \times k_4 \times k_5 \tag{6-37}$$

式中:P——待估宗地地价;

P_a——基准地价;

k_1——区域因素修正系数;

k_2——个别因素修正系数;

k_3——年期修正系数;

k_4——期日修正系数;

k_5——容积率修正系数。

三、评估程序

(一)搜集有关基准地价的资料

土地定级估价资料是采用基准地价修正法评估宗地地价必不可少的基础性资料。在估价前必须收集当地土地定级估价的成果资料,主要包括:土地级别图、基准地价图、样点地价分布图、基准地价表、基准地价修正系数表和相应的因素条件说明表等,并归纳、整理和分析,作为宗地估价的基础资料。

(二)确定修正系数表

根据待估宗地的位置、用途、所处的土地级别、所对应的基准地价,确定相应的因素条件说明表和因素修正系数表,以确定地价修正的基础和需要调查的影响因素项目。

(三)调查宗地地价影响因素的指标条件

按照与待估宗地所处级别和用途相对应的基准地价修正系数和因素条件说明表中所要求的因素条件,确定宗地条件的调查项目,调查项目应与修正系数表中的因素一致。宗地因素指标的调查,应充分利用已收集的资料和土地登记资料及有关图件,不能满足需要的,应进行实地调查采样,在调查基础上,整理归纳宗地地价因素指标数据。

(四)制定待估宗地因素修正系数

根据每个因素的指标值,查对相对应用途土地的基准地价影响因素指标说明表,确定因素指标对应的优劣状况,按优劣状况再查对基准地价修正系数表,得到该因素的修正系数。对所有影响宗地价格的因素都同样处理,即得到宗地的全部因素修正系数。

(五)确定待估宗地使用年期修正系数

基准地价对应的使用年期,是各用途土地使用权的最高出让年期,而具体宗地的使用年期可能各不相同,因此必须进行年期修正。土地使用年限修正系数可按下式计算:

$$k_3 = [1-1/(1+r)m] / [1-1/(1+r)n] \tag{6-38}$$

式中:k_3——宗地使用年期修正系数;

r——土地还原率;

m——待估宗地可使用年期;

n——该用途土地法定最高出让年期。

(六)确定期日修正系数

基准地价对应的是基准地价评估期日的地价水平,随时间迁移,土地市场的地价水平会有所变化,因此必须进行期日修正,把基准价对应的地价水平修正到宗地评估期日。期日修正一般可以根据地价指数的变动幅度进行。

(七)确定容积率修正系数

基准地价对应的是该用途土地在该级别或均质地域内的平均容积率。在同一级别区域内,各宗地的容积率也可能差异很大,因此,必须将区域的平均容积率下的地价水平修正到宗地实际容积率水平下的地价。

(八)评估宗地地价

依据前面的分析和所计算得到的修正系数,求取待估宗地的地价水平。

第七节 不动产评估的路线价法

一、基本概念

路线价是指对面临特定街道而接近距离相等的市区土地,设定标准深度,求取的该标准深度的若干宗地的平均单价。路线价估价法是指利用路线价评估宗地地价的评估方法,即在已知路线价的基础上,根据宗地的自身条件进行深度修正、宗地形状修正、宽度修正、宽深比率修正、容积率修正等因素修正来求取宗地地价的方法。路线价估价法不做"交易情况影响修正"和"交易日期影响修正"。

路线价估价法的原理是:认为市区各宗土地价值与其离开街道的距离远近关系很大,这个距离即为临街深度,土地价值随临街深度而递减,宗地越接近道路部分价值越高,离开街道越远价值越低。同一深度的宗地价值基本相等,但由于宗地深度、宽度、形状、面积、位置等仍有差异,在评估宗地地价时还须对上述差异因素进行修正。路线价、深度指数及各种修正系数合理与否,是采用路线价估价法进行土地估价的关键。路线价估价法对于城市土地价值评估具有普遍的适用性。它特别适用于土地课税、征地拆迁、土地重划或其他需要对大宗土地进行估价的情况。该方法公平合理、简便易行,英、美、日等许多国家和地区都有使用。比较常见的路线价深度修正方法有四三二一法则、霍夫曼法则、哈柏法则、苏慕斯法则等。

二、基本公式

路线价法的基本公式为:

$$宗地单位价值 = 路线价 \times 深度指数 \times 宗地面积 \tag{6-39}$$

如果土地的形状和临街状况如果不是矩形,或者有其他特殊情况,就需要做加价或减价的修正。计算公式如下:

$$宗地单位价值 = 路线价 \times 深度指数 \times 宗地面积 \pm 修正额 \tag{6-40}$$

三、评估程序

第一步,划分路线价区段。具有同一路线价的地段为一个路线价区段。在划分路线价区段时,应将接近性大致相等的地段划分为同一路线价区段。路线价区段一般以路线价显著增减的地点为界。原则上街道不同的地段,路线价也不相同,但在繁华街道有时需将街道划分多段,设定不同的路线价。而在某些不繁华的街道,有时需将数个街道划分为一个路线价区段。此外,在同一街道上,两侧繁华程度有显著差异时,应视为两个路线价区段考虑。

第二步,设定标准深度和标准宗地。设定的标准深度通常是路线价区段内临街各宗土地的深度的众数。如某路线价区段的临街宗地大部分深度为 n 米,则标准深度就应设定为 n 米。

标准宗地是指从城市一定区域中沿主要街道的宗地中选定的深度、宽度和形状标准的宗地。标准宗地的面积大小各国不一。美国的标准宗地宽 1 英尺[①],深 100 英尺;日本的标准宗地宽 3.63 米,深 16.36 米。

第三步,确定评估路线价。路线价是设定在路线上的标准地块的单位地价。路线价的求取通常是在同一路线价区段内选择若干标准地块作样本,然后用市场售价类比法,预期收益还原法等具体评估方法,分别求出各样本的单位地价,并把各样本的单位地价算术平均(或取众数),即可得出该路线价区段的路线价。

第四步,制作深度指数表和其他修正率表。深度指数又称深度百分率,是指宗地地价随临街深度的差异的变化程度。深度指数表又称深度百分率表,是将土地随距街深度的不同而引起相对价格差异的关系编制成的表格。制作深度指数表的原则是,地块的各部分价格随街道的深度而有递减的趋势,即深度越深,接近性越差,价格就越低。此外,根据其他因素,如角地、形状、宽窄等的影响,还应编制其他修正率表。

第五步,计算各宗地的价格。根据路线价和深度百分比率及其他条件修正率,运用路线价法计算公式计算得到宗地价值。

四、路线价的深度修正方法

(一)四三二一法则

四三二一法则是将标准深度 100 英尺的普通临街地,与街道平行区分四等分,即由临街面算起,第一个 25 英尺的价值点路线价的 40%,第二个 25 英尺的价值占路线价的 30%,第三个 25 英尺的价值占 20%,第四个 25 英尺的价值为 10%,如果超过 100 英尺,则需九八七六法则来补充。即超过 100 英尺的第一个 25 英尺价值为路线的 9%,第二个 25 英尺为 8%,第三个 25 英尺为 7%,第四个 25 英尺为 6%。

(二)苏慕斯法则

苏慕斯法则认为深度为 100 英尺深的土地价值,前半临街 50 英尺部分占全宗地总地价的 72.5%,后半 50 英尺部分占 27.5%,若再深 50 英尺,则该宗地所增的价值仅为 15%。

(三)霍夫曼法则

霍夫曼法则认为深度为 100 英尺的标准宗地,将标准深度 4 等份的情况下,随着离道路距离的增加,每一等份的价值占全部地价的比例分别为 37.5%、29.5%、20.7% 和 12.3%。宗地最初 50 英尺的价值占宗地全部价值的 2/3。

(四)哈柏法则

哈柏法则认为每宗土地的价值与其深度的平方根成正比。

$$深度百分率 = \frac{\sqrt{所给深度}}{\sqrt{标准深度}} \tag{6-41}$$

式中:深度百分率有三种表现形式:单独深度百分率、累计百分率和平均深度百分率。

---

① 1 英尺 = 0.3048 米,本书由于论述需要,不再进行换算,特此说明,余同。

平均深度百分率可用来衡量宗地临街的程度。评估实践中,可以根据不同的修正方法制作深度百分率表。

制作深度百分率表首先要确定标准深度和级距,然后确定单独深度百分率,最后根据需要确定累计百分率和平均深度百分率。

$$累计深度百分率 = 各级距单独深度百分率之和 \qquad (6-42)$$

$$平均深度百分率 = 累计深度百分率 \times 标准深度/宗地深度 \qquad (6-43)$$

下面以四三二一法则为例说明深度百分率表的制作方法。

标准深度100英尺宗地,第一个25英尺的单独深度百分率为40%,第二个25英尺的单独深度百分率为30%,第三个25英尺的单独深度百分率为20%,第四个25英尺的单独深度百分率为10%;超过100英尺的第一个25英尺的单独深度百分率为9%,第二个25英尺单独深度百分率为8%,第三个25英尺单独深度百分率为7%,第四个25英尺单独深度百分率为6%。则其深度百分率表见表6-10。

表6-10 深度百分率表

深度(英尺)	25	50	75	100	125	150	175	200
单独深度百分率	40	30	20	10	9	8	7	6
累计深度百分率	40	70	90	100	109	117	124	130
平均深度百分率	160	140	120	100	87.2	78	70.9	65

五、路线价法应用举例

【例6】 现有临街宗地A、B、C、D、E,深度分别是25英尺、50英尺、75英尺、100英尺和150英尺,宽度均为10英尺。路线价是1 000元/英尺。设标准深度是100英尺。试用四二一法则评估各宗地的价值。

四二一法则下用单独深度百分率计算各宗地的市场价值:

A 的价值 = 1 000×40%×10 = 4 000(元)

B 的价值 = 1 000×(40%+30%)×10 = 7 000

C 的价值 = 1 000×(40%+30%+20%)×10 = 9 000

D 的价值 = 1 000×(40%+30%+20%+10%)×10 = 10 000

E 的价值 = 1 000×(40%+30%+20%+10%+9%+8%)×10 = 11 700

四二一法则下用累计深度百分率计算各宗地的价值:

A 的价值 = 1 000×40%×10 = 4 000(元)

B 的价值 = 1 000×70%×10 = 7 000

C 的价值 = 1 000×90%×10 = 9 000

D 的价值 = 1 000×100%×10 = 10 000

E 的价值 = 1 000×117%×10 = 11 700

思考题

1. 不动产有何特点？
2. 不动产评估应遵循哪些原则？
3. 不动产评估的一般程序是什么？
4. 遵循不动产评估中的最优利用原则应具体体现在哪些方面？
5. 影响不动产价格的因素有哪些？
6. 土地使用权评估的方法有哪些？
7. 建筑物的主要分类标准有哪些？
8. 建筑物的评估特点是什么？
9. 哪些因素会导致建筑物出现功能性贬值？
10. 哪些因素会导致建筑物出现经济性贬值？

练习题

1. 某市有一块土地，面积为 15 000 平方米，该地块征地费用(含安置、拆迁、青苗补偿费和耕地占用税)为每亩 10 万元，土地开发费为每平方公里 2 亿元，土地开发周期为两年，第一年投入资金占总开发费用的 35%，开发商要求的投资回报率为 10%，当地土地出让增值收益率为 15%，银行贷款年利率为 6%。

   要求：试用成本法评估该土地的市场价值。

2. 有一待估宗地 G 需评估，现收集到与待估宗地条件类似的 6 宗地，各宗地相关情况见表 6-11。该城市地价指数表见表 6-12，容积率地价指数表见表 6-13。

表 6-11　因素条件说明表

宗地	成交价 （元/m²）	交易时间 （年份）	交易情况 （%）	容积率	区域因素 （%）	个别因素 （%）
A	680	2015	1	1.3	0	1
B	610	2015	0	1.1	0	−1
C	700	2014	5	1.4	0	−2
D	680	2016	0	1.0	−1	−1
E	750	2017	−1	1.6	0	2
F	700	2018	0	1.3	1	0
G		2018	0	1.1	0	0

表 6-12 ××市地价指数表

年份	2012	2013	2014	2015	2016	2017	2018
指数	100	103	107	110	108	107	112

表 6-13 容积率地价指数表

容积率	1.0	1.1	1.2	1.3	1.4	1.5	1.6
地价指数	100	105	110	115	120	125	128

另据调查，该市此类用地容积率与地价的关系为：当容积率在 1~1.5 时，容积率每增加 0.1，宗地单位地价比容积率为 1 时的地价增加 5%，超过 1.5 时，超出部分的容积率为每增长 0.1，单位地价比容积率为 1 时的地价增加 3%。对交易情况、区域因素、个别因素的修正，都是案例宗地与待估宗地比较，表 6-5 中负号表示案例条件比待估宗地差，正号表示案例宗地条件优于待估宗地，数值大小代表对宗地地价的修正幅度。

要注：试根据以上条件，评估该宗土地 2018 年的市场价值。

3. 某公司于 2016 年 12 月购入一个仓库，其占用土地使用权面积为 2 000 平方米，为 50 年期工业用地，仓库于 2016 年 12 月建成，面积为 1 800 平方米，其经济耐用年限为 50 年，至评估基准日 2018 年 12 月该类建筑重置价格为 500 元/平方米。据调查，当地同类仓库出租租金一般为每月 8 元/平方米，土地及房屋还原利率分别为 5% 和 6%，需支付的税金为租金收入的 12%，需支付的管理费用为租金收入的 4%，年维修费为重置价值的 1%，年保险费为重置价值的 0.15%。

要注：试根据以上条件评估该宗土地的市场价值。

4. 某待估建筑物是钢筋混凝土结构，总使用年限 50 年，已使用 10 年。评估师调查得知，该建筑物全新重置成本为 600 万元，建设期为两年，第一年投资 60%，第二年投资 40%，管理费为建设成本的 3%，贷款利率为 6%，销售税费为 40 万元，项目开发利润率为 20%。

要注：试根据以上条件，评估该建筑物的市场价值。

5. 有一宗七通一平的待开发土地，土地面积为 10 000 平方米，建筑容积率为 0.90，拟开发建设别墅，建设期为 1 年，建筑费为 3 000 元/平方米，专业费为建筑费的 10%，建筑费和专业费在建设期内均匀投入。该写字楼建成后即出售，预计售价为 20 000 元/平方米，销售费用为楼价的 2.5%，销售税费为楼价的 6.5%，当地银行年贷款利率为 6%，开发商要求的投资利润率为 30%。

要注：试估算该宗土地目前的总地价和楼面地价。

第七章

长期投资评估

> **本章提要**

本章系统介绍了长期投资的概念、分类和特点,以及长期投资评估的特点、程序和方法等。通过本章学习,学生应把握长期投资评估的特点,熟悉长期投资评估程序,掌握市场法、收益法和成本法在长期投资评估中的具体应用。

第一节 长期投资概述

长期投资,从投资者的角度来看,不仅仅是不准备随时变现,持有时间超过一年的对外投资,长期投资的根本目的是为了获取投资收益和投资资本增值,是以投资人对其他企业或单位享有的权益而存在的。因此,无论长期投资的形式如何、性质如何,长期投资评估主要是对长期投资所代表的投资权益进行评估。所以,无论是评估上市交易债券、股票和非上市交易债券、股票的价值,还是非控股型长期投资、控股型长期投资的价值,评估结果都要能够反映投资人在被投资企业的权益价值。

一、长期投资的概念及分类

所谓长期投资是企业以获取投资权益和投资资本增值为目的,向那些并非直接为本企业使用的项目投入资产的行为。在投资活动中,企业或者直接向其他企业投入资产,如以货币资金、材料、机器设备、专利权等资产进行投资;或者在证券市场上购买在一年内不能变现或不准备随时变现的债券、股票等。

按投资的性质分类,长期投资可分为债券投资和股权投资。债券投资是企业以购买债券的形式对外投资,主要包括国家债券投资、企业债券投资和金融债券投资三类。股权投资包括直接投资和间接投资。直接投资是指企业以货币资产、有形资产或无形资产对被投资企业进行的股权投资,主要是为了组建联营企业、合资、合作企业。间接投资是指企业以购买股票的形式对外投资。长期股权投资方对被投资单位具有控制、共同控制或重大影响。

与短期投资相比,长期投资的投资金额较大、投资回收期长、投资风险大、投资报酬高。在资产评估时要充分考虑长期投资的这些特点,以便选择恰当的参数,取得正确的评估值。

二、长期投资评估的特点

长期投资评估主要是对长期投资所代表的投资权益进行评估,其主要特点有三个。

(一)长期投资评估是对资本的评估

不论长期投资的目的、方式如何,对于投资人而言,股权性投资会给投资人带来不确定的股利或者股票价差收益,债权性投资会给投资人带来稳定的债券利息收入,长期投资一旦被投资到其他企业,就充当着法人资本或者借贷资本的角色。长期投资的投资期限往往在一年以上,投出资产在被投资企业中发挥着资本的作用。所以说,对长期投资的评估是对资本的评估,对资本增值能力的评估。

(二)长期投资评估是对被投资企业或单位获利能力的评估

长期投资的根本目的是为了获取投资收益和投资资本增值。长期股权性投资的价值在于每年能不能从被投资企业获取高于社会平均水平的红利,以及股票价格会不会上涨。

(三)长期投资评估是对被投资企业或单位偿债能力评估

长期债权性投资的价值体现在投资方能不能定期收到约定利息,到期能不能收到本金。

综上所述,被投资企业的偿债能力和获利能力就成为长期投资评估的决定因素。从某种意义上讲,长期投资评估已经超出了对被评估企业自身的评估。有时需要对被投资企业或单位进行审计、验资和评估。能否,以及怎样对被投资企业或单位进行审计、验资或评估,要受现行有关法律法规、制度等的制约。因此,在有些情况下,长期投资的评估会受到某些限制。充分利用资产评估的"替代原则",采用切实可行的评估途径和评估方法对长期投资进行合理的估价,是长期投资评估的另一特点。

三、长期投资评估程序

(一)明确长期投资评估项目的基本内容,签订业务委托合同

在评估项目开始时,评估师首先要明确长期投资的种类、原始投资额、评估基准日余额、投资收益计算方法和历史收益额,长期投资占被投资企业实收资本的比例和所有者权益的比例,以及相关会计核算方法等。评估师应当在明确评估业务基本事项、确定承接评估业务后,由所在评估机构与委托方签订业务委托合同。

(二)搜集资料,进行必要的分析判断

评估师接受任务后应当充分收集与评估业务相关的信息资料,并确信资料内容的合理性、相关性和完整性以及资料来源的可靠性。在评估时,评估师要首先分析审核评估项目的合法性和合理性,然后分析判断长期投资投出和收回金额计算的正确性和合理性,判断被投资企业资产负债表的准确性,判断投资收益率等参数的准确性,为评估工作的顺利进行和评估结论的正确性打基础。

(三)根据长期投资的特点和具体类型选择合适的评估方法

评估师在评估时一般把长期投资分为可上市交易和不可上市交易两类,并以此判断应选取的评估方法。可上市交易的债券和股票一般采用现行市价法进行评估,按评估基准日的收盘价确定评估值;不可上市交易及不能采用现行市价法评估的债券和股票一般采用收益现值法,根据综合因素选择适宜的折现率,确定评估值。

(四)评定长期投资价值,得出评估结论

影响长期投资评估值的因素很多,评估师应当分析评估资料的合理性、相关性和完整性,并对评估资料进行必要的整理。在上述分析判断的基础上,评估师选择适当的评估方法,合理选取相应的计算公式和参数,正确进行分析、计算和判断。对形成的初步评估结论,应当进行综合分析,必要的时候进行合理调整,最终形成可信的评估结论。

第二节 长期债券投资评估

一、债券及其特点

债券是政府、企业、银行等债务人为了筹集资金,按照法定程序发行的并向债权人承诺在指定日期支付利息、归还本金的有价证券。从债券发行主体看,债券是筹资的手段。对债券购买者来说,债券是一种投资工具。作为一种投资工具,债券具有以下特点。

(一)投资风险小

相对于股票投资及其他投资而言,债券投资风险相对较小。因为国家对债券发行有严格的规定,通常要满足发行债券的一些基本要求。政府发行债券由国家财政担保,银行发行债券要以其信誉及一定的资产作为后盾,目前能发行债券的企业必须有良好的发展前途。即便是债券发行主体出现财务困难,或者发行债券的企业破产,在破产清算时,债权人分配剩余财产的顺序也排在企业所有者之前。

(二)收益稳定

债券利率和利息支付方式通常是发行债券时约定的,在正常情况下债券利率要高于同期存款利率。在发行期内,不管银行利率怎么变化,债券利率不变。所以,只要债券发行主体不发生较大变故,债券的收益是比较稳定的。

(三)具有较强的流动性

债券按照其能否上市流通分为上市债券和非上市债券。在经济生活中发行的债券中有相当大部分是可上市流通的,比如国债,可随时到证券市场上流通变现,所以长期投资有较强的流动性。

二、长期债券投资的评估方法

债券的价值是由其发行主体的盈利状况而定的,投资者所希望得到的是购买债券所能获得的收益最大值,评估一种债券的价值,就需要把长期债券的预期收益折现,因此,需要较恰当地预期其收益。债券作为有价证券或资本证券的一种,从理论上讲,它的市场价值是收益现值的市场反映。当债券可以在市场上自由买卖、贴现时,债券的现行市价就是债券的评估值。但是,如果有些债券不能在市场上自由交易,其价值就需要通过一定的途径和方法进行评估。

(一)上市债券投资的评估

上市交易的债券是可以在市场上流通交易、自由买卖的债券,所以,尽管投资长期债券是不准备随时变现的,我们仍然可以以现行市价来考量它的价值。对上市证券的评估一般用现行市价法进行评估,按照评估基准日的收盘价确定评估值。但是,债券在市场上流通的价格要受供求、投机等因素的影响,如果在非正常环境中市场价格严重扭曲,不能代表债券的实际价值,就应该按非上市债券进行评估。

采用现行市价法进行评估,应在评估报告书中说明所用评估方法和结论与评估基准日的关系,并申明该评估结果应随市场价格变化而予以调整,说明评估报告的时限性。

【例1】在评估基准日2004年9月1日,被评估企业长期投资账上有债券1 000张,每张面值100元,年利率6%,此债券为另一企业发行的五年期债券,已上市交易。根据交易市场调查,评估基准日的收盘价为110元。据评估人员分析,该价格比较合理,所以评估值为:

$$评估值 = 1\,000 \times 110 = 110\,000(元)$$

(二)非上市债券投资的评估

非上市债券是不能在市场上流通交易、自由买卖的债券。对于非上市债券无法通过市价直接进行评估,只能采取其他评估方法,通常是收益现值法,即通过债券本利和的现值确定评估值。具体运用时,对距评估基准日一年内到期的可以根据债券本金加上持有期利息确定评估值;超过一年到期的,根据本利和的现值确定评估值。但对于不能按期收回本金和利息的债券,评估人员应在调查取证的基础上,通过分析判断,合理确定评估值。因为债券的付息方式影响现值的计算方法,评估债券价值时,根据债券付息方式把债券分为到期一次性还本付息和定期支付利息到期还本两种类型,评估时采用不同的方法计算现值。

1. 到期一次性还本付息债券的评估

评估值的计算公式为:

$$P = F(1+i)^{-n} \tag{7-1}$$

式中：P——债券的评估值；
  F——债券到期时本利和；
  i——折现率；
  n——评估基准日到债券到期日的期限。

本利和 F 的计算要看计息方式是单利率还是复利率。

单利率时，
$$F = A(1 + mr) \tag{7-2}$$

复利率时，
$$F = A(1 + r)^m \tag{7-3}$$

式中：A——债券面值；
  m——计息期限；
  r——债券利息率。

公式中的债券利息率、计息期限、债券本金在债券上均有明确记载，而折现率是评估人员根据实际情况分析确定的。折现率包括无风险报酬率和风险报酬率。无风险报酬率通常以银行储蓄利率、国库券利率或国家公债利率为准，风险报酬率的大小则取决于债券发行主体的具体情况。国家债券、银行债券有良好的担保条件，其风险报酬率一般比较低，甚至可以视为无风险；企业债券则不然。如果发行企业经营业绩较好，有足够的还本付息能力，则风险报酬率较低；否则，应以较高风险报酬率调整。

【例2】某被评估企业拥有林凤酒厂发行的四年期一次性还本付息债券 1 000 张，债券面值共计 100 000 元，年利率 15%，单利计息，评估基准日距到期日两年，当时国库券利率为 12%。经评估人员分析调查，发行企业经营业绩较好，两年后有还本付息的能力，风险不大，风险报酬率取值 2%，以国库券利率作为无风险报酬率，折现率为 14%。

债券评估值的计算过程如下：

$$F = A(1 + mr) = 100\,000 \times (1 + 4 \times 15\%) = 160\,000(元)$$
$$P = F(1 + i)^{-n} = 160\,000 \times (1 + 14\%)^{-2} = 123\,114.80(元)$$

2. 定期支付利息，到期还本债券的评估

债券评估值的计算公式为：

$$P = \sum_{t=1}^{n} [R_t (1 + i)^{-t}] + A(1 + i)^{-n} \tag{7-4}$$

式中：P——债券的评估值；
  R_t——第 t 年的预期利息收益；
  i——折现率；
  A——债券面值；
  t——评估基准日距收取利息日期限；
  n——评估基准日距到期还本日期限。

【例3】假如前例中的债券不是到期一次付息，而是每年付一次息，这样，评估值为：

$$P = \sum_{t=1}^{n} [R_t (1 + i)^{-t}] + A(1 + i)^{-n}$$

$$= 100\,000 \times 15\% \times (1+14\%)^{-1} + 100\,000 \times 15\% \times (1+14\%)^{-2} + 100\,000 \times (1+14\%)^{-2}$$
$$= 13\,157.90 + 11\,542.01 + 76\,946.75$$
$$= 101\,646.66(元)$$

第三节 长期股权投资评估

企业的股权投资包括两种投资形式,即直接投资形式与间接投资形式。尽管两种投资形式都属于对其他企业或附属企业的产权投资,在权利与义务方面基本相似,但是具体操作方法存在较大差异,故需分别讨论其评估方法。

一、直接股权投资评估

企业拥有以直接投资形式存在的股权投资,主要是由于组建联营企业、合资企业或合作企业等经济合作项目产生的。直接股权投资大都是通过投资协议或合同来规定投资方和被投资方的权利、责任和义务,以及投资本金的处理办法、投资收益的分配形式等。

对非上市公司股权评估,首先需要了解具体投资形式、收益获取方式和占被投资企业的比重,根据不同情况采取不同方式进行评估。股权投资价值取决于投资本金的处理办法、投资收益的分配形式,以及股权是否处于控股地位。

(一)直接股权投资本金的处置方式及返还本金价值的一般评估方法

投资本金的处置方法决于投资是否是有期限的,无期限的不存在处置办法。

投资协议规定投资是有期限的,则投资本金在投资期限届满时的处置方法要依投资协议规定办理。投资本金通常的处置方法有三种:协议期满,返还实投资产;协议期满,按投资时的作价金额以现金返还;协议期满,按协议期满时实投资产的变现价格或续用价格作价以现金返还等。

返还投资本金价值的评估方法要视协议的具体规定酌情评定。凡是以现金返还的,可以用收益现值法对到期回收的现金进行折现或资本化处理。凡是返还实投资产的,则应根据实投资产的具体情况进行评估。

(二)直接股权投资收益的分配方式及投资收益价值的一般评估方法

比较常见的投资收益的分配形式有三种:

第一,按投资方投资额占被投资企业实收资本的比例参与被投资企业净收益的分配;

第二,按被投资企业销售收入或利润的一定比例提成;

第三,按投资方出资额的一定比例支付资金使用报酬等。

对直接股权投资收益部分的评估,不论采取何种分配形式和方法,其评估方法基本上是收益现值法。

(三)控股型股权投资评估与少数股权投资评估

长期股权投资评估实际上是企业价值评估。

$$\text{直接股权投资评估值} = \text{投资收益现值} + \text{返还的本金现值} \qquad (7-5)$$

通常认为,长期股权投资价值评估是一种企业价值评估。企业的部分股权的价值等于企业整体价值乘以股权所占的比例。实际上,部分股权的价值等于企业整体评估价值乘以股权所占份额的方式,往往是不够客观公正的。股东部分权益价值并不必然等于股东全部权益价值与股权比例的乘积。评估师评估股东部分权益价值,应当在适当及切实可行的情况下考虑由于控股权和少数股权等因素产生的溢价或折价。

对于控股股权投资评估,整体评估通常采用收益法;条件具备时,也可以采用市场法。一般先进行企业整体资产评估,再按控股股权的比例乘以企业整体评估价值得出控股股权的评估值。运用市场法时,评估师应当注意控制权以及交易数量可能影响交易案例比较法中的可比企业交易价格。

对于少数股权评估,一般采用收益现值法。即根据历史上的投资收益情况和企业的未来经营情况及风险,预测该投资的未来收益,再用适当折现率折算为现值得出评估值。对于明显没有经济利益,也不能形成任何经济权利的少数股权投资按零价值估算。在未来收益难以确定时,可以采用重置价值法进行评估,即通过对被投资企业进行评估,确定净资产数额,再根据投资方所占的份额确定评估值。少数股权评估也可以采用成本法。

在少数股权评估中使用最普遍的价值标准是公平市场价值标准。但是,由于少数股权潜在投资者的市场在结构、规模上的差异,在采用公平市场价值标准评估非上市公司少数股权时,往往要作较大的折价。

股权的控制程度和流动性对股权价值的影响,要求评估师评估部分权益价值时必须考虑控制权和少数股权以及流动性等因素对被评估权益价值产生的溢价与折价。评估师应当在评估报告中披露是否考虑了控股权和少数股权等因素产生的溢价或折价。

在评估实践中,评估师要在考虑股权特性的基础上,对根据基本评估方法得出的结果进行相应的价值调整,相应的调整包括控股溢价、少数股权折价和流动性折价。

【例4】东方公司两年前联合另外两家企业成立南方投资公司,东方公司出资100万元,占50%的股份。另外两家各占25%股份。协议约定联营期10年,按照投资比例进行利润分配,协议期满,按投资时的作价金额以现金返还本金。南方投资公司第一年实现净利润50万元,第二年实现净利润80万元,预计之后8年每年收益大致稳定在80万元。经过调查分析,确定折现率为20%。则东方公司股权投资评估值目前为:

$$P = 50\% \times 800\,000 \times (P/A, 20\%, 8) + 1\,000\,000 \times (1+20\%)^{-8}$$
$$= 400\,000 \times 3.837\,2 + 1\,000\,000 \times 0.232\,6$$
$$= 1\,537\,880 + 232\,600$$
$$= 1\,737\,480(元)$$

实际工作中,评估师还要对另外两家小股东的情况进行了解分析,要考虑进行相应的价值调整,进而合理确定东方公司的股权投资价值。

二、股票投资评估

(一)股票投资评估概述

股票是股份有限公司发行的,用以证明投资者股东身份,并据以获得股息和红利的有价证券。企业进行股票投资既可取得股利收入,通常又可按其股份占被投资企业总股份的比例参与被投资企业的经营管理。

1. 股票的种类

根据股利分配和剩余财产分割次序进行分类,股票可分为优先股和普通股。

优先股的股利是确定不变的,而且不享有公司公积金权益,通常在股东会上无表决权。但是,优先股在公司存在时的利益分配或公司解散时的剩余财产分割等方面拥有比普通股优先的权利。普通股的股利在支付优先股后分配,随公司利润增减而变化,普通股享有股东的各项权益。

另外,股票按票面是否记名,分为记名股票和无记名股票;按有无票面金额,股票可分为有面值股票和无面值股票;按投资主体不同,可分为国家持有股票、法人持有股票、个人持有股票和外资持有股票;按股票是否上市分为上市股票和非上市股票。

在资产评估中,我们主要按照是否上市,以及股利分配次序对股票投资进行评估。

2. 股票的价格

股票的价格名目繁多,包括票面价格、发行价格、账面价格、清算价格、内在价格和市场价格等。其中,与股票投资评估有密切关系的价格主要有:市场价格、清算价格和内在价格。

股票的市场价格是指证券市场上买卖股票的价格。

股票清算价格是指公司清算时公司的净资产与公司股票数量之比值。对股票清算价格的评估实质上是对公司净资产清算价格的评估。

股票的内在价格是一种理论价格,是评估人员对未来股票收益折现得到的股票价格。股票内在价格的高低主要取决于公司的财务状况、经营管理水平、技术开发能力、公司发展潜力,以及公司面临的各种风险等因素。

在评估时选择哪一种价格标准,要结合被评估资产的具体情况来决定。

在证券市场发育较成熟,市场环境稳定的情况下,股票的市场价格就是市场对公司股票的客观评价。但是,在证券市场发育不成熟的条件下,股市交易非正常情况下形成的市场价格是不公允的,这就需要评估股票的内在价值。评估时,评估师应该注意到影响股票内在价格的因素具有一定程度的不确定性。参数选择的适当性,往往会影响评估结果的可信度。那么,究竟应以其市场价格还是其内在价格进行评估呢?这要看股票持有者的投资目的与持有期限、市场发育程度,以及评估目的。如果持有者是为了短期投资,那么应以市场价格进行评估;如果持有者是为了长期投资,则应以股票的内在价格进行评估,评估基准日的市场价格仅作为参考。但是,如果资产交易后股票很可能被立即变现,则长期投资的股票价值评估也主要考虑市价。如果股市发育不成熟,证券交易中投机成分过大,评估师运用市场价格法就需要倍加谨慎。

3. 股票投资的特点

与债券投资相比,股票投资不能要求股票发行公司还本,并且投资收益需根据股票发行公司的盈利水平和股市行情来确定,因此,股票投资具有风险大、盈利高、价格波动性大的特点。评估师要充分考虑这些特点,选择适当的参数,确定合理的股票评估值。

(二)股票投资的评估方法

股票投资评估实质上是对股票投资人权益进行评估。股票投资人权益的基础是股票发行主体的生产经营能力和获利能力,在股票价值评估过程中要充分注意股票发行主体的经营业绩及预期效益。对于股票的评估,一般按上市流通股票和非上市流通股票两类进行。

1. 上市股票的评估方法

上市股票是企业公开发行的、可以在证券交易所上市自由交易的股票。正常交易的股票随时都有市场价格。对上市股票的评估,在正常情况下一般可以采用现行市价法。按照评估基准日的收盘价确定评估值。所谓正常情况是指股市发育正常,股票自由交易,没有非法炒作现象。这样,市场价格可以代表评估时点股票价值;否则,市场价格就不能作为评估的依据,而应与非上市股票相同,以股票的内在价值为依据。通过股票发行企业的经营业绩、财务状况及获利能力,综合判断股票内在价值。另外,以控股为目的持有的上市公司股票,一般采用收益现值法进行评估。

$$上市股票评估值=股票股数\times评估基准日该股票市场收盘价 \qquad (7-6)$$

【例5】评估师接受委托对某企业进行评估,其拥有一上市公司股票10 000股,评估基准日股票收盘价为18元。则:

$$股票评估值=10\ 000\times18=180\ 000(元)$$

依据市场价格得出的评估值,应在评估报告书中说明所用方法,并申明该评估结果应随市场价格变化而予以调整。

2. 非上市股票的评估方法

非上市交易的股票,一般采用收益现值法评估,即综合分析股票发行主体的经营状况、历史利润水平和分红情况、行业收益及风险等因素,合理预测股票投资的未来收益,并选择合理的折现率确定评估值。评估非上市股票时要对普通股和优先股采用不同的评估方法,这源于他们不同的权益和收益水平。

普通股是在股东权利上没有任何限制的标准性股票,它没有固定的股利,投资人能够取得的股利完全取决于企业的经营状况和盈利水平;优先股股东往往没有投票权,但是在股利分配和剩余财产分配上优先于普通股的股东。所以,普通股的投资风险要大于优先股。与普通股相比,优先股的股利是固定的,一般情况下,都要按事先确定的股利率支付股利,这一点与债券很相似。只是债券的利息是在所得税前支付,而优先股的股利是在所得税后支付。

(1)普通股的评估。对非上市普通股的评估,实际是对普通股的预期收益折算成评估时点的价值。要合理预测普通股的收益,就需要对股票发行企业进行全面、客观的了解分析。不但要了解企业的发展前景,其行业的前途、盈利能力、企业管理人员素质和能力等因素,更要了解企业历史上的利润水平、利润分配政策。只有取得合理的预期值和相关参数,才能取得相对准确的评估值。根据股利收益的趋势,通常把普通股分为三种类型:固定红利模型、红利增长模型和分段式模型。

第一,固定红利模型。此模型的前提假设是股票发行企业经营稳定,企业分配固定红利,并且今后也会保持固定水平。一般适用于处在成熟期的企业。在这种假设前提下,普通股股票评估值的数学表达式为:

$$P = R/i \qquad (7-7)$$

式中:P——股票的评估值;

R——股票固定红利额;

i——折现率。

【例6】被评估企业拥有非上市普通股10 000股,每股面值1元。在持股期间,企业每年收益一直很稳定,收益率保持在25%左右。经评估人员了解分析,股票发行企业经营比较稳定,管理人员素质及能力较强,今后收益预测中,保持18%的红利收益是有把握的。对折现率的确定,评估人员根据发行企业行业特点及宏观经济情况,确定无风险利率为8%(国库券利率),风险利率为4%,则折现率为12%。根据上述资料,计算评估值为:

$$P = R/i = 10\,000 \times 18\%/12\% = 15\,000(元)$$

第二,红利增长模型。此模型假设的前提是股票发行企业发展潜力大,收益逐步提高。此假设模型适用于成长型企业股票的评估。在这种假设前提下,普通股股票评估值的公式为:

$$P = R/(i-g) \qquad (i > g) \qquad (7-8)$$

式中:P——股票的评估值;

R——股票下一年的红利额;

i——折现率;

g——股利增长率。

股利增长率g的计算方法,一是历史数据分析法,它是在对历年红利分析的基础上,利用统计学方法计算出的历史平均增长速度,以此确定股利增长率。二是发展趋势分析法,主要依据发行企业股利分配政策,以企业剩余收益中用于再投资的比率与企业净资产利润率相乘确定股利增长率。

【例7】某企业进行评估,其拥有非上市普通股股票10万股,持有股票期间,每年股票收益率在15%左右。据调查了解,股票发行单位每年以净利润的60%发放股利,其他40%用于追加投资。根据评估人员对企业经营状况的调查分析,认为该行业具有发展前途,该企业具有进一步发展的潜力。经发展趋势分析,确定出其将保持5%的经济发展速度,净资产利润率将保持在16%的水平,无风险报酬率为12%(国库券利率),风险报酬率为4%,则该股票评估值为:

$$P = R/(i-g) = 100\,000 \times 15\%/[(12\%+4\%)-40\%\times 16\%] = 156\,250\,(元)$$

【例8】甲企业持有乙企业的普通股票100 000股,每股面额1元,乙企业正处在收益成长阶段,过去几年有关数据见表7-1,市场利率为12%,乙企业风险报酬率为3%,试计算这批股票的评估值。

表 7-1 各年收益及成长速度

项目	第一年	第二年	第三年	第四年	评估年	评估下一年
每股红利额	0.20	0.22	0.23	0.25	0.26	0.28
环比增长速度	100	110	105	109	104	108

红利增长比率可以依据历史数据,用算术平均法或几何平均法求出。然后,以平均红利增长率作为未来红利增长平均比率的估计值。

平均红利增长率 $g = (10\% + 5\% + 9\% + 4\% + 8\%)/5 = 7.2\%$

$P = 100\,000 \times 0.28/(12\% + 3\% - 7.2\%) = 358\,974(元)$

第三,分段式模型。前两种模型一是股利固定,另一种是固定的增长率,过于模式化,很难适用所有的股票评估。针对实际情况,采用分段式模型就比较客观。计算方法是,第一段为能客观预测股票收益的期间或股票发行企业某一经营周期;第二段是以不易预测收益的时间为起点。将两段收益现值相加,得出评估值。实际计算时,第一段以预测收益直接折现;第二段可以采用固定红利模型或红利增长模型,收益额采用趋势分析法或客观假定。

【例 9】某公司进行评估,其拥有另一股份公司非上市普通股股票 10 万股,每股面值 1 元。在持有期间,每年股利收益率均在 15% 左右。评估人员对该股份公司进行调查分析,认为前 3 年保持 18% 收益率是有把握的;第 4 年一套大型先进生产线交付使用,可使收益率提高 6 个百分点,并将持续下去。评估时国库券利率 10%,因为该股份公司是公用事业企业,所以风险利率确定为 2%,折现率为 12%,则该股票评估值为:

$P =$ 前 3 年折现值 + 第 4 年后折现值

$= 100\,000 \times 18\% \times (P/A, 12\%, 3) + (100\,000 \times 24\%/12\%) \times (1 + 12\%)^{-3}$

$= 18\,000 \times 2.401\,8 + 200\,000 \times 0.711\,8 = 185\,592.40(元)$

(2)优先股的评估。在正常情况下,优先股在发行时就已规定了股息率,所以,评估优先股主要是评判股票发行企业是否有足够的税后利润用于优先股股息的分配。评估时,评估人员必须对股票发行企业进行全面的了解和分析。股票发行企业生产经营情况、利润实现情况、股本构成中优先股所占的比重、股息率的高低、股票发行企业负债情况,以及其资产流动速度等都是评估人员进行评估的依据。如果股票发行企业资本构成合理,实现利润可观,具有很强的支付能力,那么,优先股就基本上具备了"准企业债券"的性质,优先股的评估就变得不很复杂了。评估人员可以以事先确定的股息率,计算出优先股的年收益额,然后进行折现或资本化处理,即可得出评估值。计算公式如下:

$$P = \sum_{t=1}^{\infty} [R_t (1 + i)^{-t}] = A/i \qquad (7-9)$$

式中:P——优先股的评估值;

R_t——第 t 年的优先股的收益;

i——折现率;

A——优先股的年等额股息收益。

【例10】被评估企业持有某化工厂10 000股累积性、非分享性优先股,每股面值100元,股息率为年息18%。评估时,国库券利率为10%。评估人员在对化工厂进行调查的过程中,了解到化工厂的资本构成合理,但是国家正在进行经济结构调整,化工厂会受到一定的限制,可能会对优先股股息的分配产生消极影响。因此,评估人员对化工厂的优先股票的风险报酬率定为5%,加上无风险报酬率10%,该优先股的折现率(资本化率)为15%。根据上述数据,该优先股评估值如下:

$$P = A/I = 10\ 000 \times 100 \times 18\% / (10\% + 5\%) = 1\ 200\ 000(元)$$

如果非上市优先股有上市的可能,持有人又有转售的意向,这类优先股可参照下列公式评估:

$$P = \sum_{t=1}^{n} [R_t(1+i)^{-t}] + F(1+i)^{-n} \tag{7-10}$$

式中:F——优先股的预期变现价格;

　　　n——优先股的持有年限;

其他符号的含义同前。

思考题

1. 长期投资评估具有哪些特点?
2. 长期投资评估的主要方法有哪些?
3. 设定"红利增长模型"应具备什么条件?
4. 长期债券评估中折现率怎么确定?

练习题

1. 某被评估企业拥有黄河集团发行的按年付息的四年期付息债券1 000张,债券面值共计100 000元,年利率15%,单利计息,评估基准日距到期日3年,当时国库券利率为12%。经评估人员分析调查,发行企业经营业绩较好,两年后有还本付息的能力,风险不大,风险报酬率取值3%,以国库券利率作为无风险报酬率,折现率为15%。

要求:计算债券评估值。

2. 某被评估企业拥有非上市普通股股票10万股,持有股票期间,每年股票收益率在12%左右。据调查了解,股票发行单位每年以净利润的70%发放股利,其他30%用于追加投资。根据评估人员对企业经营状况的调查分析,认为该行业具有发展前途,该企业具有进一步发展的潜力。经发展趋势分析,确定出其将保持5%的经济发展速度,净资产利润率将保持在18%的水平,无风险报酬率为12%(国库券利率),风险报酬率为4%。

要求:计算该股票评估值。

3. 某被评估企业持有黄兴集团的普通股票 400 000 股。每股面额 1 元,黄兴集团正处在收益成长阶段,过去几年有关数据见表 7-2,市场利率为 12%,该企业风险报酬率为 3%。

要求:试计算这批股票的评估值。

表 7-2 评估基准日前后各年收益表

项目	第一年	第二年	第三年	第四年	评估年	评估下一年
每股红利额	0.30	0.32	0.33	0.35	0.36	0.38

4. 某被评估企业拥有另一股份公司非上市普通股股票 50 万股,每股面值 1 元。在持有期间,每年股利收益率均在 15% 左右。评估人员对该股份公司进行调查分析,认为前 3 年保持 16% 收益率是有把握的;第 4 年一套大型先进生产线交付使用,可使收益率提高 6 个百分点,并将持续下去。评估时国库券利率 8%,经估测风险利率确定为 2%。

要求:计算该股票评估值。

5. 某被评估企业持有某工厂 50 000 股累积性、非分享性优先股,每股面值 100 元,股息率为年息 20%。评估时,国库券利率为 10%。评估人员在对化工厂进行调查的过程中,了解到被投资工厂的资本构成合理,但是考虑国家相关产业政策,以及国际形势对工厂所在行业的不利影响,评估人员对被投资工厂的优先股票的风险报酬率定为 8%,加上无风险报酬率 10%,该优先股的折现率(资本化率)为 18%。

要求:根据上述数据,计算该优先股评估值。

第八章

无形资产评估

本章提要

本章系统介绍了无形资产的概念、特点、影响无形资产的评估因素、无形资产评估特点的基础上,学生应了解无形资产评估程序和方法,熟悉掌握各种评估方法在无形资产评估中的应用以及各类无形资产的价值评估。

第一节 无形资产评估概述

当今世界经济的发展的过程中,作为无形资产重要组成部分的知识产权和技术创新已经成为经济增长的关键因素。无形资产作为一种新的生产力将会广泛进入企业生产经营和社会经济生活的各个领域,无形资产必将成为发展社会生产力、提高经济效益的关键所在。伴随着无形资产的广泛利用,无形资产转让、投资、交易、质押等活动也会变得越来越活跃,需要维护各类无形资产业务当事人合法权益的事项也会越来越多,无形资产评估的重要性也越发突出。

一、无形资产及其分类

(一)无形资产概念

我国2017年颁布的《资产评估执业准则——无形资产》指出,无形资产是指特定主体所拥有或控制的,不具有实物形态,能持续发挥作用且能带来经济利益的资源。

不同学科及专业对无形资产概念的表述各不相同,人们需要通过对这些定义做进一步的分析来了解和把握无形资产的内涵及其本质特征。因此,可以从以下几点把握无形资产的基本点。

1. 非实体性

无形资产没有具体的物质实体形态,是隐形存在的资产。但是无形资产又依托于一定的实体,如土地使用权依托于土地,土地内含于企业的整体资产。无形资产与有形资产的根本区别在于有形资产的价值取决于有形要素的贡献,无形资产的价值则取决于无形要素的贡献。

2. 效益性

能创造经济利益是资产的共有特点,无形资产也不例外,但并非任何无形的事物都是无形资产,成为无形资产的前提是其必须能够以一定的方式,直接或间接地为其控制主体(所有者、使用者或投资者)创造效益,而且必须能够在较长时间内持续产生经济效益。

3. 排他性

排他性又叫垄断性,无形资产往往是由特定主体排他性地加以控制,凡不能排他或者不需要任何代价即能获得的,都不是无形资产。无形资产的这种排他性有的是通过企业自身采取保护措施取得,有的则是以适当公开其内容作为代价来取得广泛而普遍的法律保护,有的则是借助法律保护并以长期生产经营服务中的信誉取得社会的公认。

(二)无形资产功能特性

1. 共益性

无形资产区别于有形资产的一个重要特点是,它可以作为共同财富。一项无形资产可以在不同的地点,但同一个时间由不同的主体所使用,也就是说同时可以为多个主体带来经济利益。一项有形资产则表现为不可能在不同地点,同一时间由不同的主体所使用、控制。例如,一项先进技术可以使一系列企业提高产品质量、降低产品成本;一项技术专利在一个企业使用的同时,并不影响转让给其他企业使用。但是,由于市场的有限性和竞争性的制约,无形资产由不同主体共享时,由于追求自身利益的需要,又会产生各主体的相互排斥性。因而,评估无形资产,必须考虑无形资产的保密程度和作用环境。在转让方继续使用该项无形资产的情形下,也要考虑因无形资产的转让而形成竞争对手,从而增加竞争压力的机会成本。

2. 积累性

无形资产的积累性表现为两个方面:一是无形资产的形成往往建立在一系列其他成果的基础上,二是无形资产本身的发展也是一个不断积累和演进的过程。因此,一方面,无形资产总是在生产经营的一定范围发挥特定的作用;另一方面,无形资产的成熟程度、影响范围和获利能力也处于变化之中。资产转让时,对无形资产的作用程度应予以必要的关注。

3. 替代性

在承认无形资产具有积累性的同时,还要考虑到它的另一面,即替代性。例如,一种技术取代另一种技术,一种工艺替代另一种工艺等,其特性不是共存或积累,而是替代、更新。一种无形资产总会由更新的无形资产所取代,因而必须在无形资产评估中考虑它的作用期间,尤其是尚可使用年限。无形资产经济寿命的长短取决于该领域内的技术进步的速度和无形资产创新的竞争力。

4. 动态性

动态性是指无形资产评估是从动态的角度去考察评估和评价无形资产的价值。首先，无形资产所处的环境是不断变化的，比如一项专利技术发明以后，科学技术不断进步，社会的政治经济环境也都在发展变化之中，这些变化毫无疑问将会影响到无形资产的价值，因此评估工作应遵循这样的变化而对无形资产的价值进行调整。另外有些无形资产本身也有可能发生变化，比如商誉、商标，可能会因为产品优异的质量、良好的服务等原因更加出名，也可能因为某种原因反向发展。同时，货币时间价值的变化也会影响无形资产的评估值。只有正确把握相关无形资产发展的全过程，才能有效地提高无形资产评估值的准确性。所以，从动态的角度考虑无形资产的发展状况是无形资产评估的一大特点，这也是正确评估无形资产的必要条件之一。

(三) 无形资产的分类

无形资产种类很多，可以按不同标准进行分类。

(1) 按取得无形资产的方式分类，无形资产可分为企业自创的无形资产和外购的无形资产。前者是由自己研制创造获得的以及由于客观原因形成的，如自创专利、非专利技术、商标权、商誉等；后者则是以一定代价从其他单位购入的，如外购专利权、商标权等。

(2) 按有无法律保护分类，可以分为法定无形资产和收益性无形资产。专利权、商标权等均受到国家有关法律的保护，称为法定无形资产；无法律保护的无形资产，如非专利技术等称为收益性无形资产。

(3) 按可否确指分类，可以分为可确指无形资产和不可确指无形资产。凡是那些具有专门名称，可单独地取得、转让或出售的无形资产，称为可确指的无形资产，如专利权、商标权等；那些不可特别辨认、不可单独取得，离开企业就不复存在的无形资产，称为不可确指的无形资产，如商誉。

二、无形资产价值评估的影响因素

无形资产的特殊性决定了无形资产价值评估的影响因素很多，在进行无形资产评估时应着重注意以下因素。

(一) 取得成本

无形资产的取得同样也有成本。只是相对有形资产而言，其成本的确定不是十分明晰和易于计量。取得成本首先取决于无形资产是如何取得的。对企业来说，外购无形资产较易确定成本，自创无形资产的成本计量较为困难。无形资产价值的成本主要包括开发成本、转化成本、获权及维权成本、交易成本等。一般来说，一项无形资产成本越高，价值越高，这是运用成本法计算无形资产价值的理论基础。但是，这个规律并不是绝对的。

(二) 机会成本

无形资产的机会成本是指因将无形资产用于某一确定用途后所导致的将无形资产不能用于其他用途所受损失。如果某项无形资产是转让方正在使用的资产，转让该无形资产意味着转让方将失去部分市场并为自己创造了竞争对手，从而减少了转让方的利润。

(三) 效益因素

无形资产产生的效益表现在经济效益和社会效益两个方面。经济效益指的是某项无形资产所具有的获利能力。无形资产评估值的高低与其为企业带来未来收益的能力密切相关,如果无形资产的获利能力强,那么它在市场上的竞争力就强,其评估值就高一些;否则,评估值就应该低一些。社会效益指的是使用该项无形资产后所产生的非货币效益,包括正效益和负效益。如果无形资产的使用能给社会带来积极的效果,即产生了正效益;如果给社会带来一些不良后果,如空气污染、浪费资源等,就产生了负效益。正效益越高,无形资产的评估值就应该越高;反之,负效益越高,无形资产的评估值就越低。

(四) 法律因素

知识产权是无形资产的主要组成部分,作为一种法律赋予的权利,知识产权的获得及在经济活动中的运作,必然受到相关法律条款的影响,从而影响知识产权的价值。由于对不同类型的知识产权而言,适用不同的法律,具体的影响因素也是不同的。

(五) 市场供求因素

市场供求状况包括两个层次,即无形资产市场需求情况和无形资产的适用程度,但是这两个层次密切相关。一般来说,一项无形资产的适用程度越高,其市场需求就越大,评估值就越高;反之,如果某项无形资产的适用程度较低,其市场需求就小,其评估值就低。另外,它还与市场的同类无形资产(即替代品)的供求状况有关,如果一项无形资产供大于求,或者可以由同类产品进行替代,那么这项无形资产的评估值就应该适当降低;若一项无形资产在市场上没有替代品,则可以产生垄断效益,其评估值就应该高一些。

(六) 技术因素

技术因素对知识产权价值的影响,主要是针对技术型知识产权,如专利及专有技术而言的。对于商标等知识产权的价值,则不受技术因素的影响。如技术成熟程度及国内外该种无形资产的发展趋势、更新换代情况和速度等因素都将影响技术型无形资产的价值。专利技术和专有技术的成熟程度如何,直接影响到评估值高低。一般专利技术和专有技术都有一个研究—发展—成熟—衰退的过程,其开发程度越高,技术越成熟,运用该技术成果的风险性越小,评估值就会越高。另外,无形资产的更新换代越快,无形损耗越大,其评估值越低。无形资产价值的损耗和贬值,不取决于自身的损耗,而取决于本身以外同类或替代无形资产变化的情况。

(七) 其他因素

除了上述影响无形资产价值因素以外,还有其他因素也影响无形资产的价值。如风险因素(包括开发风险、转化风险、实施应用风险、市场风险等)、使用期限因素(包括法律保护期限和实际受益期限)、宏观经济政策因素、转让过程中的限制性因素等。

三、无形资产评估的前提及认定

(一) 无形资产评估价值类型的认定

由于无形资产价值的特征,因此在评估它的价值时,必须首先确定它的价值前提。

无形资产的价值前提是指它将参与何种经济活动,如转让、许可、质押及合资等形式,以及如何参与这些经济活动。对无形资产评估而言,对应不同的价值前提,一般具有不同的价值类型。因此,在说明无形资产价值时,必须说明是在何种价值前提下做出的。

(二)无形资产评估一般应以产权变动为前提

《资产评估执业准则——无形资产》中指出:当出现无形资产转让和投资、企业整体或部分资产收购处置及类似经济活动时,注册资产评估人员可以接受委托,执行无形资产评估业务。这里强调无形资产评估业务发生的两种常态,一是指无形资产的拥有者或控制者以无形资产的完全产权或部分产权进行转让交易或对外投资,需要对无形资产进行评估,这种情况一般表现为单项无形资产的评估;二是指在企业整体或部分发生变动时,如企业股份制改制、使用、兼并等,对企业资产中包括的无形资产进行评估,这种情况可能复杂一些。

(三)无形资产评估是对其获利能力的评估

无形资产的价值从本质上来说,是能为特定持有主体带来经济利益的能力,亦即无形资产的获利能力。在通常情况下,这种获利能力表现为企业的超常收益能力,或者表现为能够给企业带来超额收益。因此,无形资产评估就是对获利能力的评估。无形资产只有能给购买者带来新增收益,才能根据带来的新增收益确定无形资产的价值。需要说明的是,无形资产能够带来超额收益,是一种理论抽象,即指在其他条件保持社会平均水平的情况下,能够获得高于社会平均水平的收益。而在实际生活中,由于评估参照对象并不一定保持着社会平均经营水平,因而超额收益也就不一定表现为高于社会平均水平的利润,往往表现为带来的追加利润。在实践中常有这种情形,获得和运用某无形资产是该企业正常运行必不可少的条件,特别是使企业起死回生时更为典型。在这类情形下应根据无形资产对利润增长的影响来评估无形资产的价值。还有一种情形就是能够带来垄断利润,这是指购买方由于购入和运用无形资产形成市场垄断,通过垄断价格实现垄断利润。在这种情况下,就可以根据市场垄断的不同条件,通过利润的测算,评估无形资产的价值。

四、无形资产的评估程序

无形资产评估程序是评估无形资产的操作规程。评估程序既是评估工作规律的体现,也是提高评估工作效率、确保评估结果科学有效的保证,无形资产评估一般按下列程序进行。

(一)明确评估目的

无形资产因其评估目的的不同,其评估的价值类型和选择的方法也不一样,评估结果也会不同。评估目的由发生的经济行为决定,一般来说无形资产评估须以产权利益主体变动为前提。从目前所发生的情况看,下述资产业务居多:①无形资产的转让;②以无形资产出资,用于工商注册登记;③无形资产的许可使用;④股份制改造;⑤企业合资、合作、重组及兼并;⑥银行质押贷款;⑦法律诉讼;⑧财务报告;⑨纳税;⑩其他目的。

在明确目的的同时,还须了解被评无形资产的转让内容及转让过程中的有关条款,这样评估人员才能正确确定无形资产的评估范围、基础数据及参数的选取。

资产评估的委托方根据需要可以委托资产评估机构进行评估。被委托的资产评估机构必须是经工商局注册登记，具有法人资格，并持有财政部颁发的资产评定资格证书的评估机构。资产评估的委托方一般是资产占有单位，也可以是经占有单位同意，与被评估资产有关的其他当事人。资产评估机构在接受评估委托后，双方应当签订《资产评估业务约定书》。

(二) 鉴定无形资产

对无形资产进行评估时，评估人员首先应对被评估的无形资产进行鉴定。这是进行无形资产评估的基础工作，直接影响到评估范围和评估价值的科学性。通过无形资产的鉴定，可以解决以下问题：一是确认无形资产的存在，二是鉴别无形资产种类，三是确定其有效期限。

1. 确认无形资产存在

确认无形资产存在主要是验证无形资产来源是否合法，产权是否明确，经济行为是否合法、有效，评估对象是否已形成了无形资产。可以从以下几方面进行：

(1) 查询被估无形资产的内容、国家有关规定、专业人员评价情况、法律文书(如专利证书、商标注册证、著作权登记证书等)，核实有关资料的真实性、可靠性和权威性。

(2) 分析无形资产使用所要求的与之相适应的特定技术条件和经济条件，鉴定其应用能力。

(3) 核查无形资产的归属是否为委托者所拥有或为他人所有。

(4) 分析评估对象是否形成了无形资产。有的专利并没有实际经济意义，尽管已获得了专利证书；有的商标还没有使用，在消费者中间没有影响力，这些专利、商标没有形成无形资产。

2. 鉴别无形资产种类

鉴别无形资产种类主要是确定无形资产的种类、具体名称、存在形式。有些无形资产是由若干项无形资产综合构成，应加以确认，合并或分离，避免重复评估和漏评估。如有的专利技术必须用与其相配套的专有技术一起构成一项有实际效果的技术，而单从专利技术而言，难以发挥技术作用，这时，就应将专利技术及其专有技术一并作为一项无形资产进行评估。

3. 确定无形资产有效期限

无形资产有效期限是其存在的前提。某项专利权，如超过法律保护期限，就不能作为专利权评估。有效期限对无形资产评估值具有很大影响，比如有的商标，历史越悠久，价值越高；有的商标历史并不悠久，也可能具有较高价值。

(三) 收集相关资料

收集无形资产的相关资料，一般来说这些资料的内容包括：①无形资产的法律文件或其他证明材料；②无形资产的自创(制)成本或外购成本；③无形资产给受益主体带来的经济效益；④期限，包括无形资产的存续期、法定期限、受益年限、合同约定期限、技术寿命期等；⑤技术成熟程度，即技术性无形资产在所处技术领域中研究阶段的发展阶段、开发程度、成熟阶段、衰退阶段等；⑥权属转让、许可内容与条件，无形资产的转让有完全产权转让或许可使用之别,在转让许可使用过程中往往有相应条款规定,这些都是确定无形资产评估价值的重要因素,应详细了解;⑦市场供需情况,指同类无形资产在市场上的需求、供给、范围、活跃程度、变动情况等;⑧宏观经济环境;⑨行业盈利水平及风险;⑩企业状况及发展前景;⑪其他相关信息。

(四)确定评估方法

无形资产的评估方法主要包括市场法、收益法和成本法。评估时应根据评估无形资产的具体类型、特点、评估目的、评估前提条件、评估原则及外部市场环境等具体情况,选用适合的评估方法。

采用市场法评估无形资产,特别要注意被评估无形资产必须确实适合运用市场法的前提,确定具有合理比较基础的类似无形资产交易参照对象,收集类似无形资产交易的市场信息和被评估无形资产以往的交易信息。当与类似无形资产具有可比性时,根据宏观经济、行业和无形资产变化情况,考虑交易条件、时间因素、交易地点和影响价值的其他各种因素的差异,调整确定评估值。

采用收益法时,要注意合理确定超额获利能力和预期收益,分析与之有关的预期变动、收益期限,与收益有关的资金规模、配套资产、现金流量、风险因素及货币时间价值。注意收益额的计算口径与被评估无形资产折现率口径保持一致,不要将其他资产带来的收益误算到被评估无形资产收益中;要充分考虑法律法规、宏观经济环境、技术进步、行业发展变化、企业经营管理,产品更新和替代等因素对无形资产收益期、收益额和折现率的影响,当与实际情况明显不符时,要分析产生差异的原因。

采用成本法进行评估时,要注意根据现行条件下重新形成或取得该项无形资产所需的全部费用(含资金成本和合理利润)确定评估值,在评估中要注意扣除实际存在的功能性贬值和经济性贬值。

(五)做出评估结论,整理并撰写报告

无形资产评估报告书,是无形资产评估过程的总结,也是评估者履行评估义务,承担法律责任的依据。评估报告书要简洁、明确、避免误导。无形资产的评估报告基本要求应符合《资产评估执业准则——无形资产》的要求。应当强调的是无形资产评估报告中要注重评估过程的陈述,明确阐述评估结论产生的前提、假设及限定条件,各种参数的选用依据。评估方法使用的理由及逻辑推理方式。一般要根据评估对象进行以下三个方面的陈述;描述性陈述;分析性陈述;综合性陈述。

第二节 无形资产评估的一般方法

无形资产评估的方法有收益法、成本法和市场法。在评估实践中,收益法运用最广泛,其次是成本法或成本—收益法,由于无形资产的特殊性,实践中市场法因条件的限制,目前运用尚不普遍。

一、无形资产评估的收益法

(一)无形资产评估中收益法的基本公式

由于无形资产转让计价方式不同,收益法在应用上可以表示为下列两种方式:

$$\text{无形资产评估值} = \sum_{t=1}^{n} \frac{KR_t}{(1+r)^t} \tag{8-1}$$

$$\text{无形资产评估值} = Y + \sum_{t=1}^{n} \frac{KR_t}{(1+r)^t} \tag{8-2}$$

式中:K——无形资产分成率;

R_t——第t年分成基数(超额收益);

t——收益期限;

R——折现率;

Y——最低收费额。

上述两个公式不同处在于公式(8-2)多了一项最低收费额,然后在后项计算无形资产分成率时,是按扣除最低收费额后测算的,本质上与公式(8-1)一致。通常称公式(8-1)为收益模式,公式(8-2)为成本—收益模式。

最低收费额是指在无形资产转让中,视购买方实际生产和销售情况收取转让费所确定的"旱涝保收"收入,并在确定比例收费时预先扣除,有时称之为"入门费"。在某些无形资产转让中,转让方按固定额收费时把最低收费规定为转让最低价,也可作为无形资产竞买的底价。最低收费额是根据无形资产的补偿成本确定的,因此其具体方法在成本法中介绍。

(二)无形资产收益额的确定

无形资产收益额的测算,是采用收益法评估无形资产的关键步骤。如前所述,无形资产收益额是由无形资产带来的超额收益。同时,无形资产附着于有形资产发挥作用并产生共同收益。因此,关键问题是如何从这些收益中分离出无形资产带来的收益额。

1. 直接估算法

通过未使用无形资产与使用无形资产的前后收益情况对比分析,确定无形资产带来的收益额。在许多情况下,从无形资产为特定持有主体带来的经济利益上看,我们可以将无形资产划分为收入增长型和成本费用节约型。

(1)收入增长型无形资产是指无形资产应用于生产经营过程,能够使产品的销售收入大幅度增加。增加的原因在于生产的产品能够以高出同类产品的价格销售;或者与同类产品相同价格的情况下,销售数量大幅度增加,市场占有率扩大,从而获得超额收益。

第一种原因,在销售价格上涨,销售量不变、单位成本不变的情况下,形成的超额收益可以参考下式:

$$R = (P_2 - P_1)Q(1-T) \tag{8-3}$$

式中:R——超额收益;

P_2——使用被评估无形资产后单位产品的价格;

P_1——未使用被评估无形资产前单位产品的价格;

Q——产品销售量;

T——所得税税率。

第二种原因,在销售量大幅增加,而单位价格和单位成本不变的情况下,形成的超额收益可以参考下列公式:

$$R=(Q_2-Q_1)(P-C)(1-T) \tag{8-4}$$

式中:R——超额收益;

Q_2——使用被评估无形资产后产品的销售量;

Q_1——未使用被评估无形资产的产品的销售量;

P——产品价格;

C——产品的单位成本;

T——所得税税率。

因为销售量的增加不仅可以增加销售收入,而且还会引起成本的增加。因此,在估算销售量形成收入增加,从而形成超额收益时,必须扣减由于销售量增加而增加的成本。同时应该注意的是,销售收入增加可以引起收益的增加,它们是同方向的,由于存在着税收因素,销售收入和收益一般不是同比例变动,这在计算中应予以考虑。

(2)费用节约型无形资产,是指无形资产的应用,使得生产产品中的成本费用降低,从而形成超额收益。当假定成本费用下降,销售量不变,价格不变时,可以参考下列公式计算为投资者带来的超额收益。

$$R=(C_1-C_2)Q(1-T) \tag{8-5}$$

式中:R——超额收益;

C_1——未使用被评估无形资产的产品单位成本;

C_2——使用被评估无形资产后产品的单位成本;

Q——产品销售量;

T——所得税税率。

实际上,收入增长型和费用节约型无形资产的划分,是假定其他资产因素不变的情况下,为了明晰无形资产形成超额收益来源情况的人为划分方法。通常,在实际中,无形资产应用后,其他资产因素也会发生变化,超额收益是各资产因素共同作用的结果。评估者应根据情况,加以综合性的运用和测算,科学地测算无形资产形成的超额收益。

【例1】宏达公司购买国内某大型机械厂的商标使用权进行生产,年销量可增加5 000台,单位价格2 000元,单位成本1 800元。假定所得税为25%,试计算该商标使用权的价格。

$R=(Q_2-Q_1)(P-C)(1-T)=5\,000\times(2\,000-1\,800)\times(1-25\%)=750\,000(元)$

2. 差额法

当无法将使用无形资产前后的收益情况进行对比时,可以采用无形资产和其他类型资产在经济活动中的综合收益与行业平均水平进行比较,可得到无形资产获利能力,即"超额收益"。

首先,收集有关使用无形资产的产品生产经营活动财务资料,进行盈利分析,得到经营利润和销售利润率等基本数据。

其次,对上述生产经营活动中的资金占用情况(固定资产、流动资产和已有账面价值的其他无形资产)进行统计。

再次,收集行业平均收益率等指标。

最后,计算无形资产带来的超额收益。

$$无形资产带来的超额收益 = 净利润 - 净资产总额 \times 行业平均净利润率 \qquad (8-6)$$

使用这种方法,应注意这样计算出来的超额收益,有时不完全由被评估无形资产带来(除非能够认定只有这种无形资产存在),往往是一种组合无形资产超额收益,还需进行分解处理。

3. 分成率法

通过分成率来获得无形资产收益,是目前国际和国内技术交易中常用的一种实用方法。即:

$$无形资产收益额 = 销售收入(利润) \times 销售收入(利润)分成率 \times (1 - 所得税税率) \qquad (8-7)$$

对于销售收入(利润)的测算相对比较简单,重要的是无形资产分成率的确定。既然分成对象是销售收入或销售利润,那么就有两个不同的分成率。而实际上,由于销售收入与销售利润有内在的联系,可以根据销售利润分成率推算出销售收入分成率,反之亦然。因为:

$$收益额 = 销售收入 \times 销售收入分成率 \times (1 - 所得税税率)$$
$$= 销售利润 \times 销售利润分成率 \times (1 - 所得税税率) \qquad (8-8)$$

所以:

$$销售收入分成率 = 销售利润分成率 \times 销售利润率$$
$$销售利润分成率 = 销售收入分成率 \div 销售利润率 \qquad (8-9)$$

在无形资产转让实务上,一般是确定一定的销售收入分成率,俗称"抽头"。例如,在国际市场上一般技术转让费不超过销售收入的1%~10%,如果按社会平均销售利润率10%推算,当技术转让费为销售收入的3%时,则利润分成率为30%。从销售收入分成率本身很难看出转让价格是否合理,但是,换算成利润分成率,则可以加以判断。

评估人员在利用分成率法确定无形资产收益额时要根据实际情况分析,合理确定分成收益。

利率分成率的确定是以无形资产所带来的追加利润在利润总额中的比重为基础。但是,在某些情况下无形资产所带来的追加利润无法直接计算,需要间接求取。确定无形资产转让的利润分成率的方法主要有以下两种。

(1)边际分析法。边际分析法是选择两种不同的生产经营方式比较,将使用无形资产前后实现的利润差额作为无形资产所带来的追加利润,用追加利润占企业使用无形资产后的总利润的比重作为利润分成率的方法。

$$无形资产的利润分成率 = \sum 追加利润的现值 / \sum 无形资产使用后的总利润现值 \qquad (8-10)$$

运用该公式对无形资产利润分成率进行测算时,首先应对无形资产边际贡献因素进行分析;然后测算无形资产寿命期间的利润总额及追加利润总额并计算现值;最后,按利润总额现值和追加利润总额现值计算利润分成率。

【例2】 中海公司转让压缩机新技术,购买方用于改造年10万台压缩机的生产线,经对无形资产边际贡献因素的分析,在其寿命期间各年度经测算可带来追加利润150万元、120万元、80万元,分别占当年利润的40%、30%、20%,折现率假定为10%,试评估无形资产利润分成率。

$$\sum 追加利润的现值 = \frac{150}{(1+10\%)} + \frac{120}{(1+10\%)^2} + \frac{80}{(1+10\%)^3} = 95.64(万元)$$

$$\sum 无形资产使用后的总利润现值 = \frac{150 \div 40\%}{(1+10\%)} + \frac{120 \div 30\%}{(1+10\%)^2} + \frac{80 \div 20\%}{(1+10\%)^3} = 767.34(万元)$$

$$无形资产利润分成率 = \frac{95.64}{767.34} = 12.46\%$$

(2) 约当投资分析法。约当投资分析法是将共同发挥作用的受让方的有形资产和转让方无形资产换算成相应的投资额(约当投资额),再按无形资产的约当投资量占总约当投资量的权重确定无形资产收益分成率。

无形资产利润分成率=无形资产约当投资额/(无形资产约当投资额+受让方约当投资额)　　　(8-11)

无形资产约当投资额=无形资产重置成本×(1+适用的成本利润率)　　　(8-12)

受让方约当产量投资额=受让方投入资产的重置成本×(1+适用的成本利润率)　　　(8-13)

约当投资分析法的关键在于能够准确地确定无形资产约当投资量,由于无形资产的种类繁多,无形资产的重置成本和使用的成本利润率确定有一定的难度。所以在使用约当投资分析法确定无形资产收益分成率时,应充分占有有关数据资料。

【例3】 宏远公司以制造彩电显像管技术对乙企业投资,该技术的重置成本为100万元,乙企业拟投入合营的有形资产的重置成本为5 000万元,宏远公司无形资产成本利润率为400%,乙企业拟合作的资产原利润率为10%。试确定无形资产投资的利润分成率。

$$无形资产约当投资额 = 100 \times (1+400\%) = 500(万元)$$

$$企业约当投资量 = 5\,000 \times (1+10\%) = 5\,500(万元)$$

$$无形资产分成率 = \frac{500}{500+5\,500} \times 100\% = 8.33\%$$

4. 要素贡献法

有些无形资产,已经成为生产经营的必要条件,由于某些原因不可能或很难确定其带来的超额收益,这时可以根据构成生产经营的要素在生产经营活动中的贡献,从正常利润中粗略估计出无形资产带来的收益。我国理论界通常采用"三分法",即主要考虑生产经营活动中的三大要素:资本、技术和管理,这三种要素的贡献在不同行业是不一样的。一般认为在资金密集型行业,三者的贡献分别是50%、30%、20%;一般行业30%、40%、30%;技术密集型行业依次是40%、40%、20%;高科技企业依次是30%、50%、20%。

(三)无形资产评估中折现率的确定

折现率一般包括无风险报酬率、风险报酬率。无形资产较有形资产投资收益高,风险性也更大,因此,无形资产评估中折现率往往要高于有形资产评估的折现率。评估时,评估者应根据无形资产的不同种类情况,对未来收益的风险影响因素,以及收益获得的其他外部因素进行分析,科学地测算其风险利率,综合分析测算出其适合的折现率。另外,折现率的口径应与无形资产评估中采用的收益额的口径保持一致。如果收益额采用净利润,则折现率应选择资产收益率,如果收益额采用净现金流,则折现率应选择投资回收率。

(四)无形资产收益期限的确定

无形资产收益期限或称有效期限,是指无形资产发挥作用,并具有超额获利能力的时间。无形资产在发挥作用的过程中,其损耗是客观存在的。无形资产损耗的价值量,是确定无形资产有效期限的前提。无形资产因为没有物质实体,所以无形资产不存在有形资产所固有的有形损耗,无形资产价值降低是由于无形损耗形成的,具体来说,主要由下列三种情况决定产生:①新的、更为先进、更经济的无形资产出现,这种新的无形资产可以替代旧的无形资产,使采用原无形资产无利可图时,原有无形资产价值就丧失了。②无形资产传播面扩大,其他企业普遍合法掌握这种无形资产,无形资产所带来的市场、价格或成本方面的优势就会逐渐减弱,它的价值也就大幅度降低。当获得该项无形资产已不需要任何成本,拥有这种无形资产的企业也就丧失以此获取超额收益的能力。③企业拥有的某项无形资产所决定的产品需求大幅度下降时,这种无形资产价值就会减少,以致完全丧失。

以上说明的是确定无形资产的有效期限的理论依据。需要强调的是,无形资产具有获得超额收益能力的时间才是真正的无形资产有效期限。无形资产的收益期限由其剩余经济寿命决定,但无形资产的法律保护期限也会对其收益期限产生影响。资产评估实践中,预计和确定无形资产的有效期限,可以根据下列方法确定:

(1)法律或合同、企业申请书分别规定有法定有效期限和受益期限的,可按照法定有效期限与受益年限孰短的原则确定。

(2)法律未规定有效期,企业合同或企业申请书中规定有受益期限的,可按照规定的受益期限确定。

(3)法律和企业合同或申请书均未规定有效期限和受益期限的,可按照预计受益期限确定。预计受益期限可以采用统计分析或与同类资产比较得出。

同时应该注意的是,无形资产的有效期限可能比其法定保护期限短,因为它们要受许多因素的影响,如废弃不用、人们爱好的转变以及经济形势变化等,特别是科学技术发达的今天,无形资产更新周期加快,使得其经济寿命缩短。评估时,对这种情况都应给予足够的重视。

二、无形资产评估的成本法

(一)无形资产成本特性

无形资产成本包括研制或取得、持有期间的全部物化劳动和资产评估活劳动的费用支出。其成本特性,尤其就研制、形成费用,区别于有形资产。

1. 不完整性

与购置和研发无形资产相对应的各项费用是否计入无形资产的成本,是以费用支出资本化为条件的。在企业生产经营过程中,科研费用一般都是比较均衡地发生的,并且比较稳定地为生产经营服务,因而我国现行财务制度一般把科研费用从当期生产经营费用中列支,而不是先对科研成果进行费用资本化处理,再按无形资产折旧或摊销的办法从生产经营费用中补偿。这种办法简便易行,大体上符合实际,并不影响无形资产的再生产。但这样一来,企业账簿上反映的无形资产成本就是不完整的,大量账外无形资产的前期成本的存在是不可忽视的客观事实。同时,即使是按国家规定进行费用支出资本化的无形资产的成本核算一般也是不完整的。大量的前期费用如培训、基础开发、相关试验费等往往不计入成本,而是通过其他途径进行补偿。

2. 弱对应性

无形资产的创建过程,历经基础研究、应用研究和工艺生产开发等漫长过程,成果的出现带有较大的随机性和偶然性,其价值并不与其开发费用和时间产生某种既定的关系。如果在一系列的研究失败之后偶尔出现一些成果,由这些成果承担所有的研究费用显然不够合理。而在大量的先行研究(无论是成功,还是失败)成果的积累之上,往往可能产生一系列的无形资产,然而,继起的这些研究成果是否应该以及如何承担先行研究的费用也很难明断。

3. 虚拟性

既然无形资产的成本具有不完整性、弱对应性的特点,因而无形资产的成本往往是相对的。这种无形资产的成本只具有象征意义。例如,名牌商品的内涵是商品的质量信誉、获利能力等,其内在价值已远远超过商标成本中包括的设计费、注册费、广告费等的价值。

(二)成本法在无形资产评估中的应用

采用成本法评估无形资产,其基本公式为:

$$\text{无形资产评估值} = \text{无形资产重置成本} \times (1 - \text{贬值率}) \tag{8-14}$$

从公式 8-14 可以看出,运用成本法评估无形资产价值时,影响评估值的两大因素是:无形资产的重置成本和无形资产的价值损耗。后者主要指功能性贬值和经济性贬值所造成的损耗。估算无形资产重置成本(或称重置完全成本)和贬值率,从而科学确定无形资产评估值,是评估者所面临的重要工作。就无形资产重置成本而言,是评估者所面临的重要工作。就无形资产重置成本而言,它是指现实市场条件下重新创造或购置一项全新无形资产所耗费的全部货币总额。根据企业取得无形资产的来源情况,无形资产可以划分为自创无形资产和外购无形资产。不同类型的无形资产,其重置成本构成和评估方式不同,需要分别进行估算。

1. 自创无形资产重置成本的估算

自创无形资产的成本是由创制该资产所消耗的物化劳动和活劳动费用构成的,如果自创无形资产已有账面价格,可以按照定基物价指数作相应调整,即得到重置成本。在实务上,自创无形资产往往无账面价格,并且成本记录也不完整,需要根据具体情况计算重置成本。其方法主要有两种:

(1)核算法。核算法的基本计算公式为:

$$\text{无形资产重置成本} = \text{成本} + \text{期间费用} + \text{合理利润} \tag{8-15}$$

其中,成本是按无形资产创建过程中实际发生的材料、工时耗费量,运用现行价格和费用标准进行估算的。期间费用包括管理费用、财务费用和销售费用,是指创建无形资产过程中分摊到该项无形资产的费用。

(2)倍加系数法。对于投入智力比较多的技术型无形资产,考虑到科研劳动的复杂性和风险,可用以下公式估算无形资产重置成本:

$$无形资产重置成本 = (C + \beta_1 V)/(1 - \beta_2) \times (1 + L) \qquad (8-16)$$

式中:C——无形资产研制开发中的物化劳动消耗;

V——无形资产研制开发中活劳动消耗;

β_1——科研人员创造性劳动倍加系数;

β_2——科研的平均风险系数;

L——无形资产投资报酬率。

2. 外购无形资产重置成本的估算

外购无形资产一般有购置费用的原始记录,也可能有可以参照的现行交易价格,评估相对比较容易。外购无形资产的重置成本包括购买价和购置费用两部分,一般可以采用以下两种方法。

(1)市价类比法。在无形资产交易市场中选择类似的参照物,再根据功能和技术先进性、适用性对其参照物价格进行调整,从而确定其现行购买价格,购置费用可根据现行标准和实际情况核定。

(2)物价指数法。它是根据物价指数对无形资产的账面历史成本进行调整,进而估算其重置成本。其计算公式为:

$$无形资产重置成本 = 无形资产账面成本 \times (评估时物价指数/购置时物价指数) \qquad (8-17)$$

从无形资产价值构成来看,主要有物质消耗费用和人工消耗费用,前者与生产资料物价指数相关度较高,后者与生活资料物价指数相关度较高,并且最终通过工资、福利标准的调整体现出来。不同的无形资产两类费用的比重可能有较大差别,一些需利用现代科研和实验手段的无形资产,物质消耗的比重就比较大。在生产资料物价指数与生活资料物价指数差别较大的情况下,可按两类费用的大致比例按结构分别适用生产资料物价指数与生活资料物价指数估算。两种价格指数比较接近,且两类费用的比重有较大倾斜时,可按比重较大费用类适用的物价指数来计算。

3. 无形资产贬值率的估算

通常,无形资产不存在有形损耗,只存在功能性贬值和经济性贬值。贬值率的确定,可以采用专家鉴定法和剩余经济寿命预测法进行。

(1)专家鉴定法。专家鉴定法是指邀请有关技术领域的专家,对被评估无形资产的先进性、适用性做出判断,从而确定其贬值率的方法。

(2)剩余经济寿命预测法。它是由评估人员通过对无形资产剩余经济寿命的预测和判断,从而确定其贬值率的方法。其计算公式为:

$$贬值率 = 已使用年限/(已使用年限 + 剩余使用年限) \times 100\% \qquad (8-18)$$

公式中,已使用年限比较容易确定,关键是确定剩余使用年限,剩余使用年限应由评估人员根据无形资产的特征,分析判断获得。

贬值率是运用成本法评估有形资产时使用的一个重要概念,无形资产不存在有形损耗,成本法评估无形资产时只是为了操作上的方便借用这一概念,因此它的运用也受到较大程度的限制。在评估实践中,一般选择综合考虑了被评无形资产的各种无形损耗(功能和经济方面的)后的折算比率。在确定适用的贬值率时应注意无形资产使用效用与时间的关系,这种关系通常是非线性的。如果无形资产其效用呈非线性递减(如技术型无形资产),或者其效用在一定时间内呈非线性递增(如商标、商誉等)。评估人员应对这种变化趋势进行分析并予以说明。

(三) 最低收费额的评估

最低收费额是由重置成本和机会成本所组成,是转让方向受让方所收取的仅仅补偿成本的最低转让费。当购买方和转让方共同使用该项无形资产时,重置成本净值由双方根据运用规模、受益范围等分摊。机会成本是由于无形资产转让,使转让方为自己制造了竞争对手而减少的利润或增加的支出。因此,这项机会成本应由购买者补偿。其计算公式为:

无形资产最低收费额=重置成本净值×转让成本分摊率+无形资产转让的机会成本　(8-19)

转让成本分摊率=购买方运用无形资产的设计能力/运用无形资产的总设计能力　(8-20)

无形资产转出的机会成本=无形资产转出的净减收益+无形资产再开发净增费用　(8-21)

【例4】 某企业转让浮法玻璃生产全套技术,该企业和购买企业共同享用该项生产技术,双方设计生产能力分别为6 000和4 000标箱。该技术账面原始成本为5 000万元,已使用2年,尚可使用8年。近两年的通货膨胀率累计为2%。由于该技术转让,本企业产品的市场占有率有所下降,在今后8年里,减少的销售收入按折现值计算为1 500万元,增加开发费用以提高产品质量、保住市场的追加成本按现值计算为200万元。试评估该项无形资产转让的最低收费额。

$$重置成本净值 = 5\ 000 \times (1 + 20\%) \times \left(1 - \frac{2}{2 + 8}\right) = 4\ 800(万元)$$

$$转让成本分摊率 = \frac{4\ 000}{4\ 000 + 6\ 000} \times 100\% = 40\%$$

$$机会成本 = 1\ 500 + 200 = 1\ 700(万元)$$

$$最低收费额 = 4\ 800 \times 40\% + 1\ 700 = 3\ 620(万元)$$

三、无形资产评估的市场法

虽然无形资产具有的非标准性和唯一性特征限制了市场法在无形资产评估中的使用,但这不排除在评估实践中仍有应用市场法的必要性和可能性。国外学者认为,市场法强调的是具有合理竞争能力的财产的可比性特征。如果有充分的源于市场的交易案例,可以从中取得作为比较分析的参照物,并能对评估对象与可比参照物之间的差异做出合适的调整,就可应用市场法。

如果需要使用市场法评估无形资产,评估人员应注意以下事项。

(一) 有合理比较基础的类似的无形资产

具有合理比较基础的类似的无形资产是指至少与被评估无形资产形式相似、功能相似、载体相似及交易条件相似。所谓形式相似,是指参照物与被评估资产按照无形资产分类原则,可以归并为同一类。所谓功能相似,是指尽管参照物与被评估资产的设计和结构不可避免地存在差异,但它们的功能和效用应该相同或近似。所谓载体相似,是指参照物与被评估资产所依附的产品或服务应满足同质性要求,所依附的企业则应满足同行业与同规模的要求。所谓交易条件相似,是指参照物的成交条件与被评估资产模拟的成交条件在宏观、中观和微观层面上都应大体接近。

(二)收集类似的无形资产交易的市场信息是为横向比较提供依据,而收集被评估无形资产以往的交易信息则是为纵向比较提供依据

关于横向比较,评估人员在参照物与被评估无形资产在形式、功能和载体方面满足可比性的基础上,应尽量收集致使交易达成的市场信息,即要涉及供求关系、产业政策、市场结构、企业行为和市场绩效的内容。其中对市场结构的分析尤为重要,即需要分析卖方之间、买方之间、买卖双方、市场内已有的买方和卖方与正在进入或可能进入市场的买方和卖方之间的关系。评估人员应熟悉经济学市场结构做出的完全竞争、完全垄断、垄断竞争和寡头垄断的分类。对于纵向比较,评估人员既要看到无形资产依法实施多元和多次授权经营的特征,使得过去交易的案例成为未来交易的参照依据。同时也应看到,时间、地点、交易主体和条件的变化也会影响被评估无形资产的未来交易价格。

(三)作为市场法应用基础的价格信息应满足相关、合理、可靠和有效的要求

在这里,相关是指所收集的价格信息与需要做出判断的被评估无形资产的价值有较强的关联性;合理是指所收集的价格信息能反映被评估无形资产载体结构和市场结构特征,不能简单地用行业或社会平均的价格信息推理具有明显差异的被评估无形资产的价值;可靠是指所收集的价格信息经过对信息来源和收集过程的质量控制,具有较高的置信度;有效是指所收集的价格信息能够有效地反映评估基准日的被评估资产在模拟条件下的可能的价格水平。

(四)注意对参照物与被评估无形资产差异做出调整

对可比交易案例和评估对象近期交易信息进行必要调整。

第三节 专利资产和专有技术评估

一、专利资产评估

(一)专利资产的概念、特点及转让方式

1. 专利资产的概念

专利权是指经国家专利机关依法认定、批准的,授予发明创造人或其权利受让人在一定期限内对某发明成果享有的独占权或专有权。专利权人依法对其发明创造享有制造、使用、销售的独占实施权或许可他人实施的权利。专利权包括发明、实用新型和外观设计三种。发明是指对产品、方法或者其改进提出新的技术方案,包括产品发明和制造产品的方法发明。实用新型是指对产品的形状、构造或者其结合所提出的适于实用的新技术方案,不包括制造产品的方法。外观设计是指对产品的形状、图案、色彩或者

其结合所作出的富有美感并适于工业应用的新设计。

2. 专利资产的特点

(1)专利资产确认复杂。专利技术成为资产的前提是可以为特定权利人带来经济利益,同时还必须符合法律的相关规定。法律在对专利技术提供保护的同时,也对专利技术获得保护的条件作了明确的规定。也就是说,专利技术成为资产,必须符合法律的相关规定。另外,法律同时还对专利技术获得保护的范围及时限等作了明确规定。这使专利资产的确认与一般的有形资产相比,在资产确认方面更为复杂。

(2)收益的不确定性。专利资产的收益能力与有形资产相比,具有一定的不确定性。这种不确定性主要体现在专利资产在应用过程中存在的风险,包括技术风险、市场风险、资金风险及管理风险。另外,由于专利资产属于无形资产,在交易过程中,与有形资产相比,存在一定的困难,增加专利技术价值实现的难度。这些困难包括:专利技术交易价格的不确定性、专利技术移植的难度及专利技术交易的多样性。评估人员在对专利资产进行评估过程中,必须充分考虑其收益能力不确定的特性,并且体现在参数的选取上。

(3)法律特征。专利资产在法律上有时间性、地域性和排他性的特征。

时间性特征。专利资产的时间性是指其权利的时限是由法律确定的。由于《专利法》对发明、实用新型和外观设计两种专利的保护期限作了明确规定,发明为20年,实用新型和外观设计为15年。专利期满后,《专利法》将不再对其提供保护,则该技术将成为公知技术,任何人都可以无偿使用。在此需指出,资产评估中的价值不包括社会价值。

地域性特征。专利资产的地域性是指在其获得专利权的国家或地区,该项技术依当地专利法的规定获得保护,如超出这个范围,专利权就失效。专利资产的地域性特征对国外专利技术及国内专利技术在国际市场的价值有决定性的作用。

排他性特征。专利资产的排他性指在专利权有效期内法律赋予专利所有人排他性的运用专利的特权。任何单位和个人未经专利权人许可,都不得实施其专利。这是该专利获得超额利润的保证,也是确保《专利法》立法目的实现的基础。

3. 专利资产的转让方式

专利权的不同转让方式将直接影响具体评估方法和评估值。专利权转让一般有两种情形:一种是刚刚研究开发的新专利技术,专利权人尚未投入使用就直接转让给接受方;另一种情形是转让的专利已经过长期的或一段时间的生产,是行之有效的成熟技术,而且转让方仍在继续使用。

专利权转让形式很多,但总的来说,可以分为全权转让和使用权转让。使用权转让往往通过技术许可贸易形式进行,这种使用权的权限、时间期限、地域范围和处理纠纷的仲裁程序都是在许可证合同中加以确认的。

(1)使用权限。使用权限按技术使用权限的大小,可分为独家使用权、排他使用权、普通使用权和回馈使用权。独家使用权是指在许可证合同所规定的时间和地域范围内卖方只把技术转让给某一特定买主,买方不得卖给第二家买主。同时卖主自己也不得在合同规定范围内使用该技术和销售该技术生产的产品。显然,这种转让的卖方索价会比较高。排他使用权指卖方在合同规定的时间和地域范围内只把技术授予买方使用,同时卖方自己保留使用权和产品销售权,但不再将该技术转让给第三者。普通使用权是指卖方在合同规定的时间和地域范围内可以向多家买主转让技术,同时卖方自己也保留技术使用权和产品销售权。回馈转让权是指卖方要求买方在使用过程中对转让技术的改进和发展反馈给卖方的权利。

(2)时间期限和地域范围。同时,技术许可证合同一般都规定明确的地域范围和有效期限,买方的使用权不得超过规定的地域范围,专利技术的许可期限因技术不同,时间长短也不同。

(3)法律和仲裁。技术许可证合同是依照参与双方所在国的法律来制定的,具有法律效应,受法律保护。一方违约时另一方可以遵照法律程序追回损失。

(二)专利资产评估程序

1. 证明和鉴定专利资产的存在。

收集能够证明专利权存在的专利说明书、权利要求书、专利证书及有关法律性文件等资料,并请有关专家鉴定该专利的有效性和可用性。

2. 确定评估方法,搜集相关资料

专利权评估应用收益法情形较多。收益法的运算过程在前面已经详述,重要的任务是搜集相关资料,以确定方法运用中的各项技术参数和指标。收集的资料主要包括技术资料、经济及市场资料、法规资料和资产占有方管理方面的资料等。

3. 评定估算并完成评估报告

上述收集的资料是知识产权评估的基础资料,评估人员应进行认真的核实、分析,这些基础资料是资产清查工作的目的及成果,它将为下一步的评定估算工作做好充分的准备。资料分析主要包括技术状况分析、收益能力分析、市场分析和投资可行性分析。在信息资料核查分析的基础上运用所选择的评估方法评定估算。最后完成评估报告,评估报告是专利权评估结果的最终反映,但这种结果是建立在各种分析、假设基础之上的,为了说明评估结果的有效性和适用性,评估报告中应详尽说明评估中的各有关内容。

(三)专利资产的评估方法

1. 收益法

运用收益法评估,需要测算专利技术使用所产生的追加利润(或称收益额)、收益年限、折现率等指标。专利资产的收益额是指直接由专利资产带来的预期收益,对于收益额的测算,通常可以通过直接测算超额收益和通过利率分成率测算获得。由于专利资产收益的来源不同,可以将专利资产划分为收入增长型专利和费用节约型专利来测算,也可以通过分成率方法测算。在实际评估工作中,通常采用利润分成法或销售收入分成法来估算追加利润。利润分成率反映专利技术对整个利润额的贡献程度。利润分成率确定为多少合适,据联合国工业发展组织对印度等发展中国家引进技术价格的分析,认为利润分成率在16%~27%是合理的,在挪威召开的许可贸易执行协会会议上,多数代表提出利润分成率为25%左右较为合理。美国一般认为10%~30%是合理的。我国理论工作者和评估人员通常认为利润分成率在25%~33%较合适。这些基本分析在实际评估业务过程中具有参考价值,但更重要的是对被评估专利技术进行切合实际的分析,确定合理的、准确的利润分成率。

【例5】甲公司于 2017 年开发研制了一项新技术方法并取得了专利权,通过两年的使用表明具有较好的经济效益。2019 年年初该公司准备将该专利技术的所有权出售给乙公司,乙公司因购买后进行会计账面摊销需要评估其价值。买卖双方经共同协商认为,该专利技术的剩余经济使用年限为四年,专利技术的价格按实际年销售收入的一定比率分年期支付,收入分成率为 25%。预期今后四年的销售收入额分别为 500 万元、700 万元、800 万元、800 万元。适用折现率为 20%。该专利技术的价值估算过程如下:

$$R = P_2 \times Q_2 \times f_i(1-T) = P_2 \times Q_2 \times 25\% \times (1-25\%)$$

计算表明,2013 年、2014 年、2015 年、2016 年的预期分成收益额分别为 93.75 万元、131.25 万元、150 万元、150 万元。

估算未来收益额的现值即评估值如下:

$$93.75/1.2 + 131.25/1.2^2 + 150/1.2^3 + 150/1.2^4 = 328.41(万元)$$

2. 成本法

成本法应用于专利技术的评估,主要用于分析计算其重置完全成本构成、数额以及相应的贬值率。专利分为外购和自创两种。外购专利技术的重置成本确定比较容易,自创专利技术的成本一般由以下因素组成(注意与会计上自创无形资产成本构成内容不一致)。

(1)研制成本。研制成本包括直接成本和间接成本两大类。直接成本是指研制过程中直接投入发生的费用,间接成本是指与研制开发有关的费用。

直接成本。直接成本一般包括:材料费用,即为完成技术研制所耗费的各种材料费用;工资费用,即参与研制技术的科研人员和相关人员的费用;专用设备费,即为研制开发技术所购置或专用设备的摊销;资料费,即研制开发技术所需的图书、资料、文献、印刷等费用;咨询鉴定费,即为完成该项目发生的技术咨询、技术鉴定费用;协作费,即项目研制开发过程中某些零部件的外加工费以及使用外单位资源的费用;培训费,即为完成本项目,委派有关人员接受技术培训的各种费用;差旅费,即为完成本项目发生的差旅费用;其他费用。

间接成本。间接成本主要包括:管理费,即为管理、组织本项目开发所负担的管理费用;非专用设备折旧费,即采用通用设备,其他设备所负担的折旧费;应分摊的公共费用及能源费用。

(2)交易成本。交易成本即发生在交易过程中的费用支出,主要包括:技术服务费,即卖方为买方提供专家指导、技术培训、设备仪器安装调试及市场开拓费;交易过程中的差旅费及管理费,即谈判人员和管理人员参加技术洽谈会及在交易过程中发生的食宿及交通费等;手续费,即指有关的公证费、审查注册费、法律咨询费等;税金,即无形资产交易、转让过程中应缴纳的营业税。

由于评估目的的不同,其成本构成内涵也不一样,在评估时应视不同情形考虑以上成本的全部或一部分。

【例6】甲公司因出售两年前自行研制开发并获得专利证书的一项专利权,需要进行资产评估。经进行财务调查,研制成本总计40万元,两年来物价上涨指数都是5%,该专利权法定保护期限为10年,但专家意见是有效使用期限为6年,试用成本法计算专利权的评估价值。

计算分析过程如下:

$$重置成本 = 400\,000 \times (1+5\%)^2 = 441\,000(元)$$
$$成本率 = 6/(2+6) = 75\%$$
$$评估价值 = 441\,000 \times 75\% = 330\,750(元)$$

二、专有技术的评估

(一)专有技术的概念及特点

专有技术,又称非专利技术、技术秘密,是指为特定的人所知的未公开其完整形式,处于保密状态,并未申请专利的具有一定实用价值的知识或信息。主要包括设计资料、技术规范、工艺流程、材料配方、经营诀窍和图纸、数据等技术资料。专有技术与专利权不同,从法律角度讲,它不是一种法定的权利,而仅仅是一种自然的权利,是一项收益性无形资产。从这一角度来说,进行专有技术的评估,首先应该鉴定专有技术其存在的客观性。这一判断难度要大于专利权的判断。

一般来说,企业中的某些设计资料、技术规范、工艺流程、配方等之所以能作为专有技术存在,是因为专有技术有以下特点。

1. 实用性

专有技术的价值取决于其是否能够在生产实践过程中操作,不能应用的技术不能称为专有技术。

2. 获利性

专有技术必须有价值,表现在它能为企业带来超额利润。价值是专有技术能够转让的基础。

3. 保密性

保密性是专有技术的最主要特性。如前所述,专有技术不是一种法定的权利,其自我保护是通过保密性进行的。

(二)影响专有技术价值的因素分析

在专有技术评估中,应注意研究影响专有技术评估值的各项因素。

1. 专有技术的使用期限

专有技术由于依靠保密手段进行垄断,不受法律保护,因而没有法定的有效期限。确定专有技术的有效使用年限或剩余寿命,主要是为了确定其能带来超额收益的期限长度。一旦专有技术成为公开技术,该专有技术就不存在无形资产价值了。因此评估时评估者应综合考虑本领域的技术发展情况、市场需求情况及技术保密情况进行估算专利技术的使用期限,或者根据双方合同、协议条款来分析。

2. 专有技术的预期获利能力

专有技术的价值在于其使用所带来的超额获利能力。评估时应充分分析专有技术的直接和间接获利能力。由于专有技术的保密特性,市场上没有可比资料,通过市场途径来评估不可行,较常用的方法是按该技术的制成品所带来的超额利润进行估算。

3. 专有技术的市场情况

专有技术的价值取决于其技术水平在同类技术中的领先程度。某项技术在国内发展和更新换代速度和市场可替代技术越多,专有技术价格越低;相反,如果专有技术开发难度大或可替代技术少,专有技术价格更高。

4. 专有技术的开发成本

专有技术的开发成本高低,也会影响到专有技术的评估价值。评估时,应根据不同技术特点,研究开发成本和其获利能力的关系。

5. 保密措施

专有技术保密措施的核查,是核查专有技术是否处于保密状态及易于公开的环节。评估中,评估人员可从核心技术人员的流动情况、保密协议及保密制度以及其他相关的保密措施入手核查。

(三) 专有技术评估方法案例

专有技术评估方法与专利技术的评估方法基本相同。

1. 收益法

【例7】某饮料生产企业将其饮料生产专有配方转让给另一家饮料生产厂家。由于该配方具有一定的先进性,生产的饮料口感特别受消费者喜爱,预计使用该配方后生产出的饮料会比较畅销。双方签订合同,约定受让方在未来4年内,每年从其销售毛收入中提取10%给该配方持有企业,作为该配方的转让费。折现率为15%。试计算该配方的转让评估价值。

该配方的转让评估价值估算过程如下:

预测使用该配方后未来4年的销售收入分别为80万元、90万元、95万元、95万元。该配方转让的评估价值为:

$$10\% \times \left(\frac{80}{1.15} + \frac{90}{1.15^2} + \frac{95}{1.15^3} + \frac{95}{1.15^4}\right) \times (1-25\%) = 19.08(万元)$$

2. 成本法

【例8】某企业有200张机械零部件工艺设计图纸,已经使用5年。经专家从工艺设计图纸的设计先进性和保密性等方面鉴定认为,有180张图纸仍然可以作为有效的非专利技术资产,预计剩余经济使用年限为6年。根据该类图纸的设计、制作耗费估算,当前每张图纸的重置成本为3 000元。试计算该批图纸的价值。

该批图纸的价值估算过程如下:

该批图纸的重置成本:

$$180 \times 3\,000 = 540\,000(元)$$

该批图纸的成新率为:

$$6/(6+5) = 54.54\%$$

该批图纸的价值为:

$$540\,000 \times 54.54\% = 294\,545(元)$$

第四节 商标权的评估

一、商标及其分类

(一)商标的概念

商标是商品或服务的标记,是商品生产者或经营者为了标明自己的商品或服务,区别于他人的同类商品或服务,在商品上服务中使用的一种特殊标记。这种标记一般是由文字、图形、字母、数字、三维标志和颜色组合以及这些要素的组合而成。

(二)商标的分类

商标的种类很多,可以依照不同标准予以分类。

1. 按商标是否具有法律的专用权分类

按商标是否具有法律保护的专用权,可以分为注册商标和未注册商标。我国《商标法》规定:"经商标局核准注册的商标为注册商标,包括商品商标、服务商标和集体商标、证明商标;商标注册人享有商标专用权,受法律保护。"我们所说的商标权的评估,指的是注册商标专用权的评估。

2. 按商标的构成分类

按商标的构成,可以划分为文字商标、图形商标、符号商标、文字图形组合商标、色彩商标、三维标志商标等。

3. 按商标的不同作用分类

按商标的不同作用,可以分为商品商标、服务商标、集体商标和证明商标等。在这里,集体商标是指以团体、协会或者其他组织名义注册,供该组织成员在商事活动中使用,以表明使用者在该组织中的成员资格的标志。证明商标,是指由对某种商品或者服务具有监督能力的组织所控制,而由该组织以外的单位或者个人使用其商品或者服务,用以证明该商品或者服务的原产地、原料、制造方法、质量或者其他特定品质的标志。

二、影响商标权价值的因素

商标权的价值是由商标所带来的效益决定的,带来的效益越大,商标价值就越高,反之则低。而商标带来的效益的原因,在于它代表的企业的产品质量、信誉、经营状况的提高。

影响商标权的价值因素很多,进行商标权价值评估时应着重考虑以下几个因素。

(一)商标的法律状态

1. 商标注册情况

我国实行的是"不注册使用与注册使用并行,仅注册才能产生专用权"的商标专用权制度。按照这种制度,只有获得了注册的商标使用人才享有专有权,才有权排斥他人在同类商品上使用相同或相似的商标,也才有权对侵权活动起诉。因而只有注册了的商标才具有经济价值。未注册的商标即便能带来经济效益,其经济价值也得不到确认。

2. 商标权的失效

在我国,注册商标的有效期是10年,10年届满如果没有申请续展,则商标的注册将被注销,商标权失效。

另外还有几种情况可能导致商标权的失效:自行改变注册商标的,自行改变注册商标的注册人名义、地址或者其他注册事项的,自行转让注册商标的,连续三年停止使用的。

商标权一旦失效,原商标所有人不再享有商标专用权,也就失去了评估对象,也就不再具有经济价值。

3. 商标权的续展

商标注册人按期提出续展申请,经商标局核准,商标权可以无限续展。在合法续展的情况下,商标权可以成为永久性收益的无形资产,驰名老牌商标权的价值一般与其寿命成正比,寿命越长,价值越高。如果没有商标续展的规定,一个驰名商标在临近保护期的前一年进行评估,其评估值可能不如一个刚刚注册、有效期还有十年的非驰名商标。但实际上,由于有续展的规定,没有人愿意出高价购买非驰名商标,原因是驰名商标通过续展可以长期为购买者带来比较高的超额收益。

4. 商标权的地域性

商标权的地域范围对商标权的价值有很大影响。商标权具有严格的地域性,商标权只有在法律认可的一定地域范围内受到保护。由于不同国家存在着不同的商标保护原则,商标权并不是在任何地方都受到保护。商标所有者所享有的商标权,只能在授予该项权利的国家领域内受到保护,在其他国家则不发生法律效力。如果需要得到其他国家的法律保护必须按照该国的法律规定,在该国申请注册,或向世界知识产权组织申请商标国际注册。

5. 商标权在特定的商品范围内有效

商标注册的商品种类及范围影响商标权的价值。商标注册申请采用"一类商品、一个商标、一份申请"的原则。评估商标权价值时,要注意商标注册的商品种类及范围,要考虑商品使用范围是否与注册范围相符合,商标权只有在核定的商品上使用时才受法律保护,对超出注册范围部分所带来的收益不应计入商标权的预期收益中。

(二) 商标的知名度

商标的知名度,即商标的驰名度。商标的知名度越大,其价值就越高,很多国家对驰名商标的保护力度远大于非驰名商标,对驰名商标的认定一般也有着苛刻的条件和复杂的手续。因而一般情况下,同一行业,驰名商标价值高于非驰名商标价值,取得驰名商标认定的商标,其价值高于普通商标的价值。是否完成驰名商标认定影响着商标权的价值。

(三) 评估目的

商标权评估目的即商标发生的经济行为,评估目的会直接影响到评估方法的选择。同样的资产,因为评估目的的不同,其评估方法的选择可能会不同,同一评估方法中各项评估参数的选取也会不同,因而评估值也往往不同。

从商标权转让方来说,可分为商标权转让和商标权许可使用。商标权转让是指转让方放弃商标权,归受让方所有,实际上是商标权的出售。商标权许可使用是指拥有商标权的商标权人,在不放弃商标所有权的前提下,特许他人按照许可合同规定的条款使用商标。商标权转让方式不同,评估值也不同。一般来说,商标所有权转让的评估值高于商标权许可使用的评估值。

从股份制企业商标评估情况来说,通常包括以商标权投资入股、商标权许可使用、商标权转让等。根据评估目的的不同,评估出商标权的不同价值。

(四)广告宣传

商标的广告宣传是扩大商标知名度和影响力的重要因素。通过广告宣传使大众熟悉该种产品或服务,刺激和维持消费需求,从而扩大产品销量,为企业带来更多超额利润,另外,商标的广告宣传费用,也是商标成本的重要组成部分。因而商标的广告宣传对其价值产生重大影响。

(五)其他因素

除上述影响商标价值评估的因素外,还有其他一些因素对商标价值评估也构成影响,例如:商标的注册、使用、购买成本,商标注册时间、有无许可使用等都是影响商标权价值的重要因素、商标所依托的商品的状况、商标的外观设计、企业产新品的开发能力、售后服务等等因素。

三、商标权的评估程序

(一)明确评估目的

与商标权有关的经济行为一般包括转让、许可使用、投资入股等。在商标权转让时,需要评估商标专用权的价值;在许可使用商标时,需要评估商标的许可使用费;在以商标权投资入股时,需要对商标权价值进行评估。

(二)收集商标的有关资料

收集的资料包括商标注册的有关法律特征、商标的历史和知名度,以及使用该商标的企业经营状况。

(三)商标产品的市场分析

分析的内容包括使用该商标的产品的市场现状、市场前景、市场竞争能力、市场环境变化等方面。

(四)确定评估方法及有关指标

商标权的评估一般采用收益法。使用商标所产生的超额收益额、折现率、收益期限等三项指标的确定,是评估商标权的关键。确定收益期限的依据是能够获得超额收益的时间,而注册年限及到期后的续展只是分析收益期限的前提。

(五)计算分析并完成评估报告

(略)。

四、商标权评估方法

前面介绍的三种评估方法也同样适用于商标权评估,但比较常用的是收益法。

(一) 商标权转让的评估

【例9】 某运动鞋生产厂将自己已使用30年的注册商标转让。资料显示,该企业近几年这一商标的运动鞋比市场上同类鞋价高出3元,市场供需状况很好,据估计该品牌还可获取超额利额最少10年,前五年可以维持现有水平,后5年每双鞋超额利润下降到2元/双,年产销量均为200万双,评估这一商标的转让价值(折现率为10%)。

(1) 前五年每年的超额利润 $=3\times200=600$(万元)

(2) 后五年每年的超额利润 $=2\times200=400$(万元)

(3) 商标权价值 $=600\times[(1+10\%)^{-1}+(1+10\%)^{-2}+(1+10\%)^{-3}+(1+10\%)^{-4}+(1+10\%)^{-5}]+400\times[(1+10\%)^{-6}+(1+10\%)^{-7}+(1+10\%)^{-8}+(1+10\%)^{-9}+(1+10\%)^{-10}]$

$=600\times3.7907+400\times2.3536$

$=2274.42+941.44$

$=3215.86$(万元)

由此确定商标权转让评估值为3 215.86万元。

(二) 商标许可价值评估

【例10】 某农用运输车生产企业所生产的"巨力"(已经注册商标)牌三轮车,在同类产品中享有较好的声誉,平均每辆三轮车的超额售价为80元。现有一家集团公司拟介入农用三轮车的生产经营领域,为了降低其经营风险,该集团公司与农用运输车生产企业协商有关使用"巨力"商标的事宜。经双方协商,集团公司近五年内每年可在1 500~1 600辆三轮车上使用"巨力"商标,但需要标明其真实生产厂家,且每年按照其使用"巨力"商标的车辆销售收入的4%缴给该农用运输车生产企业,作为使用"巨力"商标的许可使用费。试评估该许可使用费的现值。

估算过程如下:

预计集团公司使用"巨力"商标的三轮车平均售价为2 500元/辆,五年内可生产销售的三轮车数量分别为1 450辆、1 500辆、1 550辆、1 600辆、1 600辆。因而,五年内的销售收入预计分别为:

第1年:$1\,450\times2\,500=3\,625\,000$(元)

第2年:$1\,500\times2\,500=3\,750\,000$(元)

第3年:$1\,550\times2\,500=3\,875\,000$(元)

第4年:$1\,600\times2\,500=4\,000\,000$(元)

第5年:$1\,600\times2\,500=4\,000\,000$(元)

确定分成率为4%。确定折现率为10%。许可使用费的现值为:

$$4\%\times\left(\frac{3\,625\,000}{1.1}+\frac{3\,750\,000}{1.1^2}+\frac{3\,875\,000}{1.1^3}+\frac{4\,000\,000}{1.1^4}+\frac{4\,000\,000}{1.1^5}\right)\times(1-33\%)=389\,172(元)$$

第五节 版权评估

一、版权及其特点

(一)版权的概念

版权也称著作权,是指文学、艺术和科学作品的作者对其创作的作品所享有的独占权。我国《著作权法》中所称的作品包括:文字作品、口述作品、音乐、戏剧、曲艺、舞蹈作品、美术、摄影作品、电影、电视、录像作品、工程设计、产品设计图纸及其说明、地图、示意图等图形作品、计算机软件、民间文学作品、法律及行政法规等规定的其他作品。著作权人享有的著作权包括著作人身权和著作财产权这两种不同的民事权利,这是著作权最主要的特点。其中,著作人身权包括:发表权(决定作品是否公之于众的权利),署名权(表明作者身份,在作品上署名的权利),修改权(修改或授权他人修改作品的权利),保护作品完整权(保护作品不受歪曲、篡改的权利)。而财产权则是通过使用权和获得报酬权(以复制、表演、播放、展览、发行、摄制电影、电视、录像或者改编、翻译、注释、编辑等方式使用作品的权利)来体现的。著作人身权不能继承或转让,但是财产权却可以。另外,版权必须通过一定的物质载体来体现,如书籍、唱片、录像带、录音带等。

作品的版权包括对于评估而言,一般考虑的是权利人所拥有的经济权利。

(二)版权的保护期

版权中作者的署名权、修改权、保护作品完整性的保护期不受限制,永远归作者所有。作品的发表权、使用权和获得报酬权的保护期为作者终生至死亡后 50 年,如果是合作作品,截止于最后死亡的作者死亡后 50 年。法人或者其他组织的作品发表权、使用权和获得报酬权的保护期为作品首次发表后 50 年。电影作品和以类似摄制电影的方法创作的作品、摄影作品,发表权、使用权和获得报酬权的保护期为作品首次发表后 50 年。计算机软件的保护期限,在新修改的《计算机软件保护条例》中作了修改。根据新的《保护条例》,软件版权自软件开发完成之日起产生。自然人的软件版权,保护期为自然人终生及其死亡后 50 年,截止于自然人死亡后第 50 年的 12 月 31 日;软件是合作开发的,截止于最后死亡的自然人死亡后第 50 年的 12 月 31 日。法人或其他组织的软件版权,保护期为 50 年,截止于软件首次发表后第 50 年的 12 月 31 日,但软件自开发完成之日起 50 年内未发表的,本条例不再保护。

(三)版权的特点

1. 自动保护原则

除个别国家立法上要求一定程序外,版权一般因创作而自动产生。我国《著作权法》对作品的保护采用自动保护原则。无论登记与否,作品一旦产生,作者便享有版权,受到法律保护。

2. 权利的多样性

根据《著作权法》的规定,版权人享有17项权利,其中明确规定4项精神权利和12项经济权利,各权利的行使相互独立。

3. 受法律保护

根据《著作权法》规定,版权是自动获得的权利。就版权的权利内容、保护期以及权利的限制,法律上有相关的明确规定。

二、版权的使用形式

版权的使用形式包括转让和许可使用两种方式。

(一)版权的转让

版权的转让是指作者将对作品的部分或者全部专有权利转让给他人并获得报酬的方式。其中,作者将全部专有技术转让给他人相当于卖断著作权,例如,某人出钱请别人写论文或者著作,写作人对作品没有任何权利,其著作权的全部内容一律由买方享有,但这种情况很少发生,而且在某些国家是不允许的。比较常见的是部分出让版权的行为。

(二)版权的许可使用

著作权人可以将自己的权利交由他人使用,这成为版权的许可使用。版权的许可转让方式可以分为专有许可和非专有许可。专有许可是指根据合同获得使用权的使用方拥有该作品著作权的独家使用权,著作权拥有者不得将其著作权的使用权许可给他人使用。而非专有许可使用权是指著作权拥有者将著作权的使用权许可给一方使用后,还可以将其拥有的著作权许可给他人使用,各个著作权的使用者之间在法律上是不相互排斥的。

三、计算机软件评估

同其他作品的版权评估一样,计算机软件(也包括电子数据库)同样得到《著作权法》的保护,而且也受到《专利法》等法规的保护,但软件评估和一般文学作品、艺术作品等版权评估存在区别。

(一)计算机软件及分类

1. 计算机软件的概念

计算机软件是指计算机程序、方法、规则、相关的文档及在计算机上运行时必需的数据。也可以说,软件是由程序和开发它、使用它、维护它所必需一切文档组成。

2. 计算机软件分类

软件可分为系统软件和应用软件两大类。

(1)系统软件。系统软件是指与计算机硬件直接发生关系,能扩充计算功能,合理调度、管理计算机各种资源。它具有两个重要特点:一是共享性,即系统软件可应用领域以及用户十分广泛;二是基础性,系统软件是应用软件的运行基础,应用软件常常要用系统软件来编写程序,以实现其应用功能。

按照不同的功能,系统软件又可分为:①控制程序。控制程序是计算机系统的中枢,它用以控制和管理计算机系统内的所有资源,其主要功能是进行处理机管理、存储器管理、设备管理、文件管理和作业管理。各种操作系统就由这些程序模块所组成。②通信程序。对网络结构各层次间的通信规程、通信故障进行处理,并对网络进行控制。③语言处理程序。语言处理程序将各种程序设计语言翻译成计算机的机器语言,包括汇编程序、编译程序、解释程序、各种生成程序等。④数据库管理程序。它是一组专门处理对数据库访问的软件,负责数据库中所有数据的存贮、检索、修改以及安全保护等。⑤软件开发的支援程序。支援程序给软件开发提供良好的环境,从而提高软件开发的效率和质量。与软件开发过程的各个阶段相对应,有许多种支援程序。

(2)应用软件。应用软件指计算机用户根据某一应用需要而编制的专用软件。应用软件可分为公用软件和专业应用软件。公用应用软件,指一种不分业务、行业,有许多应用领域的软件,如杀毒软件、多媒体软件。专业应用软件指按业务、行业、专业领域分类的专门应用软件。比如,物理勘探领域的地震采集软件、定制并应用于某一企业的 ERP 软件等。专业应用软件较公用软件而言,除了凝结软件开发技术成分外,还包含了根据该业务、该行业的专门知识,因此专业应用软件具有开发难度较大、技术含量高、软件应用领域较窄等特点。因此评估方法以及评估参数的选取应充分考虑软件的类型,这对准确反映软件的价值是很重要的一个方面。

然而就无形资产的所有者而言,软件可以简单分成两类:预备出售或进行许可的软件,也可称之为软件产品;另一类是企业内部使用的软件,包括内部开发的软件和外购或者被特许使用的软件,如操作系统软件等。

对于软件类型的确认它是价值评估初期不可缺少的一环,对于评估方法的选择、评估参数的选取,软件的类型都是不可忽视影响因素之一。

(二)计算机软件的评估特点

1. 计算机软件的特点

计算机软件价值评估中,应首先关注计算机软件所具有的无实物形态但以实物为载体、容易被复制、高智力投入而且需长期持续投入等特点。

软件产品是无形的,没有质量、体积以及其他物质性,只能存在于有形的载体中,如磁盘、光盘、硬盘等介质中,而且通过该载体进行交易,所以软件交换价值应该是载体的自身价值和软件价值之和,但是一般来说软件价值远大于载体价值,载体价值在实际评估操作中甚至可以忽略。软件产品的无形性也决定了应用成本法进行价值评估时,仅考虑有形成本资料的投入是不全面的。

软件产品的复制(批量生产)相应简单,其复制成本同其开发成本比较,几乎可以忽略不计。因此,软件产品比较容易被复制乃至剽窃。这使得对进入公用领域软件的市场进行预测时,其实际市场结果往往和预测存在不小的差距。

2. 计算机软件价值评估的特殊性

由于计算机软件成本具有明显的不完整性和弱对应性,给企业带来的经济效益也可能受各种因素的影响而具有明显的不确定性,加之当前我国软件技术交易市场也很不成熟,给软件评估带来许多困难。在进行评估时,还应该全面考虑如下因素:软件规模大小,软件复杂程度,程序类型,软件对支持条件和运行环境的要求,软件的有效收益或经济寿命期,软件的维护成本和升级能力,市场竞争状况,权属关系以及计算机软件的先进性、稳定性和实用性等性能技术指标。另外,评估人员在评估时,还应考虑评估对象是自行开发研制还是引进的、是多次转让还是一次转让等因素对软件价值的影响。

(三) 计算机软件价值评估方法

计算机软件做为单项无形资产进行价格评估,一般发生在软件转让时。软件的转让有两种形式:一种是计算机软件与硬件一起转让。这种方式包括:软件作为随机软件与硬件一道出售;软件的转让发生在计算机系统或计算机控制的设备交易中;在全套计算机系统的"交钥匙合同"中。另一种是单纯的计算机软件转让。这种方式包括:专用软件的转让,这时转让许可方一般是被许可方专门指定的软件设计公司;通过软件(即软件包)的转让,一般是非独占使用的许可;定做软件的转让,这是由许可方根据被许可方的要求进行设计,或把相应的通用软件按被许可方要求进行修改而设计的软件,从性质上讲也是一种专用软件。

作为无形资产评估对象的计算机软件仅指单纯的软件转让,软硬件相结合的转让不在此范围内。

计算机软件价值评估一般有市场法、重置成本法和收益现值法。市场法适用于计算机软件市场、技术市场和资本市场比较发达的国家和地区,专用软件和尚未投入生产的软件一般用重置成本法,已经生产并投放市场的软件多采用收益现值法。

1. 市场法

市场法评估方法主要是通过计算机软件市场或技术市场、资产市场上选择相同或近似的资产作为参照物,针对各种价值影响因素,主要是计算机软件的功能类比,将被评估计算机软件与参照物计算机软件进行价格差异的比较调整,分析各项调整结果,确定评估计算机软件资产的评估值。计算公式为:

$$V = \alpha\beta V' \tag{8-22}$$

式中:V——委托评估计算机软件的价值;

V'——参照物计算机软件的价值;

α——生产率调整系数;

β——价值调整系数。

市场法多用于软件产品定价,软件整体价值评估等。计算机软件评估中用的较多的是市场法下的功能类比法。在市场数据比较公开化的前提下,市场法工作量一般。但其他软件的市场数据比较难采集,目前在我国可操作性不强。

2. 成本法

计算机软件评估时,对于未开发完成软件、专用(即用户只有一个或若干个)软件以及虽属于通用软件但尚未投入生产、销售的,一般采用重置成本法。

重置成本法指按被评估资产的现时完全重置成本减去损耗或贬值来确定被估资产的价格。其基本公式为:

$$评估价值 = 重置成本 - 贬值 \tag{8-23}$$

成本法评估计算机软件价值的基本模型有开发成本要素、开发过程成本或语句行数等三种成本评估模型。

(1)开发成本要素估算法。这是一种从软件产品成本构成来估算软件成本的方法。如果我们能确定出构成总成本的每种费用的大小,那么我们就能够得出产品的总成本。如果其中的一些成本难以确定,则我们可以通过一些经验或历史数据来估算,表8-1是我国软件产品开发成本的估算因素表,它可供软件成本估算时作参考。

表8-1 软件产品开发生产成本估算因素表

序号	成本要素	占总成本比例(%)
1	主要材料费(如磁盘等)	7.6
2	资料费	7.6
3	包装费(盘、带、资料等的包装)	0.76
4	人员工资费用	10.41
5	燃料动力费	1.26
6	研发经费及企业管理费用	
	(1)一般易耗品	0.76
	(2)低值易耗品	0.96
	(3)修理费用(按固定资产的20%计)	2.50
	(4)三包损失费(按销售收入10%计)	1.56
	(5)保险费(按固定资产和流动资金的5%计)	0.79
	(6)流动资金贷款利息	2.79
	(7)折旧费	17.49
	(8)摊销费	3.43
	(9)科研开发费(按销售收入10%计)	15.62
	(10)技术转入费(按销售收入15%计)	17.67
	(11)其他	7.24
7	销售费用	1.56
	总成本合计	100

(2)工作量成本估算方法。工作量成本法把软件开发分成系统分析、系统设计、程序设计和软件测试四个阶段,按每个阶段的工作量(人/月)和每个工作量的成本来计算。估算步骤如下:

第一步,将软件的功能进行分解,当然,每个功能都要经历上述四个阶段。

第二步,确定每个功能、每个阶段的工作量(人/月)。

第三步,确定每个阶段的工作量成本(元/人月),一般而言,高级技术人员参与的成本较高,初级技术人员参与的成本较低。

第四步,计算每个阶段的成本,进而计算出整个软件的成本。

(3)语句行成本估算方法。语句行成本估算方法是根据所开发的软件的源程序语句行数和每行源程序语句的成本来估算的。

国内的评估界,在采用成本法评估计算机软件时,常将以上三种方法结合起来,并参考国外评估理论,总结出一套操作性较强、目前评估实际应用比较广泛的计算机软件成本评估模型,即参数成本法模型。该成本评估方法最初由美国参数成本预测计算机软件计费发展而来。美国从20世纪50年代开始了参数成本费的研究,在80年代基本形成了参数成本计费的基本理论和实践体系,于90年代初期开始推广运用。本书主要介绍COCOMO II模型以及Doty模型用于确定计算机软件开发工作量。

该模型对于系统软件,大型专业应用软件,或刚开发完成还没有进入市场的计算机软件产品,以及不存在交易市场的自用计算机软件,都可采用。

基本公式和原理:

$$P = C_1 + C_2 \tag{8-24}$$

式中:P——计算机软件成本评估值;

C_1——计算机软件开发成本;

C_2——计算机软件维护成本。

计算机软件开发成本C_1由计算机软件工作量M和单位工作量成本W所决定,其计算机公式为:

$$C_1 = M \times W \tag{8-25}$$

式中:C_1——计算机开发成本;

M——工作量(单位人/月);

W——单位工作量成本。

此处,计算机软件工作量M为在现时以及现有条件下,重新开发此计算机软件所需工作量,为一般水平下的计算机软件劳动工作量。单位工作量成本W为待评估软件开发公司实际投入的成本除该计算机软件实际工作量,体现的是该软件公司开发该计算机软件的实际生产能力。因此,可以认为系统软件的开发成本按其工作量及单位工作量成本来测算是可行的。

成本法适用于软件的整体转让、定价等经济行为。但是,成本法评估工作量大,对于软件创造性价值考虑较少。软件维护成本较高,持续时间较长,各种软件都不相同,软件维护成本预测的准确性对软件价值影响较大。

3. 收益法

收益现值法是通过估算待评估软件在未来的预期收益,并采用适宜的折现率折算成现值,然后累加求和,得出软件价值的一种评估方法。

收益法评估软件价值与其他技术类无形资产评估(如专利技术、专有技术等)类似。其基本公式为:

评估值=未来收益期内各收益现值之和,即:

$$P = \sum_{i=1}^{n} [R_i / (1+r)^i] \tag{8-26}$$

式中:P——无形资产现值(评估值);

R_i——第i年收益期内的预期收益额;

n——收益可以持续的年限;

r——适用的折现率。

采用收益法进行评估,首先要解决的就是关于R_i、n、r等参数的选取问题。由于软件作为一种特殊的技术产品,因此软件采用收益法评估与其他技术类无形资产评估的参数选取具有一定的区别。

收益期限内收益值R_i的确认:软件评估中所涉及的收益通常是指销售或者购入软件所得取得的收益。

软件产品的收益的预测值存在一个一般的趋势:即使用者对新推出软件的适用性和稳定性有一个认识过程,所以第一阶段相对收益较低,处于市场开拓期间;第二阶段有所上升,处于发展期,第三阶段达到峰值,属于稳定期;以后由于功能更强的新一代软件的推出或者市场容量的饱和,先进性相对减弱,收益发生下滑,此为衰减期。

软件行业所具有的特殊性,行业竞争激烈、新产品推出速度快、未来市场把握性弱等一系列的特点,带来收益预测准确率低、有效经济寿命短、市场风险大等情况,因此,我们在评估实践中得出:自行开发生产、独家转让并可投入生产的软件均可采用收益现值法进行评估。

购入软件也可取得收益,一般包括两种情况:一种是购入软件使用权产生的收益,即购入某种软件后企业在经营中获得的收益增量,例如,某单位购入用于特殊数据采集的国外某软件进行数据处理,因提高计算进度,节省工程时间,改善工作效率而产生的收益;另一种是购入软件使用许可权和获得报酬权的收益。

运用收益法要求资产与经营收益之间存在稳定的比例关系,未来收益可以预测。而软件的收益期限较其他技术类产品短,收益额受到软件技术水平、技术风险、市场前景等因素的影响与作用,因此收益额的预测准确与否对软件评估值影响很大。对于已经生产并投放市场的诸如财务软件、人力资源管理软件等通用软件,具有市场容量的专业应用软件等可采用收益现值法。收益法可操作性较强,工作量较大。

第六节 商誉的评估

一、商誉及其特点

中国资产评估协会发布的《资产评估执业准则——无形资产》中指出:"不可辨认的无形资产是指商誉。"商誉作为一项无形资产,它具有不可确指性,人们无法确切地指明商誉具体由什么因素形成,各种因素对形成商誉的贡献有多大。现在所称的商誉,是指企业所有无形资产扣除各单项可确指无形资产以后的剩余部分。商誉具有如下特点。

(1)商誉不能离开企业而单独存在,不能与企业可确指的资产分开出售。

(2)商誉是多项因素作用形成的结果,但形成商誉的个别因素,不能以任何方法单独计价。

(3)商誉本身不是一项单独的、能产生收益的无形资产,而只是超过企业可确指的各单项资产价值之和的价值。

(4)商誉是企业长期积累起来的一项价值。

二、商誉的评估方法

商誉的评估方法有割差法和超额收益法。

(一)割差法

割差法是根据企业整体评估价值与各单项资产评估值之和进行比较确定商誉评估值的方法。基本公式是:

$$商誉评估值 = 企业整体资产评估值 - 企业的各项资产评估值之和(含可确指无形资产)$$

(8-27)

企业整体资产评估值可以通过预测企业未来预期收益并进行折现或资本化获取;对于上市公司,也可以按股票市价总额确定。采取上述评估方法的理论依据是,企业价值与企业可确指的各单项资产价值之和是两个不同的概念。如果有两个企业,企业可确指的各单项资产价值之和大体相当,但由于经营业绩悬殊,预期收益悬殊,其企业价值自然相去甚远。企业中的各项单项资产,包括有形资产和可确指的无形资产,由于其可以独立存在和转让,评估价值在不同企业趋同。但它们由于不同的组合,不同的使用情况和管理,使之运行效果不同,导致其组合的企业价值不同,使各类资产组合后产生的超过各项单项资产价值之和的价值,即为商誉。

商誉的评估值可能是正值,也可能是负值,当商誉为负值时,有两种可能:一种是亏损企业,另一种是收益水平低于行业或社会平均收益水平的企业。

【例 11】 某企业进行股份制改组,根据企业过去经营情况和未来市场形势,预测其未来 5 年的净利润分别为 13 万元、14 万元、11 万元、12 万元和 15 万元,并假定从 6 年开始,以后各年净利润分别为 15 万元。根据银行利率及企业经营风险情况不确定折现率均为 10%,并且,采用单位资产评估方法,评估确定该企业各单项资产评估之和(包括有形资产和可确指的无形资产)为 90 万元,试确定该企业商誉评估值。

首先,采用收益法确定该企业整体评估值。

$$\begin{aligned}企业整体评估值 &= 13 \times 0.909\,1 + 14 \times 0.826\,4 + 11 \times 0.751\,3 + 12 \times 0.683\,0 \\ &\quad + 15 \times 0.620\,9 + 15 \div 10\% \times 0.620\,9 \\ &= 49.161\,7 + 93.135 \\ &= 142.296\,7(万元)\end{aligned}$$

因为该企业各单项资产评估值之和为 90 万元,由此可以确定商誉评估值,即:

$$商誉的价值 = 142.296\,7 - 90 = 52.296\,7(万元)$$

(二)超额收益法

商誉是企业收益与按行业平均收益率计算的收益差额的资本化价格。可见,商誉评估值指的是企业超额收益的资本化价格。把企业超额收益作为评估对象进行商誉评估的方法称为超额收益法。超额收益法根据被评估企业的不同,又可分为超额收益资本化价格法和超额收益折现法两种具体方法。

1. 超额收益资本化价格法

超额收益资本化价格法是把被评估企业的超额收益经资本化还原来确定该企业商

誉价值的一种方法。

其计算公式是：

$$商誉的价值 = \frac{企业预期年收益额 - 行业平均收益率 \times 该企业的单项资产评估值之和}{适用资本化率} \quad (8-28)$$

或：

$$商誉的价值 = 被评估企业单项资产评估价值之和 \times \frac{被评估企业预期收益率 - 行业平均收益率}{适用资本化率} \quad (8-29)$$

式中：被评估企业预期收益率 = 企业预期年收益额/企业的单项资产评估价值之和×100%

2. 超额收益折现法

超额收益折现法是把企业可预测的若干年预期超额收益进行折现，把其折现值确定为企业商誉价值的一种方法。其计算公式是：

$$商誉的价值 = \sum_{i=1}^{n} \frac{S_i}{(1+r)^i} \quad (8-30)$$

式中：S_i——第 i 年企业预期超额收益；

r——折现率；

$\frac{1}{(1+r)^i}$——折现系数。

【例12】某企业将在今后五年内保持具有超额收益的态势，五年后预计将会丧失经营优势，无法取得超额收益。预计五年内的年收益额为200万元，该企业的各单项资产评估总价值为900万元，企业所在行业的平均投资报酬率为20%，并以此用为折现率，试评估该企业的商誉价值。

该企业商誉的价值 = (200 - 900×20%) × (1 - 1/1.2⁵)/0.2
= 59.8(万元)

三、商誉评估应注意的问题

商誉本身的特性决定了商誉评估的困难性。现在虽然对商誉评估的理论和操作方法争议较大，但在商誉评估中至少应注意下列问题。

第一，不是所有企业都有商誉，商誉只存在于那些长期具有超额收益的少数企业之中。和同类型企业相比，企业超额收益越高，商誉评估值就越大。因此，在商誉评估过程中，必须全面了解和掌握被评估企业所属行业收益水平，才能合理评估出企业商誉的价值。

第二，商誉评估必须坚持预期原则，企业是否拥有超额收益是判断企业有无商誉的标准。这里所说的超额收益指的是企业未来的预期超额收益，并不是企业过去或现在的超额收益。在评估过进中，对于目前亏损的企业，经分析预测，如果其未来超额收益潜力很大，则该企业也会有商誉存在，这在评估时必须加以综合分析和预测。

第三，商誉评估不能用投入费用累加的方法进行。商誉评估值高低与企业中为形成商誉而投入的费用和劳务没有直接关系，并不会因为企业为形成商誉投资越多，其评估值就越高。尽管所发生的投资费用和劳务会影响商誉评估值。商誉价值最终取决于企业获取预期超额收益的能力。

第四,商誉是由众多因素共同作用的结果,因为形成商誉的个别因素不能够单独计量,导致各项因素的定量差异调整很难进行,所以商誉评估也不能采用市场类比的方法进行。在对商誉评估方法的研究中,一种观点主张按形成商誉的因素将其分解成为地缘商誉、人缘商誉、质量商誉、组织商誉和其他商誉等,然后分别测定每个因素带来的超额收益,最后分别进行收益折现或本金化后汇总计算商誉的总价值。这种观点是值得商榷的,从定性分析角度,可以将形成商誉的因素加以分解和列举,用以说明商誉形成的内涵和构成因素,但要定量分析确定,在实际操作过程中仍然存在较大的技术障碍。

第五,企业负债与否、负债规模大小与企业商誉没有直接关系。有种观点认为,如果企业负债累累,就不可能有商誉。这种认识显然有失偏颇,市场经济条件下,负债经营是企业融资策略之一。从财务学原理分析,企业负债不影响资产收益率,而是影响投资者收益率,即资本金收益率。

第六,商誉与商标是有区别的,它们反映两个不同的价值内涵。企业拥有某项评估值很高的知名商标,但并不意味着该企业一定就有商誉。为了科学地确定商誉的评估值,注意商誉与商标的以下区别是必要的。

(1)商标是产品的标志,而商誉则是企业整体声誉的体现。商标与其产品相结合,如果它所代表的产品质量越好,市场需求越大,商标的信誉越高,据此带来的超额收益越大,其评估值也就越大。而商誉则是与企业密切相关的,企业经营机制完善并且运转效率高,企业的经济效益就高,信誉就好,其商誉评估值也就越大。可见,商标价值来自产品所具有的超额获利能力,商誉价值则来自企业所具有的超额获利能力。

(2)商誉作为不可确指的无形资产,是与企业及其超额获利能力结合在一起的,不能够脱离企业而单独存在。商标则是可确指的无形资产,可以在原组织继续存在时转让给另一个组织。

(3)商标可以转让其所有权,也可以转让其使用权。而商誉只有随企业行为的发生实现其转移或转让,没有所有权与使用权之分。

(4)商标是有《商标法》保护的法定的无形资产;商誉则是收益型的无形资产。

尽管商誉与商标的区别可以列举许多,但商誉与商标在许多方面是密切关联的,两者之间有时存在相互包含的因素。例如,与商誉相对应的企业超额收益中包含商标作用的因素,这也是在评估中必须加以分析确定的。

第七节 其他无形资产评估

一、专营权

专营权又称特许经营权,它是指获准在一定区域、一定时间内经营或销售某种特定商品的专有权利。一般分为两种:一种是政府特许的专营权(许可证),如生产许可证、进出口许可证;另一种是一企业特许另一企业使用其商标权或在特定地区内经营销售某产品,如某电视机厂允许另一电视机厂使用其商标和厂名生产电视机等。专营权的实行,一般能使专营权拥有者获得较高经济收益。专营权的评估就是评估专营权带来的额外经济收益和付出的代价,其现值的差额就是专营权益。

【例13】 A企业为了生产、销售方便,允许另一地区的一家B企业利用其专营商标,生产其专营的特种公安器材,时间5年,双方约定由B企业每年按其销售利润的15%一次向A企业缴纳专营使用费。求该专营使用费的重估价值。

经预测,在使用专营权期,B企业在第一年可获取销售利润率100万元,第二至第五年平均每年获取销售利润150万元,设折现率为12%,则这项专营使用价值的现值为:

$$(100 \times 0.893 + 150 \times 2.712) \times 15\% = 74.42(万元)$$

二、租赁权的评估

租赁权是在租赁合同规定的期限内将财产的使用权转让给承租方,承租方按照合同规定所获得的财产使用权。承租方必须向出租方支付一定的报酬,并在财产使用完毕之后将原物返还给出租方。

租赁权评估不是对租赁期间的租金的评估。租赁权体现在对租入资产的占有、使用和收益上,其收益一般来说应该高于为占有、使用该资产所支付的成本,如租金、维修费等,这个额外的收益就构成了租赁权的价值。因此,租金不是租赁权的价格,租赁权的评估对象是租赁行为可能带来的超额经济收益,评估的依据也是租赁权产生的经济效益。其评估思路为:用收益现值法计算出各期租赁资产预计的可实现收益,减去合同规定的租金,再折现汇总。

三、合同权益评估

合同权益是依照已签订的合同条件而存在的权利。合同本身规定了相应的权利和义务,规定了权利存在的条件和时限,规定了权利转移和补偿的条款等。如果合同包括了许多有利因素,因产权交易、索赔等目的,需要对合同权益进行评估。

合同权益的典型例子是租赁权益。除此之外,还有许多有关商品和劳务的合同都是有价值的。这些合同主要可分为两类:收入合同与供给合同。

(一)收入合同

(1)有利的出租合同。前面从承租人角度分析了租赁权益,实际上出租人也可以享有租赁合同的额外收益,只要合同条款比市场条件更有利。

(2)有效进行销售、保管、运输的协作合同,对外提供劳务和服务的有利合同。特别是在市场萧条情况下,产品和劳务的销售合同是很有价值的。

(3)比市场条件较优惠的保险补偿合同等。

(二)供给合同

(1)优惠贷款和筹资协议。

(2)供应原材料和配套产品的协议。特别重要的是供应紧缺物资或服务的协议,包括某些紧俏物资的国家分配指标、用电指标、车皮计划等。

（3）提供有关社会服务的协议，如职工培训、子女入托、上学等协议。没有这些协议或者没有这方面的服务条件，企业就将在这方面多付出，甚至影响到生产经营。

评估合同权益的通常办法是将合同条款决定的权益与现行市场合同权益进行比较，其差额就是合同权益。另一种办法是从企业全部收益中扣除其他生产要素的报酬，剩余额就是一揽子合同权益，具体方法与租赁权益的评估基本相同。

思考题

1. 什么是无形资产，无形资产价格具有哪些特点？
2. 无形资产评估具有哪些特点，其评估目的主要有哪两大类？
3. 什么是无形资产的经济寿命，无形资产的寿命具有哪些特点？
4. 评估无形资产的经济寿命可采用哪些方法？
5. 影响无形资产评估的基本因素有哪些？
6. 无形资产的成本具有哪些特点？
7. 如何运用重置成本评估自创无形资产与外购无形资产的价格？
8. 在以转让为目的的无形资产评估中，应考虑无形资产的哪些功能特性和前提条件？
9. 评估无形资产的收益现值可采用哪些方法？
10. 什么是专利、专有技术，在评估中应注意哪些问题？
11. 如何理解商标权转让与商标许可权，二者在评估中有何不同？
12. 什么是著作财产权，其包括哪些内容，如何评估其转让价格？
13. 租赁权、专营权的评估对象是什么？其评估基本思路是什么？

练习题

1. 某企业转让制药生产技术，经搜集和初步测算已知下列资料：

（1）该企业与购买企业共同享受该制药生产技术，双方设计能力分别为600万箱和400万箱；

（2）该制造生产技术系国外引进，账面价格500万元，已使用3年，尚可使用9年，3年通货膨胀率累计为10%；

（3）该项技术转让对该企业生产经营有较大影响，由于市场竞争，产品价格下跌，在以后9年中减少的销售收入按现值计算为100万元，增加开发费以保住市场的追加成本按现值计算为30万元。

根据上述资料,计算确定:
(1)该制药生产安全套技术的重置成本净值;
(2)该无形资产转让的最低收费额评估值。

2. 黄河公司转让显像管技术,购买方用于改造年产 30 万只显像管的生产线。经对无形资产边际贡献因素的分析,测算在其寿命期间各年度分别可带来追加利润为 100 万元、110 万元、90 万元、80 万元,分别占当年利润总额的 35%、30%、25%、20%。如折现率为 10%,试评估该无形资产的利润分成率。

3. 宏达企业拟转让其拥有的某产品的商标使用权,该商标产品单位市场售价为 1 000 元/台,比普通商标同类产品单位售价高 100 元/台,拟购买商标企业年生产能力 100 000 台,双方商定商标使用权许可期为 3 年,被许可方按使用该商标的产品年销售利润的 30% 作为商标特许方按使用该商标的产品年销售利润的 30% 作为商标特许权使用费,每年支付一次,3 年支付完价款。被许可方的正常销售利润为 10%,折现率按 10% 计算(暂不考虑税的因素)。

要求:根据上述条件计算该商标使用权的价格。

4. 宏达公司进行股份制改组,根据企业过去经营情况和未来市场形势,预测其未来 5 年的收益额分别是 13 万元、14 万元、11 万元、12 万元和 15 万元,并假定从 6 年开始,以后各年的收益额均为 14 万元。根据银行利率及企业经营风险情况确定的折现率和本金化率均为 10%。并且,采用单项资产评估方法评估确定该企业各单项资产评估之和(包括有形资产和可确指的无形资产)为 90 万元。

要求:试确定该企业商誉评估值。

5. 甲、乙两单位于 2018 年 12 月 31 日签订组建新企业的协议,协议商定甲单位以其拥有的一项实用新型专利 A 出资,乙单位以货币资金,总投资为 3 800 万元,合作期 20 年,新企业全部生产 A 专利产品,从 2019 年 1 月 1 日正式开工建设,建设期 2 年。甲单位拟投资的专利 A 于 2014 年 12 月 31 日申请,2016 年 12 月 31 日获得专利授予权及专利证书,并且按时缴纳了年费。

经充分分析论证后,预计新企业投产后第一年销售量为 12 万件,含税销售价格为每件 150 元,增值税税率为 17%,可抵扣进项税税额平均为每件 6 元,生产成本、销售费用、管理费用、财务费用为每件 80 元。投产后第二年起达到设计规模,预计每年销售量为 20 万元,年利润总额可达 1 100 万元。从投产第六年起,为保证市场份额,实行降低价格销售,预计年利润总额为 470 万元。企业所得税税率为 25%。企业所在地的城市维护建设税税率为 7%,教育附加为 3%。假设技术的净利润分成率为 25%,折现率为 10%,评估基准日为 2018 年 12 月 31 日。

要求:评估甲单位拟投资的实用型专利 A 的价值。

第九章

企业价值评估

本章提要

本章系统介绍了企业价值评估的基本概念、企业价值的不同表现形式和相互关系,学生应掌握企业价值评估的基本方法,熟悉掌握各种评估方法在企业价值评估中的应用。

第一节 概 述

一、企业及企业价值

(一)企业及其特点

企业是以盈利为目的,按照法律程序建立起来的经济实体,在形式上体现为在固定地点的相关资产的有序组合。进一步说,企业是由各个要素资产围绕着一个系统目标,发挥各自特定功能,共同构成一个有机的有生产经营能力和获利能力的载体。企业作为一类特殊的资产,有其自身的特点。

1. 营利性

企业作为一类特殊的资产,其经营目的就是盈利。为了达到盈利的目的,企业需具备相应的功能。企业的功能是以企业的生产经营范围为依据,以其生产工艺为主线,将若干要素资产有机组合起来形成的。

2. 持续经营性

企业要盈利,必须进行经营,而且要在经营过程中努力降低成本和费用。为此,企业要对各种生产经营要素进行有效组合并保持最佳利用状态。影响生产经营要素最佳利用的因素很多,持续经营是保证正常盈利的一个重要方面。如果企业生产经营断断续续,由于其固定费用不会因经营间断而减少,必然相对加大经营费用,影响盈利。所以,持续经营就成为企业的一个重要特征。

3. 整体性

构成企业的各个要素资产虽然各具不同性能,但它们是在服从特定系统目标前提下而构成企业整体。构成企业的各个要素资产功能可能不会都很健全,但它们可以综合在一起,成为具有良好整体功能的资产综合体。当然,即使构成企业的各个要素资产的个体功能良好,但如果它们之间的功能不匹配,由此组合而成的企业整体功能也未必很好。

(二) 企业价值

一个企业的价值,是该企业所有的投资人所拥有的对于企业资产索取权价值的总和。投资人包括债权人、股权人。债权人是指有固定索取权的借款人和债券持有人;股权人是指有剩余索取权的股权投资者。投资人索取权的账面价值,包括债务、优先股、普通股等资产的价值。

企业价值评估是指资产评估师对评估基准日特定目的下企业整体价值、股东全部权益价值或部分权益价值进行分析、估算并发表专业意见的行为和过程。企业价值评估是现代市场经济的产物。在我国,它是为适应频繁发生的企业改制、公司上市、企业购并和跨国经营等经济活动的需要而产生和发展起来的。由于评估对象的特殊性和复杂性,使其成为一项涉及面很广和技术性较强的资产评估业务。为指导资产评估师执行企业价值评估业务,维护社会公共利益和资产评估各方当事人合法权益,中国资产评估协会发布《资产评估执业准则——企业价值》,于2019年1月1日起施行。

根据评估目的,以及评估结果的不同用途,企业价值的表现形式有企业的资产价值、企业的投资价值和企业的股东权益价值等,不过在更多情况下,需要对企业的投资价值和权益价值评估。企业的资产价值是企业所拥有的所有资产包括各种权益和负债的价值总和。企业的投资价值是企业所有的投资人所拥有的对于企业资产索取权价值的总和,即前面所定义的严格意义上的企业价值。它等于企业的资产价值减去无息流动负债价值,或等于权益价值加上付息债务价值。企业权益价值代表了股东对企业资产的索取权,它等于企业的资产价值减去负债价值。

(三) 影响企业价值的因素

1. 技术装备程度

技术是生产力,技术进步有利于企业提高产品质量,提高生产效率,从而获得较多的竞争优势和利润。在两个企业各单项资产总价值量相同的情况下,技术较为先进或者机器设备的成新率较高的企业,企业价值就较高。企业技术装备程度主要体现在企业中的可移动长期资产方面,因为社会技术水平进步对不动产的影响相对较小。

2. 全部资产价值量

在社会资产利润率平均化的条件下,企业资产价值量越大,企业的获利能力越强;反之,企业的获利能力越低。企业全部资产价值量的大小既可以通过单项资产评估价值的加总得到,也可以利用账面净值进行调整得到。

3. 资产匹配程度

资产匹配程度是指企业中各类资产通过一定的配置方式能否最大限度地发挥出生产能力。只有企业各项资源实现了有效配置,才会最大限度地降低生产成本,提高生产效率,使得生产、财务、销售、管理等各部门运转流畅,避免不必要的浪费,从而使企业具有较强的获利能力。资源配置效率是企业经营管理中一个非常重要的问题。企业资产匹配主要包括两方面的含义:一是企业中各类资产的匹配状况,如流动资产、固定资产、无形资产等的匹配状况;二是各类资产内部的匹配状况,如固定资产中机器设备和房屋建筑物资产的匹配状况,流动资产中库存和流动现金的匹配状况等。这两方面的匹配状况直接影响着企业资源配置效率的高低。

4. 员工的素质

员工的素质包括企业经营管理者的经营管理思想、策略、领导方式以及员工的思想觉悟、文化修养和技术水平等。由于人是企业中最活跃的因素,也是最为重要的生产要素,所以他们的素质直接关系到企业的竞争能力和获利能力。因此,企业经营者及其员工的素质直接影响企业的竞争能力、应变能力、技术开发能力和扩大再生产能力。

5. 企业文化与信誉

企业文化指的是企业长期形成的一系列价值观念和行为规范。良好的企业文化能显著加强企业的凝聚力,调动员工的工作积极性,为企业创造出更大的价值。企业信誉是企业生产经营或提供产品、劳务在客户心目中的形象,它是企业商誉的重要来源之一。企业信誉主要包括产品信誉和经营信誉两个方面。企业以优异的产品质量对客户提供的服务并恪守与供应商的合同、按时交货等,都会为企业带来更高的商业利润。

6. 外部因素

外部因素主要包括国家政策、企业所处的地理环境、企业所处的社会经济环境等因素的影响。企业所处的地理位置和交通条件直接影响着企业的运输成本和其他额外的成本,而产业政策、产业结构、产业布局等则直接影响着企业未来的发展潜力和获利能力。

二、企业价值评估的特点

企业价值评估就其评估的具体目标来讲,频率最高的是评估企业整体价值(总资产价值)、所有者权益价值(净资产价值)和部分股权价值。不论企业价值评估的是哪一种价值,它们都是企业在特定时期、地点和条件约束下所具有的持续获利能力的市场表现。因此,企业价值评估就是由专业机构和人员,按照特定的目的,遵循客观经济规律和公正的原则,依照国家规定的法定标准与程序,运用科学的方法,对企业的持续获利能力的市场表现的评定和估算。

尽管企业价值评估有着不同的背景和出发点,但它们都是企业在特定时期、地点和条件下约束下所具有的持续获利能力的市场表现。企业价值评估具有以下特点:

第一,评估对象是由多个或多种单项资产组成的资产综合体。

第二,决定企业价值高低的因素,是企业的整体获利能力。

第三,企业价值评估是一种整体性评估,它与构成企业的各个单项资产评估值简单加的和是有区别的。这些区别主要表现为以下几点。

（1）评估对象的差别。企业价值评估的对象是按特定生产工艺或经营目标有机结合的资产综合体，而将构成企业的各个单项资产的评估值加总，则是先就各个单项资产作为独立的评估对象进行评估，然后再加总。

（2）影响因素的差异。企业价值评估是以企业的获利能力为核心，综合考虑影响企业获利能力的各种因素以及企业面临的各种风险进行评估。而将企业单项资产的评估值加总，是在评估时针对影响各个单项资产价值的各种因素展开的。

（3）评估结果的差异。由于企业价值评估与构成企业的单项资产的评估值加总在评估对象、影响因素等方面存在差异，两种评估的结果亦会有所不同。其不同之处主要表现在企业的评估值中包含不可确指的无形资产——商誉的价值。

三、企业价值评估对象的界定

企业本身就是一个复合的概念，如法律意义和经济意义上的企业含义并不相同。与此对应，企业价值也是一个复合的概念，如企业整体价值、股东全部权益价值和股东部分价值等。由于企业价值的表现形式是多层次的，评估对象的界定就是企业价值评估时首先必须明确的问题。同时，企业价值评估的目的及其所对应的经济行为对评估对象的界定起着决定性影响。因此，资产评估师在执行企业价值评估业务，应当根据评估目的等相关条件选择适当的价值类型。

可见，在我国，企业价值评估不仅涉及资产评估各方当事人合法权益，而且还很可能涉及社会公共利益，因此，需要评估师结合特定的评估目的、条件进行明确的说明和界定。

四、企业价值评估范围的界定

（一）企业价值评估的一般范围

企业价值评估的一般范围即企业的资产范围。从产权的角度界定，企业价值评估的范围应该是企业的全部资产。包括企业产权主体自身占用及经营的部分，企业产权主体所能控制的部分，如全资子公司、控股子公司，以及非控股公司中的投资部分。在具体界定企业价值评估的资产范围时，应根据以下有关数据资料进行。

（1）企业的资产评估申请报告及上级主管部门批复文件所规定的评估范围。

（2）企业有关产权转让或产权变动的协议、合同、章程中规定的企业资产变动的范围。

（二）企业价值评估的具体范围

在对企业价值评估的一般范围进行界定之后，并不能将所界定的企业的资产范围直接作为企业价值评估中进行评估的具体资产范围。因为企业价值基于企业整体盈利能力，所以，判断企业价值，就是要正确分析和判断企业的盈利能力。企业是由各类单项资产组合而成的资产综合体，这些单项资产对企业盈利能力的形成具有不同的贡献。其中，对企业盈利能力的形成做出贡献、发挥作用的资产就是企业的有效资产，而对企业盈利能力的形成没有做出贡献，甚至削弱了企业的盈利能力的资产就是企业的无效资产。企业的盈利能力是企业的有效资产共同作用的结果,要正确揭示企业价值,就要将企业资产范围内的有效资产和无效资产进行正确的界定与区分,将企业的有效资产作为评估企业价值的具体资产范围。这种区分,是进行企业价值评估的重要前提。

在界定企业价值评估的具体范围时,应注意以下几点。

(1)对于在评估时点产权不清的资产,应划为"待定产权资产",不列入企业价值评估的资产范围。

(2)在产权清晰的基础上,对企业的有效资产和无效资产进行区分,在进行区分时应注意把握以下几点:第一,对企业有效资产的判断,应以该资产对企业盈利能力形成的贡献为基础,不能背离这一原则;第二,在有效资产的贡献下形成的企业的盈利能力,应是企业的正常盈利能力,由于偶然因素而形成的短期盈利及相关资产,不能作为判断企业盈利能力和划分有效资产的依据;第三,评估人员应对企业价值进行客观揭示,如企业的出售方拟进行企业资产重组,则应以不影响企业盈利能力为前提。

(3)在企业价值评估中,对无效资产有两种处理方式:一是进行"资产剥离",将企业的无效资产在进行企业价值评估前剥离出去,不列入企业价值评估的范围;二是在无效资产不影响企业盈利能力的前提下,用适当的方法将其进行单独评估,并将评估值加总到企业价值评估的最终结果之中,或将其可变现净值进行单独列示披露。

(4)如企业出售方拟通过"填平补齐"的方法对影响企业盈利能力的薄弱环节进行改进时,评估人员应着重判断该改进对正确揭示企业盈利能力的影响。就目前我国的具体情况而言,该改进应主要针对由工艺瓶颈和资金瓶颈等因素所导致的企业盈利能力的薄弱环节。

五、企业价值评估的程序

企业价值评估是一项复杂的系统工程,制定和执行科学的评估程序,有利于评估效率的提高,有利于评估结果的真实和科学。企业价值评估一般可以按下列程序进行。

第一步,明确评估的目的和评估基准日。接受资产评估委托时,首先必须弄清和明确评估的特定目的。

评估的特定目的不同,选择的价值内涵,即价值类型也不一样,评估结果也不相同。评估基准日则是反映评估价值的时点定位,一般应考虑选择某一个结算期的终止日。

第二步,明确评估对象。明确评估对象包括两方面内容:一是确定被评估资产的范围和数量;二是资产的权益。就被评估资产的范围和数量来说,要明确哪些资产要评估,哪些资产不属于评估范围。例如,股份制改组过程中,是以全部资产作价入股,还是以企业净资产,还是以剥离企业办社会性资产后剩余的全部净资产或全部资产,还是以剥离非经营性资产和企业办社会性资产后剩余的全部资产等作价入股,直接影响到评估范围的确定。就资产权益来说,指的是企业资产的哪方面权益,是所有权还是使用权,这些都必须明确。

第三步,制订比较详尽的评估工作计划,这个工作计划包括:①整个评估工作(项目)的人员组成及项目的分工负责。②整个需要准备的资料,包括两部分:企业提供资料,应对企业所提供资料进行验收;现场查勘资料。有时会出现企业提供资料与现场查勘资料不一致,应进行协调,有关事宜也可在将来的评估报告中载明。例如,评估土地使用权时,如果未对该企业占用土地做实际丈量,而企业又提供了有关部门的具体资料,评估时如按企业提供资料评估,应在评估报告中说明。③工作进程的安排。整个评估工作分成若干阶段进行,并分阶段汇总讨论,随时解决评估中的具体问题。

第四步,对资料加以归纳、分析和整理,并加以补充和完善。

第五步,根据资产的特点、评估目的选择合适的方法,评估估算资产价值。

第六步,讨论和纠正评估值。评估结果完成后,应召集各方面,包括委托者、各有关部门等进行讨论,对评估过程加以说明,对特殊内容作出解释,未尽事宜进一步协商。在讨论和纠正评估值的过程中,绝不能随意调整评估值,应防止不必要的行政干预。

第七步,产生结论,完成资产评估报告。

第二节 企业价值评估中的价值类型和信息资料收集

一、企业价值评估中的价值类型

与其他资产评估结果的价值类型分类一样,企业价值评估中的价值类型也划分为市场价值和市场以外的价值类型两类。

市场价值是指企业在正常经营状态下,在评估基准日公开市场上最有可能实现的交换价值的估计值。评估企业的市场价值要求评估师所使用的信息资料都来源于公开市场。即使企业提供的数据资料是真实的,评估师也需要认真分析、判断这些信息资料是否属于公开市场信息,以保证用于企业价值评估的信息资料都是公开市场信息。只有这样,才能保证企业价值评估中所运用的市场价值的公允合理性是面向整个市场的,而不是针对某个特殊投资者的。

投资价值是指企业在评估基准日对于具有明确投资目标的特定投资者或者某一类投资者所具有的价值估计数额,亦称特定投资者价值,例如,企业并购中的被评估企业对于特定方的收购价值,企业改制中的管理层收购价值等。因此,投资价值的针对性很强,评估师在评估业务执行过程中应充分考虑并使用那些仅适用于特定投资者或者某一类投资者的特定评估资料和经济技术参数,以便更好地帮助特定投资者确定被评估企业在评估基准日所具有的价值。

在用价值是指评估对象作为企业特定组成部分按其正在使用方式和程度,能够对所属企业的贡献的价值估计数额。这种情况下,评估师对这些作为企业整体组成部分的要素资产,在评估业务执行过程中只考虑了该要素资产正在使用的方式和贡献程度,没有考虑该资产作为独立资产所具有的效用及在公开市场上交易等对评估结论的影响。

持续经营价值是指被评估企业按照评估基准日时的用途、经营方式、管理模式等继续经营下去所能实现的预期收益的现值的和。企业持续经营价值是一个整体价值的概念，它是基于被评估企业作为一个整体、并按照目前的模式继续经营下去的获利能力而言的。同它相对应地是企业的清算价值，清算价值是指在被评估企业处于被迫出售、快速变现等非正常市场条件下的价值估计数额。可见，清算价值是在企业作为一个整体持续经营已经不经济或者已经丧失了获利能力的特殊情况下的价值。当被评估企业无法或者不宜整体使用时，资产评估师通常应当考虑选择残余价值作为评估结论的价值类型。残余价值是指机器设备、房屋建筑物或者其他有形资产等的拆零变现价值估计数额。这种情形下的企业价值评估实际上是对破产清算企业进行价值评估，其评估就是对该企业的各单项资产的变现价值之和进行判断和估计。

资产评估师需要注意的是企业在持续经营前提下的价值并不必然大于在清算前提下的价值。因此，如果相关权益人有权启动被评估企业清算程序，资产评估师应当根据委托，分析评估对象在清算前提下价值大于在持续经营前提下价值的可能性。

二、企业价值评估中的信息资料收集与分析

企业价值评估中的信息资料收集是做好企业价值评估的一项非常重要的工作。评估师可以根据对本次企业价值评估所选择的价值类型，以及评估途径和方法，收集与本次企业价值评估相关的、有针对性的、有用的信息资料。

（一）企业价值评估中的信息资料收集

资产评估师执行企业价值评估业务，应当收集并分析被评估企业的信息资料和与被评估企业相关的其他信息资料，通常包括：①被评估企业类型、评估对象相关权益状况及有关法律文件；②被评估企业的历史沿革、现状和前景；③被评估企业内部管理制度、核心技术、研发状况、销售网络、特许经营权、管理层构成等经营管理状况；④被评估企业历史财务资料和财务预测信息资料；⑤被评估企业资产、负债、权益、盈利、利润分配、现金流量等财务状况；⑥评估对象以往的评估及交易情况；⑦可能影响被评估企业生产经营状况的宏观、区域经济因素；⑧被评估企业所在行业的发展状况及前景；⑨参考企业的财务信息、股票价格或股权交易价格等市场信息，以及以往的评估情况等；⑩资本市场、产权交易市场的有关信息；⑪资产评估师认为需要收集分析的其他相关信息资料。

（二）企业价值评估中的信息资料分析

执行企业价值评估业务时，资产评估师应当在充分获取信息基础上，对收集的信息资料进行审慎分析，以确信信息来源是可靠和适当的。

在收集被评估企业的财务报表时，资产评估师应当尽可能获取被评估企业和参考企业经过审计的财务报表。此外，无论财务报表是否经过审计，资产评估师都应当对其进行分析，履行应有的专业判断程序。资产评估师应当根据评估对象、所选择的价值类型和评估方法等相关条件，在与委托方和相关当事方协商并获得有关信息的基础上，采用适当的方法，对被评估企业和参考企业的财务报表中对评估过程和评估结论具有影响的相关事项进行必要的分析调整，以合理反映企业的财务状况和盈利能力。这些分析调整事项包括：①调整被评估企业和参考企业财务报表的编制基础；②调整不具有代表性的收入和支出，如非正常和偶然的收入和支出；③调整非经营性资产、负债、溢余资

产及与其相关的收入和支出;④资产评估师认为需要调整的其他事项。

在收集被评估企业的资产、负债、权益及盈利状况等信息时,资产评估师应当与委托方进行沟通,获得委托方关于被评估企业资产配置(包括非经营性资产、负债和溢余资产)和使用情况的说明,并在适当及切实可行的情况下对被评估企业的非经营性资产、负债和溢余资产进行单独分析和评估。

在收集行业发展状况等宏观因素信息时,资产评估师应注意在对具有多种经营业务、涉及多种行业的企业进行企业价值评估时,应当针对各种业务类型,分别进行分析,以便更好地了解这些因素对企业价值评估的影响。

此外,资产评估师执行企业价值评估业务时,应适当考虑流动性对被评估企业价值的影响。在评估股东部分权益价值时,评估师应适当考虑由于控股权和少数股权等因素产生的溢价或折价。

三、企业价值评估中的风险估计

企业价值评估本身就是一项较为复杂的评估业务。企业的唯一性和产权交易市场的有限性,决定了企业价值评估大都采用市场价值以外的价值基础。

在企业价值评估中,收益法是被国内外公认的主要评估方法,我国评估界也开始从过去的成本加和法转向收益法评估企业价值。在运用收益法时,一个关键的因素就是需要运用同被评估企业风险相符的折现率来将其预期收益资本化或折现以估算被评估企业价值。正确地选择适当的折现率需要一个成熟完善的资本市场,它能够对不同的风险进行合理的定价。此外,一个成熟的资本评估市场也能够为折现率的选择提供比较适当的参照物。我国目前还处于经济转型之际,我们的市场体系还处于发展完善之中,尤其是资本市场和资本评估市场,同国外成熟市场比较,差距还较为明显,这使得我国的企业价值评估面临更大的难度。

收益法应用的另一个关键问题是对被评估企业未来预期收益(预期现金流)做出科学预测,这需要以一个相对稳定的市场环境和企业自身规范的经营行为为前提。这些条件我国目前还不完全具备。现阶段,我国企业面临的外部风险包括通胀率的波动、经济不稳定、资本控制权的复杂多变、国家有关政策的变化、法律不完善、会计制度松弛等。企业内部也存在管理不规范、规章制度不完善、内控不健全、战略模糊等风险。对这些风险的评估不同,对企业的估值就会大相径庭。这些都需要评估师在执行评估业务时予以考虑,并通过结合特定的评估目的,充分地收集信息,选择适当地价值类型,采用合理评估程序和方法等控制评估风险。

第三节 企业价值评估的市场法

一、企业价值评估市场法及局限性

企业价值评估中的市场法,是指将评估对象与参考企业、在市场上已有交易案例的企业、股东权益、证券等权益性资产进行比较以确定评估对象价值的评估思路。应用市场法，就是在市场上找出一个或几个与被评估企业相同或相似的参照系企业，分析、比较被评估企业和参照系企业的重要指标，在此基础上，修正、调整参照系企业的市场价值，最后确定被评估企业的价值。其理论依据就是"替代原则"。

市场法中常用的两种方法是参考企业比较法和并购案例比较法。

参考企业比较法是指通过对资本市场上与被评估企业处于同一或类似行业的上市公司的经营和财务数据进行分析，计算适当的价值比率或经济指标，在与被评估企业比较分析的基础上，得出评估对象价值的方法。

并购案例比较法是指通过分析与被评估企业处于同一或类似行业的公司的买卖、收购及合并案例，获取并分析这些交易案例的数据资料，计算适当的价值比率或经济指标，在与被评估企业比较分析的基础上，得出评估对象价值的方法。

企业价值评估市场法的应用，首先必须在市场上寻找与被评估企业类似的企业的交易实例，通过对所寻找到的交易实例中类似的企业的交易价格与经营业绩、财务状况等指标关系的分析，从而确定被评估企业的交易价格，即被评估企业的公允市场价值。由于每一个企业都存在不同的特性，除了所处行业、规模大小等可确认的因素各不相同外，影响企业形成盈利能力的无形因素更是纷繁复杂。因此，很难找寻到能与被评估企业直接进行比较的类似企业。即使存在能与被评估企业进行直接比较的类似企业，要找到能与被评估企业的产权交易相比较的交易实例也相当困难。由于存在以上困难，采用市场法评估企业价值的合理性便取决于参考企业选择的可比性。

资产评估师为了使所选择的参考企业与被评估企业具有可比性，通常要确认参考企业与被评估企业属于同一行业，或受相同经济因素的影响。并在对被评估企业和参考企业之间的相似性和差异性进行比较分析的基础上，资产评估师应对参考企业的财务报表进行分析调整，使其与被评估企业的财务报表具有可比性。

此外 资产评估师在选择、计算、使用价值比率时，应当考虑以下因素：①选择的价值比率应当有利于合理确定评估对象的价值；②用于计算价值比率的参考企业或交易案例数据应当适当和可靠；③用于价值比率计算的相关数据口径和计算方式应当一致；④被评估企业和参考企业或交易案例相关数据的计算方式应当一致；⑤合理将参考企业或交易案例的价值比率应用于被评估企业；⑥根据被评估企业特点，对不同价值比率得出的数值予以分析，形成合理评估结论。

二、企业价值评估市场法的应用

由于受到企业交易实例缺乏的影响，运用市场法对企业价值进行评估，一般不能基于直接比较的简单思路，而要通过间接比较，分析影响企业价值的相关因素，从而确定可比系数。用公式表示如下：

$$\frac{V_1}{X_1} = \frac{V_2}{X_2}$$

即：
$$V_1 = X_1 \times \frac{V_2}{X_2} \tag{9-1}$$

式中：V_1——被评估企业价值；
V_2——参照企业价值；
X_1——被评估企业与企业价值相关的可比指标；
X_2——参照企业与企业价值相关的可比指标。

在应用市场法进行企业价值评估中常用的系数主要有以下几个。

(1) 价格/收益，即市盈率乘数，这是最常用和最为人们熟悉的。分子为普通股的价格，分母为税后利润。这种方法适用于被估企业与可比企业的资产结构相类似、生产经营比较稳定、有盈利的企业价值评估。

(2) 价格/收入。这种方法假定具有同质性的企业，可以合理预期产生比较一致的收入。在应用这种方法时应注意分子与分母的可比性。一般情况下，分子往往用股权价格，而分母用债权与股权一起取得的回报，但这样的计算会导致分子、分母缺乏可比性。因此，在应用时，可通过计算投入资本的市场价值与收入之比，从而得出投入资本的价值。

(3) 价格/现金流量。应用这种方法的时候应注意，现金流量应是总的现金流量，即净利润加上折旧和摊销，而不是净现金流量。这是因为要搜集和确定可比企业的净现金流量是非常困难的。

(4) 价格/账面价值。这种方法常用于银行业。账面价值是指资产负债表中所有者权益的数量。

【例1】假定评估甲公司的价值，评估人员从市场上找了A、B、C三个相似的公司，然后分别计算各公司的市场价值与收入的比率、与账面价值的比率以及现金流量的比率，即为可比系数(V/X)（见表9-1）。

表9-1

	A公司	B公司	C公司	平均
市价/收入	1.2	1.0	0.8	1.0
市价/账面价值	1.3	2.0	1.2	1.5
市价/现金流量	20	15	25	20

如果甲公司的年销售额为1亿元，账面价值为6 600万元，现金流量为500万元，通过从表9-1中得到的三个可比系数计算出该公司的初始价值，然后将这三个初始价值进行算术平均，如表9-2所示。

表9-2   单位：万元

项目	甲公司的相关参数	可比系数	甲公司的价值
收入	10 000	1.0	10 000
账面价值	6 000	1.5	9 000
现金流量	700	20	14 000
甲公司的评估价值	11 000		

即甲公司的评估价值为11 000万元。

第四节 企业价值评估的收益法

一、收益法的基本要点

收益法是指通过估算被评估企业未来预期收益并折成现值,借以确定被评估资产价值的一种评估方法。按照收益法的基本原理,企业价值反映了企业持续经营条件下潜在的或预期的投资获利能力,它是企业整体资产的一种市场交换价值,它等于企业未来预期收益的现在价值。作为一种基于未来收益的企业价值评估方法,收益法中常用的两种具体方法是收益资本化法和未来收益折现法。收益法的基本要点如下:

一是企业价值由客观的预期收益决定,而不是由现实的损益决定。采用收益法对企业价值进行评估,所确定的价值是取得预期收益权利所支付的货币总额。因此,从投资人及企业的角度来说,收益法是评估企业价值的最直接最有效的方法。因为企业价值的高低主要取决于其未来整体资产的获利能力,而不是现存资产或者现实收益的多少。所谓客观的预期收益则是强调资产评估师在运用收益法进行企业价值评估时,应当从委托方或相关当事方获取被评估企业未来经营状况和收益状况的预测,并进行必要的分析、判断和调整,确保相关预测的合理性。当预测趋势与被评估企业现实情况存在重大差异时,资产评估师应当予以披露,并对产生差异的原因及其合理性进行分析。

二是企业价值通常是企业的权益人对企业预期收益的要求,企业的未来预期收益反映了企业的可持续发展能力。收益法应用的逻辑前提是持续使用(企业持续经营)假设,收益法中的预期收益可以现金流量、各种形式的利润或现金红利等口径表示,资产评估师可以根据评估项目的具体情况选择恰当的收益口径。但无论采取哪种收益口径,企业未来收益都是基于其在以后持续为投资人创造财富的能力,也就是企业的可持续发展能力。因此,资产评估师在对被评估企业收益预测进行分析、判断和调整时,应当充分考虑并分析被评估企业资本结构、经营状况、历史业绩、发展前景和被评估企业所在行业相关经济要素及发展前景,收集被评估企业所涉及交易、收入、支出、投资等业务合法性和未来预测可靠性的证据,充分考虑未来各种可能性发生的概率及其影响,不得采用不合理的假设。此外,资产评估师还应当根据被评估企业经营状况和发展前景以及被评估企业所在行业现状及发展前景,合理确定收益预测期间,并恰当考虑预测期后的收益情况及相关终值的计算。

三是对未来预期收益进行折现所采用的折现率,反映了企业投资者对企业未来风险程度的认识。资产评估师应当综合考虑评估基准日的利率水平、市场投资回报率、加权平均资金成本等资本市场相关信息和被评估企业、所在行业的特定风险等因素,合理确定资本化率或折现率。资产评估师应当保持所采用资本化率或折现率与预期收益的口径保持一致。

可见,收益法在运用过程中要求以下三个基本参数能够合理取得,即企业预期收益、折现率和获利持续时间。所以,资产评估师应当根据被评估企业成立时间的长短、历史经营情况,尤其是经营和收益稳定状况、未来收益的可预测性,恰当考虑收益法的适用性。

二、收益法的计算公式及其说明

(一)企业持续经营假设前提下的收益法

1. 年金法

年金法的计算公式为:

$$P = A/r \tag{9-2}$$

式中:P——企业评估价值;

A——企业每年的年金收益;

r——资本化率。

用于企业价值评估的年金法,是将已处于均衡状态,其未来收益具有充分的稳定性和可预测性的企业的收益进行年金化处理,然后再把已年金化的企业预期收益进行收益还原,估测企业的价值。因此,公式9-2又可以写成:

$$P = \sum_{i=1}^{n}[R_i \times (1+r)^{-i}] \div \sum_{i=1}^{n}[(1+r)^{-i}] \div r \tag{9-3}$$

式中:$\sum_{i=1}^{n}[R_i \times (1+r)^{-i}]$——企业前 n 年预期收益折现值之和;

$\sum_{i=1}^{n}[(1+r)^{-i}]$——年金现值系数;

r——资本化率。

【例2】待评估企业预计未来5年的预期收益额为100万元、120万元、110万元、130万元、120万元,假定本金化率为10%,试用年金法估测待评估企业价值。

$$\begin{aligned}P &= \sum_{i=1}^{n}[R_i \times (1+r)^{-i}] \div \sum_{i=1}^{n}[(1+r)^{-i}] \div r \\ &= (100 \times 0.909\ 1 + 120 \times 0.826\ 4 + 100 \times 0.751\ 3 + 130 \times 0.683\ 0) + 120 \times \\ &\quad 0.620\ 9) \div (0.909\ 1 + 0.826\ 4 + 0.751\ 3 + 0.683\ 0 + 0.620\ 9) \div 10\% \\ &= (91 + 99 + 83 + 89 + 75) \div 3.790\ 7 \div 10\% \\ &= 437 \div 3.790\ 7 \div 10\% \\ &= 1\ 153(万元)\end{aligned}$$

2. 分段法

分段法是将持续经营的企业收益预测分为前后段。将企业的预测分为前后两段的理由在于:在企业发展的前一个期间,企业处于不稳定状态,因此企业的收益是不稳定的;而在该期间之后,企业处于均衡状态,其收益是稳定的或按某种规律进行变化。对于前段企业的预期收益采取逐年预测,并折现累加的方法,而对于后段的企业收益,则针对企业具体情况并按企业的收益变化规律,对企业后段的预期收益进行折现和还原处理。将企业前后两段收益现值加在一起便构成企业的收益现值。

假设以前段最后一年的收益作为后段各年的年金收益,分段法的公式可写成:

$$P = \sum_{i=1}^{n}[R_i \times (1+r)^{-i}] + \frac{R_n}{r} \times (1+r)^{-n} \tag{9-4}$$

假设从($n+1$)年起的后段,企业预期年收益将按一固定比率(g)增长,则分段法的公式可写成:

$$P = \sum_{i=1}^{n}[R_i \times (1+r)^i] + \frac{R_n(1+g)}{r-g} \times (1+r)^{-n} \tag{9-5}$$

【例3】 待估企业预计未来5年的预期收益额为100万元、120万元、150万元、160万元、200万元,并根据企业的实际情况推断,从第六年开始,企业年收益额将维持在200万元水平上,假定本金化率为10%,试用分段法估测企业的价值。

运用公式9-4:

$$P = \sum_{i=1}^{n}[R_i \times (1+r)^{-i}] + \frac{R_n}{r} \times (1+r)^{-n}$$

$$= (100 \times 0.9091 + 120 \times 0.8264 + 150 \times 0.7513 + 160 \times 0.6830 + 200 \times 0.6209) + 200/10\% \times 0.6209$$

$$= 536 + 2000 \times 0.6209$$

$$= 1778(万元)$$

(二)企业有限持续经营假设前提下的收益法

(1)关于企业有限持续经营假设的适用。对企业而言,它的价值在于其所具有的持续的盈利能力。一般而言,对企业价值的评估应该在持续经营前提下进行。只有在特殊的情况下,才能在有限持续经营假设前提下对企业价值进行评估。如企业章程已对企业经营期限作出规定,而企业的所有者无意逾期继续经营企业,则可在该假设前提下对企业进行价值评估。评估人员在运用该假设对企业价值进行评估时,应对企业能否适用该假设做出合理判断。

(2)企业有限持续经营假设是从最有利于回收企业投资的角度,争取在不追加资本性投资的前提下,充分利用企业现有的资源,最大限度地获取投资收益,直至企业无法持续经营为止。

(3)对于有限持续经营假设前提下企业价值评估的收益法,其评估思路与分段法类似。首先,将企业在可预期的经营期限内的收益加以估测并折现;其次,将企业在经营期限后的残余资产的价值加以估测及折现。最后,将两者相加。其数学表达式为:

$$P = \sum_{i=1}^{n}[R_i \times (1+r)^{-i}] + P_n \times (1+r)^{-n} \tag{9-6}$$

式中: P_n ——第 n 年企业资产的变现值;

其他符号含义同前。

三、企业收益的预测

(一)企业收益的界定

企业收益是运用收益现值法评估企业价值或整体资产价值的关键数据。在评估中,必须准确界定企业收益范围,做到既不遗漏,也不扩大。通常要注意以下两个问题:一是,虽由企业创造的但不归企业权益主体所有的收益,如税收,就不能作为企业价值评估中的企业收益;二是,凡属于被评估企业权益主体的任何形式的收入,都必须归入企业收益范围,如营业外收支净额、资产收支净额、投资收益等。

(二)企业收益指标的选择

由于多种指标可用来表示企业收益,在评估中,应根据评估的特定目的和评估中的实际情况,做出合理选择。一般而言,在收益现值法评估中主要采用净利润和净现金流量这两个指标来表示企业收益,而采用最多的是净现金流量指标。因为该指标能较客观地反映企业的价值、企业利润等,其他收益指标最终都表现出现金流量,并由现金流量的大小反映收益大小;另外,采用净现金流量指标可信度、可靠性更高,因为企业净现金流量是企业实际收支的差额,不易被更改,而企业利润的计算需要通过一系列复杂的会计程序,而且易受到多种因素的影响,容易失真。

(三)未来收益预测

对企业收益的历史和现实状况的分析和判断,是预测企业未来收益的主要途径,尤其对那些有着悠久历史并且收益稳定的企业。通过对企业的历史资料的分析和判断,可直接得到可信度较高的收益指标。通常对企业收益的预测,可采取三个步骤:首先,对审计后的财务报表进行非正常因素的调整,剔除偶尔发生的收入与支出,计算出在评估基准日时点反映企业正常情况下的收益能力的净现金流量。其次,对企业的内部管理和市场需求状况等因素的分析和判断,把握企业预期收益的变动趋势。要求评估人员深入企业现场和市场进行考察调研,了解企业的生产工艺状况、设备性能、生产能力和经营管理水平以及企业产品在市场的需求、价格情况,使预期的企业收益更符合实际发展趋势。最后,运用技术方法和手段,对企业未来收益进行预测。企业未来收益可以用有限年限收益额和无限年限的年金两种形式来表示,或两者结合来表示。在掌握的企业历史收益的平均收益变化趋势的基础上,结合影响企业收益实现的主要因素在未来预期的变化情况,采用适当的方法进行估测,常用方法主要有综合调整法、产品周期法、实践趋势法等。

(四)折现率和本金化率的估测

在运用收益现值法评估整体资产价值时,折现率起着至关重要的作用,它的微小变化都会对评估结果产生较大的影响。因此在选择和确定折现率时,必须注意以下几个方面的问题。

(1)折现率不低于投资的机会成本。在存在着正常的资本市场和产权市场的条件下,任何一项投资的回报率都不应低于该投资的机会成本。在现实生活中,国债利率和银行储蓄利率可以作为投资者进行其他投资的机会成本。由于国债的发行主体是政府,几乎没有破产或无力偿付的可能,投资的安全系数大。虽然银行大多数属于商业银行,但我国的大部分银行仍然属于国有控股或受到严格监管的,其信誉也非常高,储蓄也是一种风险极小的投资。因此,国债和银行储蓄利率可以看成是其他投资的机会成本,相当于无风险投资报酬率。

(2)行业基准收益率不宜直接作为折现率,但行业平均收益率可以作为确定折现率的重要参考指标。我国的行业基准收益率是基本建设投资管理部门为筛选建设项目,从拟建项目对国民经济的净贡献方面,按照行业统一制定的最低收益率标准,凡是投资收益率低于行业基准收益率的拟建项目不得上马,只有投资收益率高于行业基准收益率的拟建项目才有可能得到批准进行建设。行业基准收益率旨在反映拟建项目对国民经济的净贡献的高低,包括拟建项目可能提供的税收收入和利润,而不是对投资者的净贡献,因此不宜直接将其作为企业产权变动时价值评估的折现率。另外,行业基准收益率的高低也体现着国家的产业政策。在一定时期,属于国家鼓励发展的行业,其行业基准收益率可以相对低一些;属于国家控制发展的行业,国家就可以适当调高其行业基准收益率,以达到限制项目建设的目的。因此,行业基准收益率不宜直接作为企业评估中的折现率。而随着我国证券市场的发展,行业的平均收益率日益成为衡量行业平均盈利能力的重要指标,可作为确定折现率的重要参考指标。

(3)贴现率不宜直接作为折现率。贴现率是商业银行对未到期票据提前兑现所扣金额(贴现息)与期票票面金额的比率。贴现率虽然也是将未来值换算成现值的比率,但贴现率通常是银行根据市场利率和贴现票据的信用程度来确定的。且票据贴现大多数是短期的,并无固定期间周期。从本质上讲,贴现率接近于市场利率。而折现率是针对具体评估对象的风险而生成的期望投资报酬率。从内容上讲,折现率与贴现率并不一致。简单地把银行贴现率直接作为企业评估的折现率是不妥当的。但也要看到,在有些情况下,如对采矿权评估所使用的贴现现金流量法,正是以贴现率折现评估价值的。但就是在这种场合,所使用的贴现率也包括安全利率和风险溢价两部分,与真正意义的贴现率也不完全一样。

(4)在折现率的测算过程中,无风险报酬率的选择相对比较容易一些,通常是以政府债券利率和银行储蓄利率为参考依据。而风险报酬率的测算相对比较困难。它因评估对象、评估时点的不同而不同。就企业而言,在未来的经营过程中要面临着经营风险、财务风险、行业风险、通货膨胀风险等。从投资者的角度,要投资者承担一定的风险,就要有相对应的风险补偿。风险越大,要求补偿的数额也就越大。风险补偿额相对于风险投资额的比率叫风险报酬率。

四、运用收益法评估企业的案例及其说明

【例4】某大型化工企业有与外商合资的意向(已签订意向书),需要了解企业净资产的现实价格,因此要进行企业整体评估。评估基准日为2013年1月1日。评估过程和结果如下。

(一)被评估企业有关历史资料的统计分析

根据被评估企业的财务决算和有关资料整理分析,2007年至2012年收支情况见表9-3和表9-4。

评估人员采用的主要指标有销售收入、成本、利润以及企业净现金流量(指企业留利用于投资部分后的余额)。分析结果如下:

(1)从近几年被评估企业发展情况看,只有2008年出现过负增长,但下降幅度很小,销售收入下降4%左右。从2009年开始出现稳定的增长趋势。

(2)2007年至2012年企业收支结构的比例没有太大的变化,销售成本占销售收入的比例基本上维持在40%左右。

第九章　企业价值评估

表 9-3　企业 2007—2012 年各项收入支出在年度与年度之间的比较

单位：万元

项　目	2012 金额	2012 增长比例（%）	2011 金额	2011 增长比例（%）	2010 金额	2010 增长比例（%）	2009 金额	2009 增长比例（%）	2008 金额	2008 增长比例（%）	2007 金额	2007 增长比例（%）
销售收入	4 200	14.5	3 668.3	9	3 366.6	18.8	2 834.9	17.8	2 406.5	-5	2 533	100
销售税金	626.6	14.5	547.3	11.2	492.3	15.9	424.6	23.7	343.3	-1.4	348.3	100
销售成本	2 283.7	18.2	1 932.6	31.1	1 473.8	30	1 133.7	15.6	980.9	1.4	967.1	100
其中：折旧	374		354		303		254		238		214	100
销售及其他费用	162.3	-5.3	171.3	3.8	165.1	69.5	97.4	135.3	41.4	7.5	38.5	100
产品销售利润	1 127.4	10.8	1 017	-17.7	1 235	4.8	1 179.2	13.3	1 040.9	-11.7	1 179.2	100
其他销售利润	100	4.9	306.8	9 024	3.4	54.1	7.4	3 700	0.2	-88.9	1.8	100
营业外支出	22	-39.6	95.3	29.8	73.4	33	55.2	129.1	24.1	84	13.1	100
营业外收入			36.4	413.64	8.8	49.7	17.5	32.6	13.2	26.9	10.4	100
利润总额	1 049.4	-17.04	1 264.9	7.74	1 174	2.19	1 148.9	11.52	1 030.2	-12.57	1 178.3	100
税款（按实际税额）	262.35	-17.04	316.22	7.74	293.50	2.19	287.22	11.52	257.55	-12.57	294.58	100
净利润	787.05	-17.04	948.68	7.74	880.50	2.19	861.68	11.52	772.65	-12.57	883.72	100
（+）折旧	374		354		303		254		238		214	100
（-）追加投资	662.5	27.6	519.2	27.1	408.6	27.9	319.5	18.4	269.9	15.3	234	100
企业净现金流量	498.55	-36 37	783.48	1.11	774.90	-2.55	795.18	7.35	740.75	-14.24	863.72	100

表 9-4 企业 2007—2012 年各年收入支出结构比例

单位：万元

项目	2012 金额	2012 占销售额比例(%)	2011 金额	2011 占销售额比例(%)	2010 金额	2010 占销售额比例(%)	2009 金额	2009 占销售额比例(%)	2008 金额	2008 占销售额比例(%)	2007 金额	2007 占销售额比例(%)
销售收入	4 200	100	3 668.3	100	3 366.6	100	2 834.9	100	2 406.5	100	2 533	100
销售税金	626.6	14.6	547.3	14.9	492.3	14.6	424.6	15	343.3	14.3	348.3	13.7
销售成本	2 283.7	54.4	1 932.6	53	1 473.8	43.8	1 133.7	40	980.9	40.7	967.1	38.2
其中：折旧	347	8.9	354	9.6	303	9	254	9	238	9.9	214	8.4
销售及其他费用	162.3	3.9	171.3	5	165.1	4.9	97.4	3.4	41.4	1.7	38.5	1.5
产品销售利润	1 127.4	26.8	1 017	27.7	1 235	36.7	1 179.2	41.6	1 040.9	43.3	1 179.2	46.5
其他销售利润			306.8	8.4	3.4	0.1	7.4	0.3			1.8	0.1
营业外支出	100	2.4	95.3	2.6	73.4	2.2	55.2	1.9	24.1	1	13.1	0.6
营业外收入	22	0.5	36.4	1	8.8	0.3	17.5	0.6	13.2	0.5	10.4	0.4
利润总额	1 049.4	25	1 264.9	34.2	1 174	34.8	1 148.9	40.5	1 030.2	47	1 178.3	46.5
税款（实际税额）	262.35	6.25	316.22	8.62	293.50	8.72	287.22	10.13	257.55	10.69	294.58	11.63
净利润	787.05	18.75	948.68	25.86	880.50	26.12	861.68	30.39	772.65	32.11	883.72	34.89
(+)折旧	374	8.9	354	9.6	303	9	254	9	238	9.9	214	8.5
(-)追加投资	662.5		519.2		408.6		319.5		269.9		234	
企业净现金流量	498.55	11.87	783.48	21.36	774.90	23.02	795.18	28.05	740.75	30.79	863.72	34.10

(二)分析、预测企业未来发展情况

(1) 按目前设备使用状况及其他生产条件分析,该厂每年只要有200万元左右的技术改造资金投入,其生产就能长期维持下去,并能保持略有增长的势头。

(2) 对该企业未来市场预测。该企业生产的主要产品具有较高的声誉,产品行销全国20多个省市,现有用户15 000多个。企业所在地区有23条送货上门的路线,附近其他地区有31个代销点。该企业产品的主要用户均为重点骨干企业,从经济发展的趋势来看,市场对该企业产品的需求还会进一步增加。因此,被评估企业拥有一个比较稳定且能发展的销售市场。

(3) 未来产品成本预测。该企业产品的主要原料来源并不稀缺,也不受季节影响,故未来市场物价变动对其产品的影响不大。占成本比重较大的电费,在2011年和2012年已做了较大的调整,在今后一段时间里不会有太大的变化。如果以后电费价格继续调整,产品价格也会相应调整。

(4) 从目前情况分析,在今后一段时间里,国家主要经济政策不会有太大变化。

(5) 未来5年(2013年至2017年)企业收益情况预测见表9-5。

表9-5　对企业未来收益的预测　　　　　　　　　　　　　单位:万元

年份 项目	2013	2014	2015	2016	2017
销售收入	4 437.6	4 705.8	5 213.8	5 473.9	5 730.9
销售税金	670.8	704.9	746.6	775.1	813.5
销售成本	2 350	2 500	2 700	2 900	3 100
销售及其他费用	200.9	211.7	222.4	233	223.7
产品销售利润	1 215.9	1 289.2	1 544.8	1 565.8	1 593.7
其他销售利润					
营业外收入	8	8	8	8	8
营业外支出	90	95	100	105	110
利润总额	1 133.9	1 202.2	1 452.8	1 468.8	1 491.7
税款(实际税额)	283.48	300.55	363.20	367.20	372.92
净利润	850.42	901.65	1 089.60	1 101.60	1 118.78
(+)折旧	385	410	442	475	508
(-)追加投资	655.2	425.4	454.1	521	541
企业净现金流量	580.22	886.25	1 077.50	1 055.60	1 085.78
折现系数(按9%)	0.917	0.842	0.772	0.708	0.65
净现值	532.06	746.22	831.83	747.36	705.75

(三)评定估算

(1)依据企业以前年度生产增减变化及企业财务收支分析,以及对未来市场的预测,评估人员认为被评估企业未来5年的销售收入,将在2012年的基础上略有增长,增长速度将保持在4%~6%。

(2)根据企业的生产能力状况,从2014年开始需要追加的投资将会减少(2011—2012年追加的投资高于正常年份水平),即从2014年起企业的净现金流量将会增加。

(3)资产收益率的确定。同外商合资企业的整体评估,其资产收益率适用于一般银行利率加风险报酬率。由于该种企业产品信誉高,生产稳步增长,而且未来市场潜力很大,所以,该种企业的投资风险较小,风险报酬率取6%,无风险报酬率取3%,故折现率为9%。

(4)所得税税率按中外合资企业适用的25%税率进行计算。

(5)假设折现率与资本化率相同。

(四)评估结果

按收益法(分段法)计算,企业的净资产价值为10 128万元。企业净资产估价的步骤如下。

(1)计算未来5年企业净现金流量的折现值之和:

$$532.06+746.22+831.83+747.36+705.75=3\ 563.22(万元)$$

(2)从未来第六年开始,计算永久性现金流量现值。

①将未来永久性收益折成未来第五年的现值:

$$P=第五年收益/折现率=1\ 085.78/9\%=12\ 064.22(万元)$$

②按第五年的折现系数,将上式计算的现值折成净现值:

$$12\ 064.22\times0.65=7\ 841.74(万元)$$

(3)企业净资产的评估价值:

$$3\ 563.22+7\ 841.74=11\ 404.96(万元)$$

第五节 企业价值评估的成本法

一、成本法在企业价值评估中的局限性

企业价值评估应该紧紧围绕企业的获利能力进行,应用于企业价值评估的成本法是指将构成企业的各项资产进行评估,然后将各项资产评估值汇总确定企业资产价值的方法。成本加和法不是通常所说的成本法,它只是单项资产评估值汇总过程的简称。采用成本加和法评估整体企业价值,存在很大的局限性。因为成本加和法是从投入角度,即从购建资产的角度,而没有考虑资产的实际效能和企业运行效率,这种情况下,无论企业效益好坏,同类型企业中,只要原始投资额相同,则其评估值趋向一致。而且,效益差的企业的评估值还会高于效益高的企业的评估值,因为效益差的企业的资产可能是不满负荷运转甚至是不使用,其损耗低,成新率高。此外,采用成本加和法确定的企

业评估值,只包含了有形资产和可确指无形资产价值,作为不可确指的无形资产——商誉,却无法体现和反映出来。

二、成本法的应用

在正常情况下,运用成本法评估持续经营的企业应同时运用收益法进行验证。特别是在我国目前的条件下,企业的社会负担和非正常费用较多,企业的财务数据难以真实反映企业的盈利能力,影响了基于企业财务数据进行的企业预期收益预测的可靠性。因此,将加和法与收益法配合使用,可以起到互补的作用。这样既便于评估人员对企业盈利能力的把握,又可使企业的预期收益预测建立在较为坚实的基础上。因此,在运用加和法评估持续经营企业时,在对构成企业的各单项资产进行评估时,不能只见树木不见森林。下面列举了对企业某些单项资产评估时应注意的问题。

(1)现金。除对现金进行点钞校数外,还要通过对现金及企业运营的分析,判断企业的资金流动能力和短期偿债能力。

(2)应收账款及预付款。从企业财务的角度,应收账款及预付款都构成企业的资产。而从企业资金周转的角度,企业的应收账款必须保持一个合理比例。企业应收账款占销售收入的比例,以及账龄的长短大致可以反映一个企业的销售情况、企业产品的市场需求及企业的经营能力等,并为预期收益的预测提供参考。

(3)存货。存货本身的评估并不复杂,但通过对存货进行评估,可以了解企业的经营状况,至少可以了解企业产品在市场中的竞争地位。畅销产品、正常销售产品、滞销产品和积压产品的比重,将直接反映企业在市场上的竞争地位,并为企业预期收益预测提供基础。

(4)机器设备与建筑物。机器设备和建筑物是企业进行生产经营和保持盈利能力的基本物质基础。设备的新旧程度、技术含量、维修保养状况、利用率等,不仅仅决定机器设备本身的价值,同时还对企业未来的盈利能力产生重大影响。按照机器设备及建筑物对企业盈利能力的贡献评估其现时价值,是持续经营假设前提下运用加和法评估企业单项资产的主要特点。

(5)无形资产。企业拥有无形资产的多寡,以及研制开发无形资产的能力,是决定企业市场竞争能力及盈利能力的决定性因素。在评估过程中,要弄清每一种无形资产的盈利潜力,以便为企业收益预测打下坚实基础。

在对以上单项资产实施评估并将评估值加和后,再运用收益法评估企业价值,而后将两种评估思路下的评估结果进行分析比较,以判断企业是否存在商誉或经济性贬值,并确定企业的最终评估值。

思考题

1. 企业评估有哪些特点?
2. 如何界定企业评估的范围?

3. 如何界定和选择企业的收益？
4. 如何把握企业预期收益的基础？
5. 为什么行业基准收益率不能作为折现率？

练习题

1. 宏达公司距其企业章程规定的经营期限只剩 5 年，到期后不再继续经营。预计未来 5 年度预期收益额为 10 万元、11 万元、12 万元、12 万元、12 万元、13 万元，5 年后，该企业变现预计可收回 100 万元，假定资本化率为 10%。估算该企业的价值。

2. 表 9-6 是宏宇公司未来 5 年的相关预测数据：

表 9-6

年份 项目	2014 年	2015 年	2016 年	2017 年	2018 年
资产总额	1 256	1 711	2 061	2 759	3 879
所有者权益	880	996	1 235	1 678	2 394
主营业务收入	4 680	5 720	7 742	10 839	15 516
净利润	96	198	288	378	416

假设宏宇公司 2013 年的投资资本为 860 万元，2018 年以后经济利润预期增长率为 6%，而且保持不变，其权益资本成本率为 10%。

要求：应用以净利润为基础的价格评估模型确定宏宇公司股东价值。

第十章

资产评估报告

本章提要

本章系统介绍了资产评估报告的基本概念及基本制度,学生应掌握资产评估报告的制作和使用。

第一节　资产评估报告的基本概念及基本制度

一、资产评估报告的基本概念

（一）资产评估报告的定义

资产评估报告是指资产评估机构及其评估专业人员遵守法律、行政法规和资产评估执业准则,根据委托履行必要的资产评估程序后,由资产评估机构对评估对象在评估基准日特定目的下的价值出具的专业报告。

（二）资产评估报告的作用

资产评估报告有以下几个方面的作用：

（1）资产评估报告对委托评估的资产提供作价意见。资产评估报告是经具有评估资格的机构根据委托评估资产的特点和要求,组织评估师及相应的专业人员组成的评估队伍,遵循评估原则和标准,按照必要的评估程序,运用科学的方法对被评估资产价值进行评定和估算后,通过报告书的形式提出价值意见,该价值意见不代表任何当事人一方的利益,是一种独立专家估价的意见,具有较强的公正性与客观性,因而成为被委托评估资产作价的重要参考依据。

（2）资产评估报告是反映和体现资产评估工作情况，明确委托方、受委托方、产权持有方及有关方面责任的依据。它用文字的形式，对受托资产评估的业务的目的、背景、范围、依据、程序、方法等方面和评估的结果进行说明和总结，体现了评估机构的工作成果。同时，资产评估报告也反映和体现受托的资产评估机构和执业人员的权利与义务，并以此来明确委托方、受托方有关方面的法律责任。在资产评估现场工作完成后，评估机构和资产评估师就要根据现场工作取得的有关资料和估算数据，进行撰写评估结果报告，并向委托方报告。负责评估项目的注册评估师也同时在报告书上行使签字的权利，并提出报告使用的范围和评估结果实现的前提等具体条款。当然，资产评估报告书也是评估机构履行评估协议和向委托方或有关方面收取评估费用的依据。

（3）对资产评估报告进行审核，是管理部门完善资产评估管理的重要手段。资产评估报告是反映评估机构和资产评估师职业道德、执业能力水平以及评估质量高低和机构内部管理机制完善程度的重要依据。有关管理部门通过审核资产评估报告，可以有效地对评估机构的业务开展情况进行监督和管理。

（4）资产评估报告是建立评估档案，归集评估档案资料的重要信息来源。评估机构和资产评估师在完成资产评估任务之后，都必须按照档案管理的有关规定，将评估过程收集的资料、工作记录以及资产评估过程的有关工作底稿进行归档，以便进行评估档案的管理和使用。由于资产评估报告是对整个评估过程的工作总结，其内容包括了评估过程的各个具体环节和各有关资料的收集和记录，因此，不仅评估报告书的底稿是评估档案归集的主要内容，而且还包括撰写资产评估报告过程采用到的各种数据、各种依据、工作底稿和资产评估报告制度中形成的有关文字记录等都是资产评估档案的重要信息来源。

（三）资产评估报告的种类

国际上对资产评估报告有不同的分类，如美国专业评估执业统一准则将评估报告分为完整型评估报告、简明型评估报告、限制型评估报告等。随着我国资产评估业务种类的不断增加，我国的资产评估报告种类也在不断地丰富与完善。可以将资产评估报告进行以下分类：

（1）整体资产评估报告和单项资产评估报告。按资产评估的范围划分，资产评估报告可分为整体资产评估报告和单项资产评估报告。凡是对整体资产进行评估所出具的资产评估报告称为整体资产评估报告；凡是仅对某一部分、某一项资产进行评估所出具的资产评估报告称为单项资产评估报告。尽管资产评估报告的基本格式是一样的，但因整体资产评估与单项资产的评估在具体业务上存在一些差别，两者在报告的内容上出必然会存在一些差别。一般情况下，整体资产评估报告的报告内容不仅包括资产，也包括负债和所有者权益方面。而单项资产评估报告除在建工程外，一般不考虑负债和以整体资产为依托的无形资产等。

（2）简明评估报告、完整评估报告和限制型评估报告。按评估报告所提供信息资料的内容和详细程度划分，资产评估报告可划分为简明评估报告、完整评估报告和限制型评估报告。资产评估师应当在评估报告中明确说明评估报告的类型。

简明评估报告、完整评估报告和限制型评估报告三种评估意见的根本区别在于所提供信息的详尽程度不同。简明评估报告、完整评估报告之间的重要区别在于提供资料的详尽程度。简明型评估报告应该对解决评估问题具有重要意义的信息作出概略说明。限制型评估报告是仅仅为委托方使用的。

(3)现实型评估报告、预测型评估报告与追溯型评估报告。根据评估基准日的不同选择划分,资产评估报告可分为现实型评估报告、预测型评估报告与追溯型评估报告。现实型评估报告是评估基准日为现在时点;预测型评估报告是评估基准日为未来时点;追溯型评估报告是评估基准日为过去时点。关于评估报告的使用有效期,通常要求评估基准日与经济行为实现日相距不超过1年。

(四)资产评估报告的特点

资产评估报告具有以下特点:

(1)资产评估报告是专业人士依据国家法律法规提出的专家意见,并且这种专家意见是建立在客观、独立、公正基础之上的。资产评估师都具有专门的学识和技能,并应具有相关资格,由其依法出具的资产评估报告应该是可以信赖的专家意见。客观、独立、公正就是要求资产评估报告能客观、真实地反映评估对象的实际情况,资产评估师能够独立执业,并保证自己的客观公正。

(2)资产评估报告的制作过程及其本身都必须严格遵守相关法律法规的规定。资产评估报告的编制过程应在不违背相关法律法规的基础上进行,并且其内容也应遵循相关规定。目前已颁布的法律法规以及相关规定主要有:《国有资产评估管理办法》《国有资产评估管理办法实施细则》《资产评估执业准则——基本准则》《资产评估职业道德准则——基本准则》《资产评估执业准则——评估报告》《企业国有资产评估报告指南》等。

(3)资产评估报告往往能引起重大法律后果,其影响范围和程度相对较高。资产评估报告作为被评估资产的作价依据是提供给委托方用于某种决策的,一旦委托方因此产生纠纷,就将引起重大法律后果。

二、资产评估报告的基本要素

资产评估师应当在执行必要的资产评估程序后,根据相关评估准则编制并由所在评估机构出具评估报告。资产评估师应当在评估报告中披露必要信息,使评估报告使用者能够合理理解评估结论。

(一)资产评估报告包括的基本要素

资产评估报告包括的基本要素:①评估报告日;②委托方、资产产权占有方及其他评估报告使用者;③评估范围和评估对象基本情况;④评估目的;⑤价值类型及其定义;⑥评估基准日;⑦评估假设和限制条件;⑧评估依据;⑨评估方法;⑩评估程序实施过程和情况;⑪评估结论;⑫评估报告使用限制说明;⑬特别事项说明;⑭评估机构和资产评估师签章。

(二)对被评估资产基本情况的说明

在评估报告中,资产评估师应该根据评估项目具体情况,就被评估资产基本情况进行说明(以企业价值评估为例),一般包括以下几种。

(1)评估对象的存在状况、权利状况和受到的限制。

(2)资产评估师应当在评估报告中披露所有影响评估分析、判断和结论的评估假设和限定条件,并就其对评估结论的影响进行必要说明。

(3)资产评估师应当在评估报告的评估程序实施过程和情况说明部分中,重点披露被评估企业的财务分析、调整以及评估方法的使用实施过程。

(4)资产评估师在评估报告中披露财务分析、调整情况。资产评估师在评估报告中披露财务分析、调整情况时,通常应当包括下列内容:①被评估企业历史财务资料分析总结,列示能够充分满足评估目的需要和揭示被评估企业特性的若干年度的资产负债表和损益表的汇总资料;②对财务报告、企业申报资料所作的重大或实质性调整;③相关预测所涉及的关键性评估假设和限定条件;④被评估企业与其所在行业平均经济效益状况比较。

(5)资产评估师在评估报告中披露评估方法使用实施过程和情况。通常应当包括下列内容:①选择评估方法的过程和依据;②评估方法的使用和逻辑推理计算过程;③分成率、折现率、经济寿命期等重要参数的获取来源和形成过程;④对初步评估结论进行综合分析,形成最终评估结论的过程。

(6)资产评估师应当根据评估项目的具体情况,在评估报告中对被评估企业的基本情况进行说明。一般包括:①企业名称、类型与组织形式;②企业历史状况;③企业主要产品或服务;④市场和客户状况;⑤企业运营常规流程;⑥季节或周期因素对企业运营的影响;⑦企业运营常规流程;⑧企业主要资产状况,包括有形资产、无形资产,以及主要负债;⑨企业发展前景;⑩企业、股权等以外市场交易情况;⑪相关竞争状况;⑫影响企业生产经营的宏观经济因素;⑬影响企业生产经营的行业发展前景;⑭其他需要说明的企业状况。

资产评估师可以根据评估业务性质、评估对象情况、委托方和其他评估报告使用者的要求,合理确定评估报告的详略程度。

三、资产评估报告的基本内容

《资产评估执业准则——资产评估报告》所指资产评估报告的内容包括:标题及文号、目录、声明、摘要、正文、附件。

其中,资产评估报告正文应当包括下列内容。

(1)委托人及其他资产报告使用人。

(2)评估目的。

(3)评估对象和评估范围。

(4)价值类型。

(5)评估基准日。

(6)评估依据。

(7)评估方法。

(8)评估程序实施过程和情况。

(9)评估假设。
(10)评估结论。
(11)特别事项说明。
(12)资产评估报告使用期限说明。
(13)资产评估报告日。
(14)资产评估专业人员签名和资产评估机构印章。

第二节 资产评估报告的制作

一、资产评估报告的制作步骤

资产评估报告的制作是评估机构完成评估工作的最后一道程序,也是资产评估工作中的一个重要环节。制作资产评估报告主要有以下几个步骤。

(一)整理工作底稿和归集有关资料

资产评估现场工作结束后,有关资产评估师必须着手对现场工作底稿进行整理,按资产的性质进行分类。同时对有关询证函、被评估资产背景材料、技术鉴定情况和价格取证等有关资料进行归集和登记。对现场未予确定的事项,还须进一步落实和查核。这些现场工作底稿和有关资料都是编制资产评估报告的基础。

(二)评估明细表的数字汇总

在完成现场工作底稿和有关资料的归集任务后,资产评估师应着手评估明细表的数字汇总。明细表的数字汇总应根据明细表的不同类别先在明细表汇总、然后分类汇总,再到资产负债表式的汇总。在数字汇总过程中应反复核对各有关表格的数字的关联性和各表格栏目之间数字勾稽关系,防止出错。

(三)评估初步数据的分析和讨论

在完成评估明细表的数字汇总,得出初步的评估数据后,应召集参与评估工作过程的有关人员,对评估报告的初步数据的结论进行分析和讨论,比较各有关评估数据,复核记录估算结果的工作底稿,对存在作价不合理的部分评估数据进行调整。

(四)编写评估报告

编写评估报告又可分两步:

第一步,在完成资产评估初步数据的分析和讨论,对有关部分的数据进行调整后,由具体参加评估各组负责人员草拟出各自负责评估部分资产的评估说明,同时提交全面负责、熟悉本项目评估具体情况的人员草拟出资产评估报告。

第二步,将评估基本情况和评估报告初稿的初步结论与委托方交换意见,听取委托方的反馈意见后,在坚持独立、客观、公正的前提下,认真分析委托方提出的问题和建议,考虑是否应该修改评估报告,对评估报告中存在的疏忽、遗漏和错误之处进行修正,待修改完毕即可撰写出资产评估正式报告。

(五)资产评估报告的签发与送交

评估机构撰写出资产评估正式报告后,经审核无误,按以下程序进行签名盖章:先由负责该项目的注册评估师签章(两名或两名以上),再送复核人审核签章,最后送评估机构负责人审定签章并加盖机构公章。

资产评估报告签发盖章后即可连同评估说明及评估明细表送交委托单位。

二、资产评估报告制作的技术要点

资产评估报告的编制的技术要点是指在资产评估报告制作过程中的主要技能要求,它具体包括了文字表达、格式与内容方面的技能要求,以及复核与反馈等方面的技能要求。

注册评估师应当在执行必要的评估程序后,编制并由所在评估机构出具评估报告,并在评估报告中提供必要信息,使评估报告使用者能够合理理解评估结论。资产评估师应当根据评估业务具体情况提供能够满足委托方和其他评估报告使用者合理需求的评估报告。

(一)文字表达方面的技能要求

资产评估报告既是一份对被评估资产价值发表专业意见的重要法律文件,又是一份用来明确资产评估机构和注册评估师工作责任的文字依据,所以它的文字表达技能要求既要清楚、准确,又要提供充分的依据说明,还要全面地叙述整个评估的具体过程。其文字的表达必须准确,不得使用模棱两可的措辞。其陈述既要简明扼要,又要把有关问题说明清楚,不得带有任何诱导、恭维和推荐性的陈述。

(二)格式和内容方面的技能要求

对资产评估报告格式和内容方面的技能要求,按照现行政策规定,应该遵循《资产评估执业准则——评估报告》,涉及企业国有资产评估的,还应该遵循《企业国有资产评估报告指南》。

(三)评估报告的复核及反馈方面的技能要求

资产评估报告的复核与反馈也是资产评估报告编制的具体技能要求。通过对工作底稿、评估说明、评估明细表和报告正文的文字、格式及内容的复核和反馈,可以使有关错误、遗漏等问题在出具正式报告之前得到修正。对资产评估师来说,资产评估工作是一项由多个资产评估师同时作业的中介业务,每个资产评估师都有可能因能力、水平、经验、阅历及理论方法的限制而产生工作盲点和工作疏忽,所以,对资产评估报告初稿进行复核就成为必要。就对评估资产的情况熟悉程度来说,大多数资产委托方和占有方对委托评估资产的分布、结构、成新率等具体情况总会比评估机构和资产评估师更熟悉,所以在出具正式报告之前征求委托方意见,收集反馈意见也很必要。

对资产评估报告必须建立起多级复核和交叉复核的制度,明确复核人的职责,防止流于形式的复核。收集反馈意见主要是通过委托方或占有方熟悉资产具体情况的人员。对委托方、产权持有者或资产占有方意见的反馈信息,应谨慎对待,应本着独立、客观、公正的态度去接受其反馈意见。

(四)撰写报告应注意的事项

编制资产评估报告时,需清楚地表达评估结果,并对评估依据进行充分说明,其主要目的是明确资产评估机构的义务与责任,有效地规避评估风险。资产评估报告的制作技能除了需要掌握上述三个方面的技术要点外,还应注意以下几个事项:

(1)实事求是,切忌出具虚假报告。报告书必须建立在真实、客观的基础上,不能脱离实际情况,更不能无中生有。这就要求资产评估师在编写资产评估报告时,要实事求是,真实地反映评估工作情况,同时要求报告的所有附件,例如取证的材料、有关市场价格的信息资料、财务资料等,是真实地、公正地反映被评估资产情况,绝不允许评估机构和资产评估师使用虚假资料,有意偏向资产业务的某一方,对被评估资产作出不公正的判断。另外,报告拟定人应是参与该项目并较全面了解该项目情况的主要资产评估师。

(2)坚持一致性原则,切忌出现表里不一。报告书的文字、内容前后要一致,摘要、正文、评估说明、评估明细表内容与数据要一致。

(3)提交报告书要及时、齐全和保密。在正式完成资产评估工作后,应按业务约定书的约定时间及时将报告书送交委托方。送交报告书时,报告书及有关文件要送交齐全。涉及外商投资项目的对中方资产评估的评估报告,必须严格按照有关规定办理。此外,要做好客户保密工作,尤其是对评估涉及的商业秘密和技术秘密,更要加强保密工作。

(4)评估机构应当在资产评估报告中明确评估报告使用者、报告使用方式,提示评估报告使用者合理使用评估报告。应注意防止报告的恶意使用,避免报告的误用,以合法规避执业风险。

(5)资产评估师执行资产评估业务,应当关注评估对象的法律权属,并在评估报告中对评估对象法律权属及其证明资料予以明确说明。资产评估师不得对评估对象的法律权属提供保证。

(6)资产评估师执行资产评估业务受到限制无法实施完整的评估程序时,应当在评估报告中明确披露的限制、无法履行的评估程序和采取的替代措施。

三、资产评估报告制作举例

资产评估报告摘要

XY资产评估有限公司接受ABC公司的委托,根据国家关于国有资产评估的有关规定,本着独立、公正、科学、客观的原则,按照目前的资产评估方法,对ABC公司整体改组上市之目的而委托评估的ABC公司资产和负债进行了实地察看与核对,并做了必要的市场调查与征询,履行了公认的其他必要评估程序。据此,我们对ABC公司的委托评估资产在评估基准日的公平市值分别采用成本法和收益法进行了分项及总体评估,为其整体改组上市提供价值参考依据。目前我们的资产评估工作业已结束,现谨将资产评估结果报告如下:

经评估,截止于评估基准日2018年12月31日,在持续使用前提下,ABC公司的委托资产和负债表现出来的公平市场价值反映如表10-1所示。

表 10-1　　　　　　　　　　　　　　　单位:人民币万元

资产名称	账面值	清查调整值	评估值	增减值	增减率%

本报告仅供委托方为本报告所列明的评估目的以及报送有关主管机关审查而作。评估报告使用权归委托方所有,未经委托方同意,不得向他人提供或公开。除依据法律需公开的情形外,报告的全部或部分内容不得发表于任何公开的媒体上。

重要提示

以上内容摘自资产评估报告,欲了解本评估项目的全面情况,应认真阅读资产评估报告全文。

XY 资产评估有限公司
2019 年 2 月 10 日

评估机构法人代表:……………………
资产评估师:……………………
　　　　　　……………………

ABC 公司
资产评估报告
XY 评报字(2019)第 10 号

一、绪言

XY 资产评估有限公司接受 ABC 公司的委托,根据国家有关资产评估的规定,本着独立、公正、科学、客观的原则,按照国际公允的资产评估方法,为满足 ABC 公司整体改组上市之需要,对 ABC 公司资产进行了评估工作。本公司资产评估师按照必要的评估程序对委托评估的资产和负债实施了实地查勘、市场调查与询证,对委托评估资产和负债在 2018 年 12 月 31 日所表现的市场价值作出了公允反映。现将资产评估情况及评估结果报告如下:

二、委托方及资产占有方

委　托　方:ABC 公司
资产占有方:ABC 公司
(简介略)

三、评估目的

本次评估的目的是为 ABC 公司整体改组上市提供价值参考。

四、评估范围和对象

ABC 公司拟以其全部经营性净资产投入到拟成立的 ABC 股份有限公司中,评估范围包括流动资产、长期投资、固定资产(房屋建筑物类、机器设备类)、在建工程、无形资产、其他资产及负债。对土地使用权拟由集团公司以授权经营方式取得后租给股份公司使用,土地使用权不纳入评估结果汇总表中。

评估的具体范围以公司提供的各类资产评估申报表为基础,凡列入表内并经核实的资产均在本次评估范围之内。

五、评估基准日

根据我公司与委托方的约定,本项目资产评估的基准日期确定为 2018 年 12 月 31 日。

由于资产评估是对某一时点的资产及负债状况提出价值结论,选择会计期末作为评估基准日,能够全面反映评估对象资产及负债的整体情况;同时根据 ABC 公司的改制方案对时间的计划,评估基准日与评估目的的计划实现日较接近,故选择本基准日作为评估基准日。

本次资产评估工作中,资产评估范围的界定、评估价值的确定、评估参数的选取等,均以该日之企业内部财务报表、外部经济环境以及市场情况确定。本报告中一切取价标准均为评估基准日有效的价格标准。

六、评估原则

(略)

七、评估依据

在本次资产评估工作中的所遵循的国家、地方政府和有关部门的法律法规,以及所参考的文件资料主要有:

(一)评估行为依据(略)

(二)评估法规依据(略)

(三)评估产权依据(略)

(四)评估取价依据(略)

八、评估方法(略)

九、评估过程(略)

十、评估结论

在实施了上述资产评估程序和方法后,委估的 ABC 公司资产于评估基准日 2018 年 12 月 31 日所表现的公平市值反映如表 10-2 所示。

表 10-2   单位:人民币万元

资产名称	账面值	清查调整值	评估值	增减值	增减率%

评估结论详细情况请见资产评估明细表(另册)

十一、特别事项说明

委托方在 2017 年 12 月分别与王××、吴××签订转让协议,将王××、吴××存于中国银行××储蓄所的大额存单转让给委托方。据转让协议,承诺不得挂失、提前支取、抵押,而存款期满,委托方持存单向××所支取。××储蓄所以"王××、吴××已将存折挂失,并已提前支付"为由拒付。至清查工作日止,经××市××区人民法院一审判决委托方胜诉,二审正在审理之中。以上款项的可收回程度及对评估结果的影响程度,无法确定,仅按清查值列示。

本评估报告使用者应注意特别事项对评估结论的影响。

十二、评估基准日期后的调整事项

在评估基准日后有效期以内,资产数量发生的变化,应根据原评估方法对资产额进行相应调整。当评估方法为成本法时,应按实际发生额进行调整;若资产价格标准发生变化、并对资产评估价格已产生了明显影响时,委托应及时聘请评估机构重新确定评估价值。

由于评估基准日后资产数量、价格标准的变化,委托方在资产实际作价时应给予充分考虑,并进行相应调整。

十三、评估报告法律效力

(1)评估结论有效的其他条件。本次评估结论是反映评估对象在本次评估目的下,根据公开市场的原则确定的现行公允市价,没有考虑将来可能承担的抵押、担保事宜,以及特殊的交易方可能追加付出的价格等对评估价格的影响,同时,本报告也未考虑国家宏观经济政策发生变化以及遇有自然力和其他不可抗力对资产价格的影响。

当前述条件以及评估中遵循的持续经营原则等其他情况发生变化时,评估结论一般会失效。

(2)本评估报告依照法律法规的有关规定发生法律效力。

(3)评估结论的有效使用期限。

根据国家现行规定,本资产评估报告有效期为一年,自评估基准日 2018 年 12 月 31 日起计算,至 2019 年 12 月 30 日止。当评估目的在有效期内实现时,应以评估结论作为资产价值的参考。超过一年,需重新进行资产评估。

十四、评估报告提出日期

本评估报告提出日期为 2018 年 2 月 10 日。

XY 资产评估有限公司
2019 年 2 月 10 日

评估机构法人代表:……………………
资产评估师:……………………
          ……………………

ABC 公司资产资产评估师名单

(略)

备查文件

有关经济行为文件;

资产评估立项批准文件;

被评估企业评估基准日会计报表;

委托方与资产占有方营业执照复印件;

产权证明文件复印件;

委托方、资产占有方承诺函;

资产评估师和评估机构的承诺函;

资产评估机构资格证书复印件;

评估机构营业执照复印件;

资产评估业务约定合同;

其他文件。

ABC 公司
资产评估说明

XY 评报字(2019)第 10 号

XY 资产评估有限公司

2019 年 2 月 10 日

说明一

关于《资产评估说明》使用范围的声明

(略)

说明二

关于进行资产评估有关事项的说明

一、委托方与资产占有方概况(略)

二、评估目的(略)

三、评估范围(略)

四、评估基准日(略)

五、可能影响评估工作的重大事项说明(略)

六、资产及负债清查情况的说明(略)

七、资料清单(略)

委托方负责人签字:	资产占有方负责人签字:
委托方印章	资产占有方印章
2019 年 1 月 10 日	2019 年 1 月 10 日

说明三

资产清查核实情况说明

一、资产清查核实内容

根据资产评估工作的要求,我们对公司委估资产及负债进行了抽查复核,列入清查范围的资产类型主要有:流动资产、长期投资、固定资产(包括房屋建筑物、机器设备、运输车辆)、在建工程、无形资产、递延资产及流动负债和长期负债。上述资产评估前账面金额如表10-3所示。

表 10-3   单位:人民币元

资产项目	账面原值	账面净值

二、实物资产分布情况及特点(略)

三、影响资产清查的事项(略)

四、资产清查的过程与方法

(一)清查组织工作(略)

(二)清查主要步骤(略)

(三)清查的主要方法(略)

五、资产清查结论

清查调整结果如表10-4所示。

表 10-4   单位:人民币元

资产项目	账面原值	账面净值	调整后账面值

六、清查调整说明

经过清查核实,除职工宿舍此次不评估外,未发现其他需要调整事项。

说明四

评估依据的说明

我们在本次资产评估工作中所遵循的国家、地方政府和有关部门的法律法规,以及在评估中参考的文件资料主要有:

一、主要法律法规(略)

二、经济行为文件(略)

三、重大合同协议、产权证明文件(略)

四、采用的取价标准

采用的取价标准均为评估基准日正在执行的价格标准(具体内容略)

五、参考资料及其他(略)

说明五

各项资产及负债评估技术说明(略)

说明六

整体资产评估收益法评估验证说明

一、收益法的应用简介(略)

二、企业的生产经营业绩与企业的经营优势(略)

三、企业的经营计划(略)

四、企业的各项财务指标(略)

五、评估依据(略)

六、企业的营业收入预测(略)

七、企业的成本费用预测(略)

八、企业长期投资收益预测(略)

九、折现率的选取(略)

十、评估值的计算过程(略)

十一、评估结论(略)

说明七

评估结论及其分析

一、评估结论

在实施了上述资产评估程序及方法后,ABC公司的委估资产在评估基准日2018年12月31日所表现的公允价值反映如表10-5所示。

表10-5　　　　　　　　　　　　单位:人民币万元

资产名称	账面值	调整后账面值	评估值	增减值	增减率%

二、评估结果与调整后账面值比较变动情况说明

1. 总资产评估值与调整后账面值相比增加额。
2. 净资产评估值与清查调整值相比增加额。

三、评估结论成立的条件

评估结论系根据前述评估原则、依据、前提、方法、程序得出的,仅为本评估目的服务;评估结论系对评估基准日ABC公司资产及负债的公允价值反映,只有在上述评估原则、依据、前提存在的条件下成立。注册评估师在出具评估结论时,没有考虑特殊的交易方可能追加付出的价格等对评估价格的影响,也未考虑国家宏观经济政策发生重大变化以及遇有自然力或其他不可抗力的影响。评估结论是本评估机构出具的,受本

机构资产评估师的职业水平和能力的影响。

四、评估基准日的期后事项对评估结论的影响

1. 发生评估基准日期后重大事项时，不能直接使用本评估结论。在本次评估结果有效期内若资产数量发生变化，应根据原评估方法对评估值进行相应调整。

2. 在评估基准日期后，且评估结果有效期内若资产数量、价格标准发生变化并对资产评估价格产生明显影响时，委托方应及时聘请评估机构重新确定评估值；若资产价格调整方法简单、易于操作时，可由委托方在资产实际作价时进行相应调整。

五、评估结论的效力、使用范围与有效期

本评估结论系资产评估师依据国家有关规定出具的意见，具有法律规定的效力。

本评估结论仅供委托方与评估目的使用和送交资产管理机关审查使用。本评估说明的使用权归委托方所有，未经委托方同意，不得向他人提供或公开。

根据国家现行规定，评估结论的有效期为一年，从评估基准日起计算。当评估目的在有效期内实现时，应以评估结论作为股权转让的参考（还需结合评估基准日的期后事项的调整）。超过一年，需重新进行资产评估。

六、评估结论和瑕疵事项

在评估过程已发现可能影响评估结论，但非资产评估师执业水平和能力所能评定估算的有关事项为：

委托方在2017年12月分别与王××、吴××签订转让协议，将王××、吴××存于中国银行××储蓄所的大额存单转让给委托方，据转让协议承诺不得挂失、提前支取，而存款期满，委托方持存单向××所支取。

××所以"王××、吴××已将存折挂失，并已提前支取"为由拒付。至清产核资工作日止，经过××市××区人民法院一审判决委托方胜诉，二审正在审理之中。上述款项的可收回程度及对评估结果的影响程度难以确定。因此评估时未进行评定，仅按清查值列示。

资产评估明细表

1. 资产评估结果汇总表（略）
2. 资产评估结果分类汇总表（略）
3. 资产清查评估明细表（略）

第三节 资产评估报告的复核与使用

一、资产评估报告的复核

资产评估报告不仅是资产评估工作的总结、资产价格公证性文件和资产交易双方认定资产价格的依据，而且是国有资产管理者加强对国有资产产权变动管理，确认评估方法、评估依据和评估结果的重要依据。为了提供出具有较高可信任度的资产评估报

告,资产评估机构需在资产评估报告报送之前对其进行认真审核。

资产评估报告的复核是指对工作底稿、评估说明、评估明细表和报告书正文的文字、格式及内容的复查和核对。通过复核,可以使有关错误、遗漏等问题在出具正式报告之前得以发现,得到修正。对资产评估师来说,资产评估工作是一项必须由多个资产评估师同时作业的中介业务,每个资产评估师都有可能因能力、水平、经验、阅历及理论方法的限制而产生工作盲点和工作疏忽,所以,对资产评估报告初稿进行复核就成为必要。

对资产评估报告必须建立起多级复核和交叉复核的制度,由资产评估师、评估项目负责人、评估机构负责人分别对资产评估报告进行审核,明确复核人的职责,防止流于形式的复核。

二、资产评估报告的使用

资产评估报告由评估机构出具后,资产评估委托方、资产评估管理方和有关部门对资产评估报告书及有关资料要根据需要进行使用。

(一) 委托方对资产评估报告的使用

委托方在收到受托评估机构送交的正式评估报告及有关资料后,可以依据评估报告所揭示的评估目的和得出的评估结论,合理使用资产评估结果。根据有关规定,委托方依据评估报告所揭示的评估目的及评估结论,可以作为以下几种具体的用途使用。

(1)根据评估目的,作为资产业务的作价基础。包括:①整体或部分改建为有限责任公司或股份有限公司;②非货币资产对外投资;③合并、分立、清算;④除上市公司以外的原股东股权比例变动;⑤除上市公司以外的整体或部分产权(股权)转让;⑥资产转让、置换、拍卖;⑦整体资产或者部分资产租赁给非国有单位;⑧确定涉讼资产价值;⑨国有资产占有单位收购非国有资产;⑩国有资产占有单位与非国有资产单位置换资产;⑪国有资产占有单位接受非国有资产单位以实物资产偿还债务;⑫法律、行政法规规定的其他需要进行评估的事项。

(2)作为企业进行会计记录或调整账项的依据。委托方在根据评估报告所揭示的资产评估目的使用资产评估报告资料的同时,还可依照有关规定,根据资产评估报告中的资料进行会计记录或调整有关财务账项。

(3)作为履行委托协议和支付评估费用的主要依据。当委托方收到评估机构的正式评估报告及有关资料的同时,在没有异议的情况下,应根据委托协议,将评估结果作为计算支付评估费用的主要依据,履行支付评估费用的承诺及其他有关承诺的协议。

此外,资产评估报告及有关资料也是有关当事人因资产评估纠纷向纠纷调处部门申请调处的申诉资料之一。

当然,委托方在使用资产评估报告及有关资料时也必须注意以下几个方面:

①只能按报告所揭示的评估目的使用报告,一份评估报告只允许按一个用途使用。

②只能在报告的有效期内使用报告,超过报告的有效期,原资产评估结果无效。

③在报告有效期内,资产评估数量发生较大变化时,应由原评估机构或者说资产占有单位按原评估方法做相应调整后才能使用。

④涉及国有资产产权变动的评估报告及有关资料必须经国有资产管理部门或授权

部门核准或备案后方可使用。

⑤作为企业会计记录和调整企业账项使用的资产评估报告及有关资料，必须由有权机关批准或认可后方能生效。

(二) 资产评估管理机构对资产评估报告的使用

资产评估管理机构主要是指对资产评估进行行政管理的主管机关和对资产评估自律管理的行业协会。对资产评估报告的使用是资产评估管理机构实现对评估机构的行政管理和行业自律管理的重要过程。资产评估管理机构通过对评估机构出具的资产评估报告有关资料的使用，能大体了解评估机构从事评估工作的业务能力和组织管理水平。由于资产评估报告是反映资产评估工作过程的工作报告，因此，一方面，通过对资产评估报告资料的检查与分析，评估管理机构能大致判断该机构的业务能力和组织管理水平；另一方面，也是对资产评估结果质量进行评价的依据。资产评估管理机构通过对资产评估报告能够对评估机构的评估结果质量的好坏做出客观的评价，从而能够有效实现对评估机构和资产评估师的管理。此外，它还能为国有资产管理提供重要的数据资料。通过对资产评估报告的统计与分析，可以及时了解国有资产占有和使用状况以及增减值变动情况，为进一步加强国有资产管理服务。

(三) 其他有关部门对资产评估报告的使用

除了资产评估管理机构可使用资产评估报告资料外，有些政府管理部门也需要使用资产评估报告，包括国有资产监督管理部门、证券监督管理部门、保险监督管理部门、工商行政管理、税务、金融和法院等有关部门。

国有资产监督管理部门对资产评估报告的使用，主要表现在对国有产权进行管理的各个方面，通过对国有资产评估项目的核准或备案，可以加强国有产权的有效管理，规范国有产权的转让行为。

证券监督管理部门对资产评估报告的使用，主要表现在对申请上市的公司有关申报材料及招股说明书的审核，对上市公司定向发行股票、公司并购、公司合并、资产收购、资产置换、以资抵债等重大资产重组行为时的评估定价行为的审核。当然，证券监督管理部门还可以使用资产评估报告和有关资料加强对取得证券业务评估资格的评估机构及有关人员的业务管理。

工商行政管理部门对资产评估报告的使用，主要表现在对公司设立、公司重组、增资扩股等经济行为时，对资产定价进行依法审核。

商务管理部门、保险监督管理部门、税务部门、金融部门和人民法院等也都能通过对资产评估报告书的使用来达到实现其管理职能的目的。

1. 什么是资产评估报告？
2. 资产评估报告的基本要素有哪些？

3. 简述资产评估报告的制作有哪些步骤?
4. 委托方在使用资产评估报告及有关资料时应注意哪些方面?
5. "关于进行资产评估有关事项的说明"的基本内容是什么?
6. 企业整体资产评估报告中的备查文件应包括的主要内容是什么?

参考文献

[1] 全国资产评估师考试用书编写组. 资产评估基础[M]. 北京:经济科学出版社,2019.

[2] 全国资产评估师考试用书编写组. 资产评估实务(一)[M]. 北京:经济科学出版社,2019.

[3] 全国资产评估师考试用书编写组. 资产评估实务(二)[M]. 北京:经济科学出版社,2019.

[4] 全国资产评估师考试用书编写组. 资产评估相关知识[M]. 北京:经济科学出版社,2019.

[5] 张先治,池国华. 企业价值评估[M]. 大连:东北财经大学出版社,2018.

[6] 姜楠. 无形资产评估[M]. 北京:中国财政经济出版社,2016.

[7] 姜楠. 资产评估学[M]. 第三版. 大连:东北财经大学出版社,2015.

[8] 姜楠,王景升. 资产评估[M]. 第三版. 大连:东北财经大学出版社,2013.

[9] 乔志敏,贾宁凤. 资产评估学[M]. 第四版. 上海:立信会计出版社,2016.

[10] 汪海粟. 资产评估学[M]. 第二版. 北京:高等教育出版社,2007.

[11] 朱萍. 资产评估学[M]. 第四版. 上海:上海财经大学出版社,2012.

[12] 李光洲,徐爱农. 资产评估教程[M]. 上海:立信会计出版社,2010.

[13] 刘玉平. 资产评估教程[M]. 北京:中国人民大学出版社,2015.

[14] 徐沁. 资产评估学[M]. 北京:电子工业出版社,2013.

[15] 胡志勇,雷丹. 资产评估学[M]. 第二版. 北京:中国财政经济出版社,2018.

[16] 俞明轩. 企业价值评估[M]. 北京:中国财政经济出版社,2015.

[17] 刘峰. 无形资产评估理论与实务[M]. 北京:北京大学出版社,2017.

[18] 潘学模. 资产评估学[M]. 第三版. 成都:西南财经大学出版社,2017.